모든 언어는 평등하다

지구 상의 모든 언어는
인류 공동체 문명 발전의 발자취입니다.
힘이 센 나라의 언어라 해서 더 좋거나 더 중요한 언어가 아닌 것처럼,
많은 사람들이 쓰지 않는 언어라 해서 덜 좋거나 덜 중요한 언어는 아닙니다.

문화 다양성에 따른 언어 다양성은 인류가 서로 견제하고
긍정적인 자극을 주고받으며 소통, 발전할 수 있는 계기가 됩니다.
그러나 안타깝게도 현재 일부 언어가 '국제어'라는 이름 아래
전 세계 사람들에게 강요되고 있습니다.

언어평등의 꿈은 전 세계 모든 언어를 학습할 수 있는 어학 콘텐츠를
개발하는 것입니다. 어떠한 언어에도 우위를 주지 않고, 다양한 언어의 고유
가치를 지켜나가겠습니다. 누구나 배우고 싶은 언어를 자유롭게 선택해서
배울 수 있도록 더욱 정진하겠습니다.

언어평등은 문예림의 아날로그와 디지털을 아우르는
어학 콘텐츠 브랜드입니다.
56년째 언어 생각뿐.

언어평등 시리즈 첫걸음

언어평등은 누구나 평등하고 자유롭게 전 세계 모든 언어를 학습할 수 있도록 여러분과 함께 할 것입니다.

슬로바키아어는 언어 계통상 인도 유럽어족에 속하는 슬라브 어군에 속한다. 슬라브어는 크게 동슬라브어, 남슬라브어, 서슬라브어로 다시 나뉘며 슬로바키아어는 체코어, 폴란드어와 함께 서슬라브어에 속한다. 대부분의 동슬라브어와 남슬라브어처럼 찌릴문자를 사용하지 않고 라틴문자(로마자)를 사용한다. 슬로바키아어는 약 580만 명의 모국어, 세계 2백만 이민자들의 언어이다.

Slovakia
ARCTIC OCEAN
NORTH PACIFIC OCEAN
INDIAN OCEAN

동영상 강의
시청하기

언어평등 (www.EQlangs.com) 구매하면
해당도서의 강의를 보실 수 있습니다.
저자가 알려주는 언어 이야기도 보실 수 있습니다.

MP3 다운로드 방법

1단계
언어평등 (www.EQlangs.com) 사이트
고객센터 - 자료실 - MP3 들어오기

2단계
제목_______________에 찾고자 하는
도서명을 입력 후 검색하세요.

www.EQlangs.com

평등한 언어 세상을 위한 시작

슬로바키아어 첫걸음

평등한 언어 세상을 위한 시작

슬로바키아어 첫걸음

Začiatok rovnosti jazykov

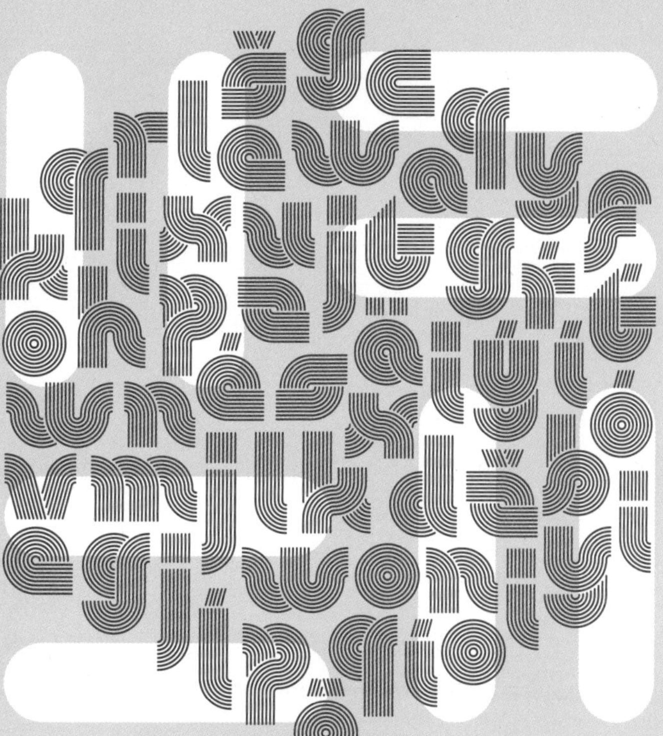

Úvod do slovenského jazyka

언어평등

평등한 언어 세상을 위한 시작

슬로바키아어 첫걸음

초판 1쇄 인쇄 2023년 12월 20일
초판 1쇄 발행 2023년 12월 30일

지은이 김계영
펴낸이 서덕일
펴낸곳 언어평등

기획 서민우 **편집진행 및 교정** 조소영 **업무지원** 서여진 **온라인 마케팅** 이혜영
표지 박정호(TIDM) **본문 디자인** 문인주
동영상 촬영 이큐스튜디오 **출력 및 인쇄** 천일문화사 **제본** 대흥제책

출판등록 2018.6.5 (제2018-63호)
주소 경기도 파주시 회동길 366 3층 (10881)
전화 (02) 499-1281~2 **팩스** (02) 499-1283
전자우편 eqlangs@moonyelim.com
홈페이지 www.EQlangs.com

ISBN 979-11-92673-04-2 (13790)
값 15,000원

2023년은 슬로바키아가 구 체코슬로바키아에서 분리되어 독립 30주년을 기념한 해이며, 한국과 슬로바키아가 수교 30주년을 맞이한 해이기도 하다. 슬로바키아는 2004년 유
09년 공식 화폐의 유로화 지정하며, 중동부 유럽의 산업 강국으로
럽의 디트로이트로 불리며 현재 유럽에서 가장 많은 자동차 생산을
나로, 국민 1인당 세계 최고의 자동차 생산량을 자랑한다. 현재 100
업들이 진출해 있는 슬로바키아는 세계 기업들의 유럽 시장을 위한
하고 있다.

첫걸음이 문예림에서 출판되고 15년 만에 전면 개정 작업을 통
출간하게 되었다. 총 10과로 구성된 본 교재는 과마다 본문, 단어와
표현 배우기, 회화연습, 연습문제로 구성되어 있으며, 순차적인 학습
어를 쉽고 체계적으로 학습할 수 있도록 했다. 교재 후반부에는 활
화와 비지니스 회화를 첨부했으며, 특별 부록으로 슬로바키아 기본
파벳, 발음하는 방법과 발음규칙, 각 과의 본문과 회화연습 그리고
바키아 라디오 방송국 Devín의 편집장이며 아나운서인 Stanislava
음성으로 MP3 파일에 담았다.

아어 전체 감수는 슬로바키아 코메니우스 국립대학 어학당(Studia
원장이신 Michaela Mošaťová 교수님께서 맡아 주셨다. 교수님의 수고와 열정에 큰 감사를 드린다. 그리고 개정판이 나오기까지 특별한 도움을 주시고 격려해 주신 Jana Pekarovičová 지도교수님께도 특별한 고마움을 전하고 싶다.

그리고 든든한 버팀목인 사랑하는 내 가족에게 늘 감사한다.

2023년 12월 저자

언어평등 슬로바키아어 1쇄 정오표

페이지	~에서	~으로
서문	2009년 공식 화폐의 유로화 지정하며	2009년 공식 화폐를 유로화로 지정하며

이 책의 구성 및 학습법

Abeceda a výslovnosť 알파벳과 발음

문자는 2차적인 기억의 시스템이다

슬로바키아어 알파벳과 모음, 자음 그리고 발음을 익힙니다. 발음은 반복 연습하는 것이 중요합니다.

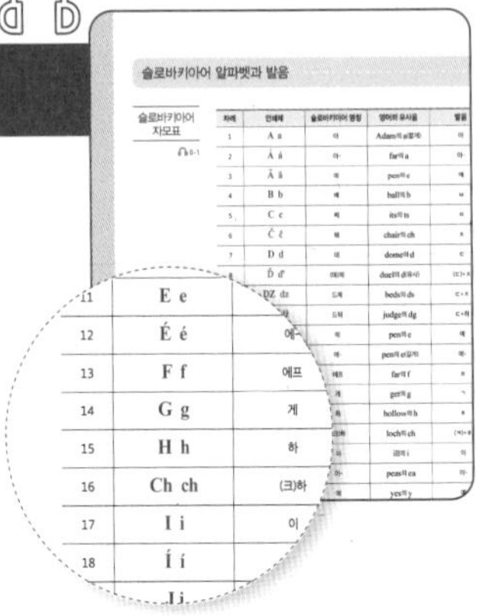

Text 본문

경청은 지혜의 특권이다

각 과의 학습 내용에 기본이 되는 본문을 소개합니다. 초보자의 학습에 도움이 되도록 5과까지는 한국어 독음을 표기하였습니다.

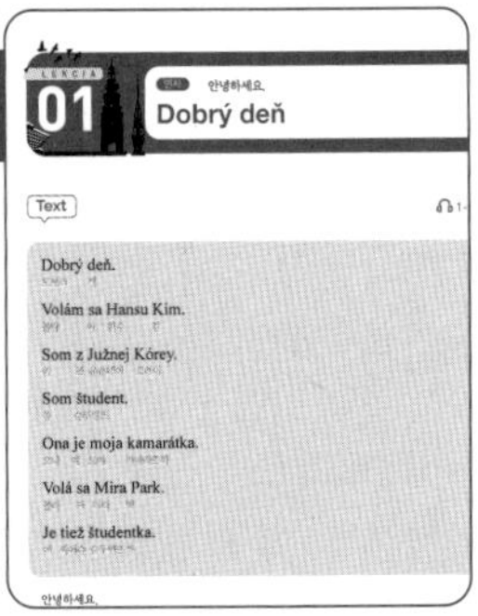

Lexika 어휘

단어의 이미지는 견고하다

각 과의 상황별 대화문에 등장하는 어휘를 정리하였습니다. 이미지를 연상하면서 어휘를 기억하도록 합니다.

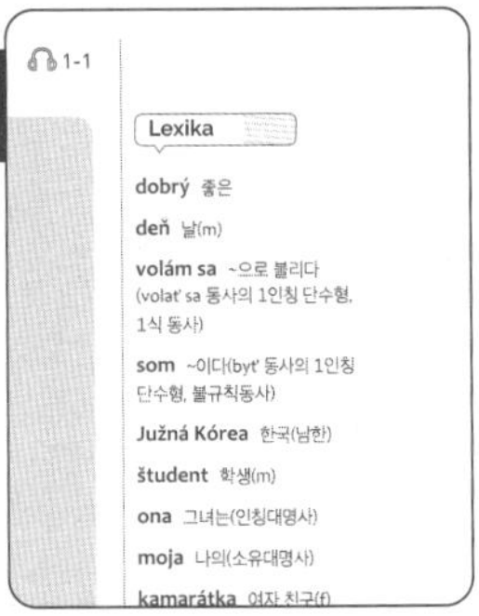

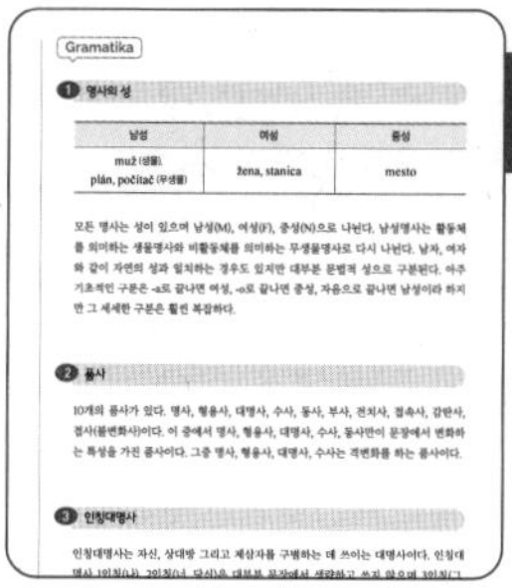
Gramatika

Gramatika 문법

언어는 본능이 아니다

핵심 문법 사항을 공부하고 문법과 관련된 예문을 통해 이해와 문장 활용 능력을 키웁니다.

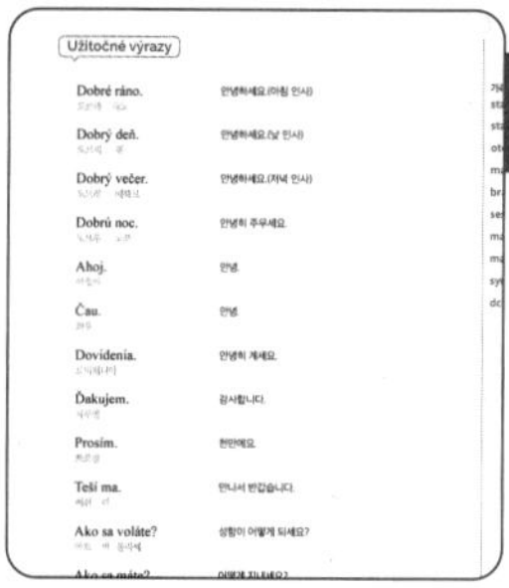
Užitočné výrazy

Dobré ráno.

Dobrý deň.

Dobrý večer.

Dobrú noc.

Ahoj.

Čau.

Dovidenia.

Ďakujem.

Prosím.

Teší ma.

Ako sa voláte?

Užitočné výrazy 유용한 표현

인류는 소통했기에 생존하였다

각 과에서 학습한 내용을 응용하여 말할 수 있는 문장 패턴을 제시하였습니다. 하나의 문장 패턴에서 다양한 문장을 만드는 응용력을 기릅니다.

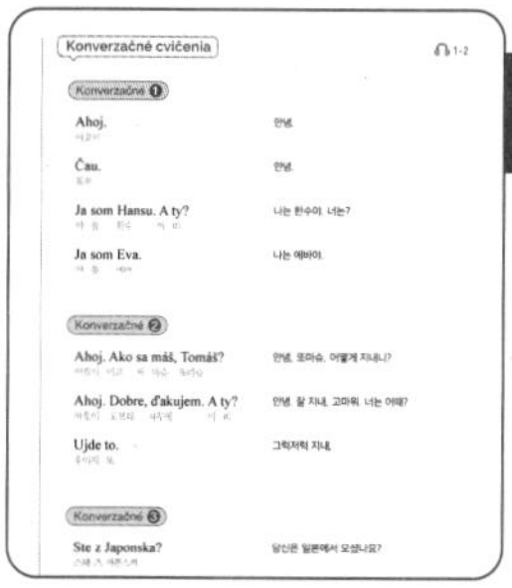
Konverzačné cvičenia

Ahoj.

Čau.

Ja som Hansu. A ty?

Ja som Eva.

Ahoj. Ako sa máš, Tomáš?

Ahoj. Dobre, ďakujem. A ty?

Ujde to.

Ste z Japonska?

Konverzačné cvičenia 상황별 대화

언어의 역동성이 인간을 장악한다

각 과에서 학습한 내용을 응용하여 말할 수 있는 다양한 문장을 제시하였습니다. 새로운 어휘와 구문을 통해 문장을 구성하는 응용력을 기릅니다.

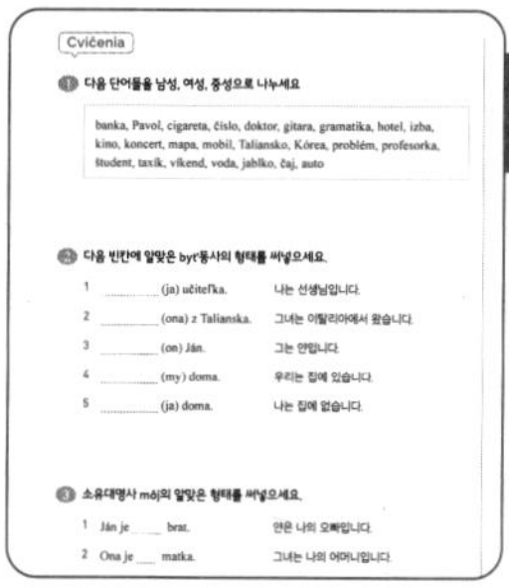
Cvičenia

banka, Pavol, cigareta, číslo, doktor, gitara, gramatika, hotel, izba, kino, koncert, mapa, mobil, Taliansko, Kórea, problém, profesorka, študent, taxík, víkend, voda, jablko, čaj, auto

Cvičenia 연습 문제

말할 권리를 절대 옹호한다

각 과에서 학습한 내용을 정리합니다. 슬로바키아어로 말할 수 있는지 스스로 확인하고 복습하도록 합니다.

차 례

Contents

슬로바키아어 알파벳과 발음

슬로바키아어 자모표

0-0

차례	인쇄체	슬로바키아어 명칭	영어의 유사음	발음
1	A a	아	Adam의 a(짧게)	아
2	Á á	아-	far의 a	아-
3	Ä ä	에	pen의 e	에
4	B b	베	ball의 b	ㅂ
5	C c	쩨	its의 ts	ㅉ
6	Č č	췌	chair의 ch	ㅊ
7	D d	데	dome의 d	ㄷ
8	Ď ď	(뎨)졔	duel의 d(유사)	(ㄷ)+ㅈ
9	DZ dz	드제	beds의 ds	ㄷ+ㅈ
10	DŽ dž	드줴	judge의 dg	ㄷ+쥐
11	E e	에	pen의 e	에
12	É é	에-	pen의 e(길게)	에-
13	F f	에프	far의 f	ㅍ
14	G g	게	get의 g	ㄱ
15	H h	하	hollow의 h	ㅎ
16	Ch ch	(크)하	loch의 ch	(ㅋ)+ㅎ
17	I i	이	ill의 i	이
18	Í í	이-	peas의 ea	이-
19	J j	예	yes의 y	예
20	K k	까	kind의 k (ㄲ)	ㄲ
21	L l	엘	lamp의 l	ㄹ
22	Ĺ ĺ	엘-	lamp의 l(길게)	ㄹ-

차례	인쇄체	슬로바키아어 명칭	영어의 유사음	발음
23	**Ľ ľ**	엘르	million의 li	려
24	**M m**	엠	mother의 m	ㅁ
25	**N n**	엔	none의 n	ㄴ
26	**Ň ň**	엔녀	new의 n	녀
27	**O o**	오	port의 o	오
28	**Ó ó**	오-	door의 oo	오-
29	**Ô ô**	우오	quantity의 ua	우오
30	**P p**	뻬	apple의 pp	ㅃ
31	**Q q**	끄베	aquapark의 q	ㄲ+ㅂ
32	**R r**	에르	rum의 r(천장떨림)	ㄹ
33	**Ŕ ŕ**	에르-	r보다 길게	ㄹ-
34	**S s**	에스	some의 s	ㅅ(ㅆ)
35	**Š š**	에슈	show의 sh	슈
36	**T t**	떼	ten의 t(ㄸ)	ㄸ
37	**Ť ť**	떼(쪠)	tune의 t	(ㄸ)ㅉ
38	**U u**	우	put의 u	우
39	**Ú ú**	우-	lose의 o	우-
40	**V v**	붸	heavy의 v	ㅂ
41	**W w**	드보이떼 붸	heavy의 v	ㅂ
42	**X x**	익스	next의 x(유사)	ㅋ+ㅅ
43	**Y y**	입실론 이	ill의 i	이
44	**Ý ý**	입실론 이-	peas의 ea	이-
45	**Z z**	제뜨	zoo의 z	ㅈ
46	**Ž ž**	줴뜨	pleasure의 s	쥬

슬로바키아어

슬로바키아어는 언어 계통상 인도 유럽어족에 속하는 슬라브 어군에 속한다. 슬라브어는 크게 동슬라브어, 남슬라브어, 서슬라브어로 다시 나뉘며 슬로바키아어는 체코어, 폴란드어와 함께 서슬라브어에 속한다. 대부분의 동슬라브어와 남슬라브어처럼 찌릴문자를 사용하지 않고 라틴문자(로마자)를 사용한다. 슬로바키아어에서 보통 하나의 문자가 하나의 음가만을 가지고 있으며 다른 라틴문자에 없는 발음을 표기하기 위해 발음 구별부호 ´ (dĺžeň), ˇ (mäkčeň), ˆ (vokáň), ¨ (dve bodky)를 사용한다.

슬로바키아어의 모음과 자음

슬로바키아어는 6개의 단모음과 5개의 장모음, 4개의 이중모음 그리고 29개의 자음이 있다. 이 중에서 모음 y, ý는 모음 i, í와 발음상에는 구분이 없고 정자법상에만 차이가 있다. 그래서 모음의 수에는 일반적으로 넣지 않는다. 자음 중 외래어에서만 나오는 자음 x, q, w는 이 29개의 자음군에 넣지 않았다.

모음

1 단모음 0-1

A a 우리말의 '아'음과 비슷하나 더욱 선명하게 발음한다.

Ä ä 입은 모음 a를 발음하듯 벌리면서 모음 e를 발음해 준다. 그러나 모음 e처럼 발음해도 무방하다.

E e 영어 met, bet의 e [e]와 비슷한 음으로 우리말의 [에]음과 비슷하다.

I i 영어 bit, tin의 i [i]와 비슷한 음으로 우리말의 [이]음과 비슷하다.

O o 영어 short의 o [ɔ]와 비슷한 음으로 우리말의 [오]음과 비슷하다.

U u 영어 put의 u와 비슷한 음으로 우리말의 [우]음과 비슷하다.

2 장모음 0-2

Á á 단모음 a를 길게 발음하여 준다.

É é 단모음 e를 길게 발음하여 준다.

Í í 단모음 i를 길게 발음하여 준다.

Ó ó 단모음 o를 길게 발음하여 준다.

Ú ú 단모음 u를 길게 발음하여 준다.

3 이중모음

0-3

하나의 음절 안에 있는 두 개의 모음의 결합으로 두 모음을 부드럽게 하나처럼 발음하여 준다. 이 때 항상 두 번째 모음이 주가 되며 ia, ie, iu 에서 i 는 짧은 비음절 모음 [i]처럼 발음한다.

ia 우리말의 이+아 의 결합과 유사하며 음가 [아]가 중심 음가이다.
ie 우리말의 아+에 의 결합과 유사하며 음가 [에]가 중심 음가이다.
iu 우리말의 이+우 의 결합과 유사하며 음가 [우]가 중심 음가이다.
ô 우리말의 우+오 의 결합과 유사하며 음가 [오]가 중심 음가이다.

모음 ä는 양순음 p, b, m과 순치음 v 뒤에서만 온다.

예 päť, opäť, bábätko, mäkký, svätý

장모음 ó는 외래어에서만 나타난다.

예 história, citrón

이중모음 iu는 일부 격변화에서만 일어난다.

예 vysvedčeniu, znameniu

4 리듬 단축법칙(운율법칙)

슬로바키아어에서는 두 개의 장모음이 같이 연속해서 올 수 없다. 두 장모음이 연속해서 오는 경우 두 번째 음절의 모임이 짧아진다. á, é, ú, í, ý → a, e, u, i, y로 ia, ie, ô, iu → a, e, o, u로 짧아진다.

예 krásný → krásny, chválím → chválim, rýdzieho → rýdzeho 등

리듬 단축법칙의 대표적 예외

1 -ie로 끝나는 중성명사의 격변화 접미사에서 예 lístie, siatie
2 여성명사 복수생격의 격변화 접미사에서 예 básní, piesní
3 동사 3인칭 복수형이 -ia로 끝날 때 예 chvália, kúpia, súdia
4 접두사 ná-, zá-, sú- 를 가진 단어들 예 zámienka, zásielka, súčiastka

자음

슬로바키아어의 자음은 29개이다.

1 자음의 분류

1 성대 진동의 유무에 따라 유성음, 무성음으로 나뉜다.

짝이 있는 자음들	유성자음 b, v, d, ď, dz, dž, z, ž, g, h
	무성자음 p, f, t, ť, c, č, s, š, k, ch
짝이 없는 유성자음	m, n, ň, l, ĺ, ľ, r, ŕ, j

2 조음 위치에 따라

순음	양순음 (두 입술소리)	b, p, m
	순치음 (이입술소리)	v, f
치조음	전치조음 (앞 잇몸소리, 혀끝을 윗니 안쪽에 대었다가 떨어뜨리면서 내는 소리)	d, t, n, c, dz, s, z, l, (l), ĺ, r, (r), ŕ
	후치조음 (뒷 잇몸소리, 혀끝을 윗잇몸에 대고 내는 소리)	č, dž, š, ž
구개음	경구개음 (센 입천장소리)	ď, ť, ň, ľ, j
	연구개음 (여린 입천장소리)	g, k, ch
후두음	h	

3 자음의 음운 경, 연에 따라

연자음	ď, ť, ň, ľ, č, dž, š, ž, c, dz, j
경자음	d, t, n, l, g, k, h, ch
중립자음	b, m, p, r, s, v, z, f

2 발음하는 방법

0-4

1 양순음(두 입술소리)

b 우리말의 [ㅂ]음과 유사한 음이다. (báseň, žaba)

p 우리말의 된소리 [ㅃ]에 가까운 음이다. (para, popol)

m 우리말의 [ㅁ]와 유사하다. (more, mama)

2 순치음(이입술소리)

v 영어의 [v]와 발음이 유사하다. (vata, slovo)

f 영어의 [f]와 발음이 유사하다. (farba, kofola)

3 전치조음(앞 잇몸소리)

d 우리말의 [ㄷ]와 유사하다. (dom, voda)

t 우리말의 된소리 [ㄸ]에 가깝다. (tulák, vata)

n 영어의 [n]음에 가깝다. (nos, rana)

c 영어 its의 [ts]처럼 발음한다. 혀를 윗니 안쪽에 고정하고 우리말의 [ㅉ]를 발음하듯 한다. (cena, noc)

dz 혀는 [d]를 발음하는 위치에 두고 우리말의 [ㅈ]처럼 발음한다. (hádzať, medzera)

s 영어의 s와 유사하다. 우리말 된소리 [ㅆ]에 가깝다. (sen, osa)

z 영어 zoo의 [z]발음과 유사하다. (zima, váza)

l 우리말의 [ㄹ]와 유사하나 혀끝이 윗니 안쪽에 닿음을 주의한다. (lampa, skala)

l [l]처럼 발음하나 단어에서 음절의 역할을 한다. (slnko, vlna)

ĺ [l]처럼 발음하나 더 길게 발음하며 음절의 역할을 한다. (stĺp, hĺbka)

r 영어의 [r]처럼 발음하나 혀끝을 여러 번 진동시켜 내는 소리이다. (rok, hora)

r r처럼 발음하나 단어에서 음절의 역할을 한다. (prst, zmrzlina)

ŕ r처럼 발음하나 더 길게 발음하며 음절의 역할을 한다. (mŕtvy, vŕba)

4 후치조음(뒷 잇몸소리)

č 우리말의 [ㅊ]와 비슷하다. (čakať, oči)

dž 영어 judge의 [dg]처럼 발음한다. 이때 혀끝은 윗잇몸에 대고 [ㅈ]를 발음하는 것과 유사하다. (džem, hádžem)

š 영어 show의 [sh]와 유사하다. 우리말의 [슈]와 비슷하다. (šašo, pošta)

ž 영어 pleasure의 [s]발음과 유사하다. 한국말의 [쥬]와 비슷하다. (život, koža)

5 경구개음(센 입천장소리)

ď 영어 duel의 [d]처럼 발음한다. 혀의 위치는 [ň] 발음 때와 동일하다. (ďakovať, mláďa)

ť 우리말의 [ㅉ]와 비슷하나 혀의 위치가 [ň] 발음 때와 동일하다. (ťava, zvíťaziť)

ň 혓몸 앞부분을 경구개에 대었다 떼면서 우리말의 [녀]처럼 발음한다. (ňuchať, vaňa)

ľ 영어 million의 [li]처럼 발음하며 우리말의 [려]와 비슷하다. (ľutovať, veľa)

j 우리말의 예와 유사하다. (jama, dvaja)

6 연구개음(여린 입천장소리)

g 우리말의 [ㄱ]음과 유사하다. (gala, gaštan)

k 우리말의 된소리 [ㄲ]에 가깝다. (káva, ruka)

ch 우리말의 ㅎ보다 혀 뒷부분을 구개에 더 가깝게 해 강하게 발음한다. (chata, strecha)

7 후두음

h 우리말의 [ㅎ]와 유사하다. 유성음이다. (hotel, noha)

3 슬로바키아어 발음 규칙 0-5

1 슬로바키아어의 강세

슬로바키아어는 대부분 단어의 첫 음절에 강세가 온다. 하지만 인칭대명사의 짧은 형태, 과거시제와 가정법을 만들 때 쓰는 byť동사의 변화형, 접사 by 등 대체로 단음절로 구성된 접어들에는 강세가 오지 못한다.

2 동화현상

1) 역행동화 현상

역행동화는 두 자음, 혹은 자음과 모음이 만나 전자가 후자의 영향을 받아 후자에 동화되는 현상을 나타낸다. 단어 안에서, 단어와 단어 사이, 전치사와 단어 사이에서 일어날 수 있다.

유성음화 (무성음 → 유성음)

pro**sb**a [prozba], pla**ť**m**e** [plaďme], **s b**ratom [z_bratom], ná**š o**tec [náž_oťec], ná**š** vla**k d**ošiel [náž_vlag_došiel]

무성음화 (유성음 → 무성음)

ro**zt**rhať [rostrhať], ry**bk**a [ripka], hra**d p**adol [hrat_ padol]

2) 어말무성음화 현상

단어의 끝과 문장의 끝에 오는 유성자음이 무성음화 되는 것을 의미한다.

du**b** [dup], obe**d** [obet], na kopci je hra**d** [na_kopci_ je_hrat]

3 d, t, n, l가 ď, ť, ň, ľ로 발음

자음 d, t, n, l 뒤에 모음 e, i, í, ie, ia, iu가 오면 연자음 ď, ť, ň, ľ로 발음한다.

dedina [ďeďina], se**de**m [seďem], **die**ťa [ďieťa], **dia**ľka [ďiaľka], vi**dí**m [viďím], **te**lo [ťelo], **ti**cho [ťixo], **tie**ň [ťieň], Bra**ti**slava [braťislava], **ne**má [ňemá], d**ne**s [dňes], **ni**č [ňič]

* ľ발음은 실제 일상에서는 대부분 [l]로 발음한다.

• ď, ť, ň, ľ 발음의 예외에 해당하는 단어들 (대부분 외래어나 차용어에 해당한다)

idea [idea], **de**mokracia [demokracia], **te**lefón [telefón], ma**te**ma**ti**ka [matematika], mag**ne**t [magnet], **le**ktor [lektor], pa**le**ta [paleta], **di**rektor [direktor], po**liti**ka [politika], **ti**ger [tiger], **de**kan [dekan], štu**de**nt [študent], Mar**ti**n [martin], mini**ster** [minister], **te**n [ten], **te**raz [teras], je**de**n [jeden], **te**da [teda], v**te**dy [ftedi]

이 밖에 예외에 해당하는 경우

형용사의 격변화 접미사

예 tvr**dé**ho, tvr**dé**mu, tvr**dí**, tvr**de**j, pia**te**ho, pia**te**j, matki**ni**, matki**ne**, matki**ne**j 등

대명사 ten, onen, tento 등의 격변화

예 **te**n, **te**j, **tí**, **tie**, **te**nto, **te**jto, **tí**to, o**ne**n, o**ne**j 등

접두사가 붙은 경우

예 o**dí**sť, o**dí**dem, pre**dí**sť 등

4 v의 발음

1) 문장의 처음에 올 때 무성자음 앞에서 [f]로 발음한다.

예 **vč**era [fčera], **vč**ela [fčela], **vt**ák [fták], **vš**etko [fšetko], **vch**od [fxot]

2) v가 전치사로 쓰이며 뒤에 오는 단어가 무성자음으로 시작할 때 f로 발음한다.

예 **v p**ráci [f_práci], **v t**ele [f_ťele], **v k**olese [f_kolese]

3) v가 단어의 마지막에 오거나 단어의 중간에서 자음 앞에 오는 경우 [u]로 발음한다.

예 sta**v** [stau], ruká**v** [rukáu], názo**v** [názou], pra**v**da [prauda], polie**v**ka [polieuka]

4) n, ň, l, ľ, r 앞에서 v는 [u] 혹은 [v] 두 가지 방법으로 발음될 수 있다.

예 hla**vn**ý [hlauní/hlavní], pe**vn**e [peuňe/pevňe]

5 전치사 s (so), z (zo), k (ku)의 발음

1) **z k**ovu [s_kovu], **z c**udziny [s_cudzini], **z p**apiera [s_papiera]:

z가 [s]로 발음됨.

2) **s b**ratom [z_bratom], **s m**atkou [z_matkou], **s** otcom [z_otcom]:

s가 [z]로 발음됨.

3) **k b**ratovi [g_bratovi], **k m**atke [g_matke], **k o**tcovi [g_otcovi]:

k가 [g]로 발음됨.

4) 전치사 so, zo, ku는 항상 유성음으로 발음됨. [zo], [zo], [gu]

예 so strojom [zo_strojom], zo stola [zo_stola], ku kamarátom [gu_kamarátom]

5) 하지만 인칭대명사와의 결합에서 s, so, k, ku는 그대로 발음한다.

예 so mnou [so_mnou], s ním [s_ňím], s ňou [s_ňou], s nami [s_nami], s vami [s_vami]

본 교재의 한국 발음기호는 동화현상을 지키는 것을 원칙으로 하였다.

교재에 나온 지명과 건물명 표기 그리고 국립국어원 표기법

책과 부록에 나오는 슬로바키아 지명과 건물명은 원어에 가까운 발음에 준해 표기했지만 국립국어원의 외래어 표기법은 다르다. 다음은 저자의 표기법과 표준 표기법을 비교 나열했다.

지명	교재 표기법	표준 표기법
Aupark	아우빠르끄	아우파르크
Banská Štiavnica	반쓰까 슈찌아브(우)니짜	반스카 슈티아브니차
Bardejov	바르제요우	바르제요프
Bojnický zámok	보이니쯔끼 자목	보이니츠키 자목
Bojnice	보이니쩨	보이니체
Bratislava	브라찌슬라바	브라티슬라바
Čičmany	취츠마니	치치마니/치츠마니
Devín	제빈	제빈/데빈
Dolná Krupá	돌나 끄루빠	돌나 크루파
Domica	도미짜	도미차
Eurovea	에우로베아	유로베아
Gabčíkovo	갑칙꼬보	가브치코보
Gerlachovský štít	게를라호우스끼 슈찟	게를라호브스키 슈치트
Gerulata	게루라따	게루라타
Košice	꼬쉬쩨	코시체
Kramáre	끄라마레	크라마레
Kremnica	끄렘니짜	크렘니차
Kremnické Bane	끄렘니쯔께 바녜	크렘니츠케 바네
Kriváň	끄리반	크리반
Lehnice	레흐니쩨	레흐니체
Levoča	레보촤	레보챠

지명	교재 표기법	표준 표기법
Lomnický štít	롬니쯔끼 슈찟	롬니츠키 슈치트
Malacky	말라쯔끼	말라츠키
Malá Tŕňa	말라 뜨르냐	말라 트르냐
Marianka	마리앙까	마리안카
Medzilaborce	메지라보르쩨	메지라보르체
Miletičova	밀레찌쵸바	밀레티초바
Mrva & Stanko	므르바 스땅꼬	므르바 스탕코
Nedbalka	네드발까	네드발카
Nová scéna	노바 스쩨나	노바 스체나
Nové Zámky	노베 잠끼	노베 잠키
Nitra	니뜨라	니트라
Petržalka	뻬뜨르좔까	페트르잘카
Piešťany	삐에슈짜니	피에슈차니/피에슈타니
Poprad	뽀쁘라드	포프라드
Prešov	쁘레쇼우	프레쇼브
Primaciálny palác	쁘리마찌알니 빨라쯔	프리마치알니 팔라츠
Rajecká Lesná	라예쯔까 레스나	라예츠카 레스나
Reduta	레두따	레두타
Rusovce	루소우쩨	루소우체/루소브체
Ružinov	루쥐노우	루지노우/루지노브
Slovenské Nové Mesto	슬로벤스께 노베 메스또	슬로벤스케 노베 메스토
Stará tržnica	스따라 뜨르쥬니짜	스타라 트르쥬니차
Starý Smokovec	스따리 스모꼬베쯔	스타리 스모코베츠
Stupava	스뚜빠바	스투파바
Štrbské Pleso	스뜨릅스께 쁠레쏘	스트르브스케 플레소
Tatra	따뜨라	타트라

지명	교재 표기법	표준 표기법
Tatry	따뜨리	타트리
Tatranská Lomnica	따뜨란스까 롬니짜	타트란스카 롬니차
Téryho chata	떼리호 하따	테리호 하타
Trenčiansky hrad	뜨렌취안스끼 흐랏	트렌치안스키 흐라드
Trenčianske Teplice	뜨렌취안스께 쩨쁠리쩨	트렌치안스케 체(테)플리체
Trnava	뜨르나바	트르나바
Terchová	쩨르호바	테르호바
Turčianske Teplice	뚜르취안스께 쩨쁠리쩨	투르치안스케 체(테)플리체
Univerzita Komenského v Bratislave	우니베르지따 꼬멘스께호 브 브라찌슬라베	우니베르지타 코멘스케호 브 브라티슬라베
Viničky	비니츄끼	비니츄키
Vlkolínec	블꼴리녜쯔	블콜리네츠
Vydrica	비드리짜	비드리차
Žilina	쥘리나	질리나
Zbojnícka chata	즈보이니쯔까 하따	즈보이니츠카 하타

LEKCIA 01

인사 안녕하세요.

Dobrý deň

Text

1-1

Dobrý deň.
도브리 젠

Volám sa Hansu Kim.
볼람 싸 한수 김

Som z Južnej Kórey.
쏨 즈 유쥬네이 꼬레이

Som študent.
쏨 슈뚜덴뜨

Ona je moja kamarátka.
오나 예 모야 까마라뜨까

Volá sa Mira Park.
볼라 싸 미라 박

Je tiež študentka.
예 찌에슈 슈뚜덴뜨까

안녕하세요.
제 이름은 김한수입니다.
저는 한국에서 왔습니다.
저는 학생입니다.
그녀는 제 친구입니다.
그녀의 이름은 박미라입니다.
그녀 역시 학생입니다.

Lexika

dobrý 좋은

deň 날(m)

volám sa ~으로 불리다 (volať sa 동사의 1인칭 단수형, 1식 동사)

som ~이다(byť 동사의 1인칭 단수형, 불규칙동사)

Južná Kórea 한국(남한)

študent 학생(m)

ona 그녀는(인칭대명사)

moja 나의(소유대명사)

kamarátka 여자 친구(f)

tiež 역시, 또한

Gramatika

1 명사의 성

남성	여성	중성
muž (생물), plán, počítač (무생물)	žena, stanica	mesto

모든 명사는 성이 있으며 남성(M), 여성(F), 중성(N)으로 나뉜다. 남성명사는 활동체를 의미하는 생물명사와 비활동체를 의미하는 무생물명사로 다시 나뉜다. 남자, 여자와 같이 자연의 성과 일치하는 경우도 있지만 대부분 문법적 성으로 구분된다. 아주 기초적인 구분은 -a로 끝나면 여성, -o로 끝나면 중성, 자음으로 끝나면 남성이라 하지만 그 세세한 구분은 훨씬 복잡하다.

2 품사

10개의 품사가 있다. 명사, 형용사, 대명사, 수사, 동사, 부사, 전치사, 접속사, 감탄사, 접사(불변화사)이다. 이 중에서 명사, 형용사, 대명사, 수사, 동사만이 문장에서 변화하는 특성을 가진 품사이다. 그중 명사, 형용사, 대명사, 수사는 격변화를 하는 품사이다.

3 인칭대명사

인칭대명사는 자신, 상대방 그리고 제삼자를 구별하는 데 쓰이는 대명사이다. 인칭대명사 1인칭(나), 2인칭(너, 당신)은 대부분 문장에서 생략하고 쓰지 않으며 3인칭(그, 그녀, 그들) 역시 생략하는 경우가 많다.

	단수	복수
1인칭	ja (나는)	my (우리는)
2인칭	ty (너는)	vy (너희들은, 당신은)
3인칭	on, ona, ono (그는, 그녀는, 그것은)	oni, ony (그들은)

인칭대명사 vy는 2인칭 복수를 뜻하지만, 동시에 존칭인 '당신은'을 지칭한다. 슬로바키아어는 'vykanie'라는 존대법이 존재한다. 존대법의 반대는 'tykanie'(비존대법)이다. 학교에서 학생은 선생님에게 늘 존대를 해야 한다. 직장에서 처음 통성명을 할 때는 존대법을 쓰는 것이 원칙이며 동료끼리 비존대 화법을 시작할 때는 보통 상사가 부하 직원에게 비존대 화법을 제안한다. 비슷한 나이와 위치인 경우 여자가 남자에게 비존대 화법을 제안하는 것이 통상적인 관행이다.

(Vy) ste pán Kim z Kórey? 당신이 한국에서 온 미스터 김이신가요?
비 스쩨 빤 김 스 꼬레이

4 byť 동사(영어의 be 동사에 해당하는 동사이다.) ~이다, ~있다)

문장에서 '~이다' 혹은 '~있다'의 뜻으로 해석한다. 부정문은 byť 동사의 변화형 앞에 접두어 nie를 붙여 만들면 된다. 이 때 두 단어를 띄어서 사용함에 주의한다.

	단수		복수	
	긍정	부정	긍정	부정
1인칭	(ja) som	(ja) nie som	(my) sme	(my) nie sme
2인칭	(ty) si	(ty) nie si	(vy) ste	(vy) nie ste
3인칭	(on, ona, ono) je	(on, ona, ono) nie je	(oni, ony) sú	(oni, ony) nie sú

Som manažér. 나는 매니저입니다.
쏨 마나줴르

Pán Ondrej, ste manažér? 온드레이씨, 당신은 매니저이십니까?
빤 온드레이 스쩨 마나줴르

(Ty) si študent. 너는 학생이다.
띠 씨 슈뚜덴뜨

Ona je učiteľka. 그녀는 선생님이다.
오나 예 우취쩰까

Oni sú *študenti. 그들은 학생들이다.
오니 쑤 슈뚜덴찌

*študent의 복수형태

Som doma. 나는 집에 있다.
쏨 도마

5 소유대명사 môj, moja, moje (나의~)

소유대명사는 소유관계를 나타내는 대명사이며 뒤에 오는 명사의 성, 수, 격에 따라 변화한다.

남성	여성	중성
môj muž (나의 남자/남편)	moja žena (나의 여자/아내)	moje mesto (나의 도시)

6 동사변화 1식 동사 (-á타입 동사, -ať형 volať sa)

동사는 사람이나 사물의 동작이나 상태를 나타내는 품사이며 문장에서 서술부의 중심을 이룬다. 슬로바키아어의 동사는 모두 자음 ť로 끝난다. 3인칭 단수(on, ona, ono)의 변화형에 따라 크게 4식 동사로 구별되며 여기서는 1식 동사인 -á타입 동사를 알아 본다. 1식 동사는 모두 원형이 -ať로 끝난다. 이 그룹에 속하는 동사들은 mať(가지다), hľadať(찾다), poznať(알다), hrať(놀다), bývať(살다) 등이 있다.

	단수	복수
1인칭	volám sa (나의 이름은 ~이다)	voláme sa
2인칭	voláš sa	voláte sa
3인칭	volá sa	volajú sa

7 의문문 만들기와 Áno와 Nie (네와 아니요)로 대답하기

의문문을 만드는 방법은 두 가지가 있다. 하나는 의문사를 써서 만드는 것과 또 하나는 평서문을 이용하되 문장 끝의 억양을 올려서 만드는 방법이다. 여기서는 평서문을 의문문으로 만드는 예를 알아 보고 Áno와 Nie로 대답해 본다.

Ste študent? 당신은 학생입니까?
스쩨 슈뚜덴뜨

Áno, som študent. 네, 저는 학생입니다.
아노 쏨 슈뚜덴뜨

Si Ján? 너가 얀이니?
씨 얀

Nie, nie som Ján. Som Pavol. 아니요, 난 얀이 아니에요. 난 빠볼이에요.
니에 니에 쏨 얀 쏨 빠볼

8 ~나라에서 왔다

'~나라에서 왔다'는 표현은 전치사 z 뒤에 국명을 써 표현하며 이때 전치사 z 뒤에 따라오는 명사는 생격인 2격의 형태로 와야 한다. 여기서는 몇몇 국가의 예를 들어 본다.

Si z Ukrajiny? (Ukrajina의 생격) 너는 우크라이나에서 왔니?
씨 즈 우끄라이니

Nie, nie som z Ukrajiny. 아니, 난 우크라이나에서 안 왔어.
니에 니에 쏨 즈 우끄라이니

Som z Talianska. (Taliansko의 생격) 난 이탈리아에서 왔어.
쏨 스 딸리안스까

Hansu je z Južnej Kórey. (Južná Kórea의 생격) 한수는 한국에서 왔어.
한수 예 즈 유주네이 꼬레이

9 남성명사를 여성명사로 바꾸는 방법

자연의 성으로 구별되는 이름, 직업, 직책을 나타내는 많은 남성명사가 일정한 규칙을 가지고 남성에서 여성명사로 파생되는 경우가 많다.

파생방법	남성명사	여성명사	뜻
남자의 성 -ová	pán Ondrej pán Kim	pani Ondrejová pani Kimová	Mr. 온드레이 Mr. 김
남성명사 -ka	učiteľ doktor študent manažér	učiteľka doktorka študentka manažérka	선생님 의사 학생 매니저
남성명사 (-k탈락) -čka	pracovník	pracovníčka	근로자

남성명사 (-a탈락) -ka/-yňa	pianista kolega	pianistka kolegyňa	피아니스트 동료
남성명사 (-ca/-ec탈락) -kyňa	sudca športovec	sudkyňa športovkyňa	판사 운동선수

10 어순

어순은 자유로운 편이지만 문장의 volám sa처럼 재귀대명사 sa는 항상 문장의 두 번째에 위치한다.

Ja sa učím. 나는 배웁니다.
야 싸 우췸

Učím sa. 나는 배웁니다.
우췸 싸

Volá sa Ján. 그의 이름은 얀입니다.
볼라 싸 얀

On sa volá Ján. 그의 이름은 얀입니다.
온 싸 볼라 얀

Užitočné výrazy

Dobré ráno.
도브레 라노
안녕하세요.(아침 인사)

Dobrý deň.
도브리 젠
안녕하세요.(낮 인사)

Dobrý večer.
도브리 베췌르
안녕하세요.(저녁 인사)

Dobrú noc.
도브루 노쯔
안녕히 주무세요.

Ahoj.
아호이
안녕.

Čau.
촤우
안녕.

Dovidenia.
도비제니아
안녕히 계세요.

Ďakujem.
쟈꾸옘
감사합니다.

Prosím.
쁘로씸
천만에요.

Teší ma.
쩨쉬 마
만나서 반갑습니다.

Ako sa voláte?
아꼬 싸 볼라쩨
성함이 어떻게 되세요?

Ako sa máte?
아꼬 싸 마쩨
어떻게 지내세요?

Mám sa dobre.
맘 싸 도브레
잘 지냅니다.

Mám sa zle.
맘 싸 즐레
잘 지내지 못합니다.

Ujde to.
우이제 또
그럭저럭 지냅니다.

가족관계

starý otec 할아버지

stará mama 할머니

otec 아버지

mama 어머니

brat 형(오빠,남동생)

sestra 언니(누나,여동생)

manžel 남편

manželka 부인

syn 아들

dcéra 딸

Konverzačné cvičenia

1-2

Konverzačné 1

Ahoj. 아호이	안녕.
Čau. 촤우	안녕.
Ja som Hansu. A ty? 야 쏨 한수 아 띠	나는 한수야. 너는?
Ja som Eva. 야 쏨 에바	나는 에바야.

Konverzačné 2

Ahoj. Ako sa máš, Tomáš? 아호이 아꼬 싸 마슈 또마슈	안녕, 또마슈, 어떻게 지내니?
Ahoj. Dobre, ďakujem. A ty? 아호이 도브레 쟈꾸옘 아 띠	안녕. 잘 지내, 고마워. 너는 어때?
Ujde to. 우이제 또	그럭저럭 지내.

Konverzačné 3

Ste z Japonska? 스쩨 즈 야뽄스까	당신은 일본에서 오셨나요?
Nie, nie som z Japonska. 니에 니에 쏨 즈 야뽄쓰까	아니요, 저는 일본에서 오지 않았습니다.
Odkiaľ ste? 오뜨끼알 스쩨	어디서 오셨는데요?
Som z Južnej Kórey. 쏨 즈 유쥬네이 꼬레이	저는 한국에서 왔습니다.

Cvičenia

1 다음 단어들을 남성, 여성, 중성으로 나누세요

banka, Pavol, cigareta, číslo, doktor, gitara, gramatika, hotel, izba, kino, koncert, mapa, mobil, Taliansko, Kórea, problém, profesorka, študent, taxík, víkend, voda, jablko, čaj, auto

2 다음 빈칸에 알맞은 byť동사의 형태를 써넣으세요.

1 ______ (ja) učiteľka. 나는 선생님입니다.

2 ______ (ona) z Talianska. 그녀는 이탈리아에서 왔습니다.

3 ______ (on) Ján. 그는 얀입니다.

4 ______ (my) doma. 우리는 집에 있습니다.

5 ______ (ja) doma. 나는 집에 없습니다.

3 소유대명사 môj의 알맞은 형태를 써넣으세요.

1 Ján je ____ brat. 얀은 나의 오빠입니다.

2 Ona je ____ matka. 그녀는 나의 어머니입니다.

3 ____ auto 나의 자동차

4 다음 남성명사를 여성명사로 바꾸세요.

fotograf, prezident, šéf, profesor, doktor, inžinier, docent, Talian, Kórejčan, Rus

5 다음 빈칸에 알맞은 동사의 형태를 쓰세요.

1 ____________ (volať sa) Pavol Slančík.
그의 이름은 빠볼 슬란칙입니다.

2 ____________ (hľadať) auto.
나는 자동차를 찾고 있습니다.

3 Deti ____________ (hrať sa).
아이들은 놀고 있습니다.

4 ____________ (bývať) v Bratislave.
나는 브라찌슬라바에 살고 있습니다.

LEKCIA 02

소개 이 사람은 누구입니까?

Kto je to?

Text

2-1

Kto je to?
끄또 예 또?

To je Anton Ondrej.
또 예 안똔 온드레이

Kto je tá žena?
끄또 예 따 줴나

To je Anna Ondrejová.
또 예 안나 온드레요바

Pán Ondrej je manažér a pani Ondrejová je právnička.
빤 온드레이 예 마나줴르 아 빠니 온드레요바 예 쁘라브니츄까

Majú dvoch synov.
마유 드보흐 씨노우

Ich starší syn je Michal a mladší syn je Matúš.
이흐 스따르쉬 씬 예 미할 아 믈라취 씬 예 마뚜슈

Majú doma psa a volá sa Archibald.
마유 도마 쁘사 아 볼라 싸 아르히발뜨

Je to veľmi milý a poslušný pes.
예 또 벨미 밀리 아 뽀슬루슈니 뻬스

이 사람은 누구입니까?
그는 안똔 온드레이입니다.
이 여성은 누구입니까?
그녀는 안나 온드레요바입니다.
온드레이씨는 매니저이고 온드레이씨 부인은 법조인입니다.
그들은 아들이 둘이 있습니다.
그들의 큰 아들은 미할이며 작은 아들은 마뚜슈입니다.
그들에게는 개가 있는데 이름이 아르히발뜨입니다.
매우 사랑스럽고 말을 잘 듣습니다.

Lexika

kto 누구(의문대명사)

žena 여자(f)

manažér 매니저(m)

právnička 여성 법조인(f)

dvoch 숫자 2(복수대격)

syn 아들(m, 복수대격 synov)

ich 그들의(소유대명사)

starší 더 나이가 많은(starý의 비교급)

mladší 더 나이가 어린 (mladý의 비교급)

doma 집에

pes 개(m, 단수에서 남성 생물 명사처럼 변화)

veľmi 매우

milý 사랑스러운

poslušný 순종적인, 복종하는

Gramatika

1 명사의 격

격은 명사가 문장 안에서 다른 문장의 구성 요소들과 갖게 되는 문법적인 관계를 표현한다. 명사, 형용사, 대명사, 수사만이 격변화를 한다. 슬로바키아어에는 모두 6개의 격이 있다. 통상 명사가 문장에서 어떤 격으로 쓰였느냐에 따라 다른 품사들의 격도 결정된다.

1격: 주격 (~은/~는)	문장에서 주어로 사용될 때
2격: 생격 (~의)	소유와 소속을 나타내거나 생격을 필요로 하는 동사 혹은 전치사와 함께
3격: 여격 (~에게)	문장에서 '~에게'와 같은 간접목적어로 쓰이거나 여격을 필요로 하는 동사 혹은 전치사와 함께
4격: 대격 (~을/~를)	문장에서 '~을/~를'과 같은 직접목적어로 쓰이거나 대격을 필요로 하는 동사 혹은 전치사와 함께
6격: 전치격 (~에서)	항상 전치사와 같이 사용
7격: 조격 (~을 가지고)	수단이나 방법, 도구들을 나타내거나 조격을 필요로 하는 동사 혹은 전치사와 함께

2 대표 명사 12개

문장에서 명사가 성과 수 그리고 격을 결정하기 때문에 문법적으로 명사를 12개의 대표 명사로 구분한다. 모든 명사는 각 명사가 속해 있는 대표 명사에 따라 변화된다. 본과에서는 기초과정에서 가장 많이 쓰이는 6개의 대표 명사만 단수 - 복수와 함께 소개하며, 이후 문법 편람도표에서 대표 명사 12개를 모두 소개한다.

남성(단수주격 - 복수주격)	여성(단수주격 - 복수주격)	중성(단수주격 - 복수주격)
muž – muži (-i)		mesto – mestá (-o, -á)
plán – plány (-y)	žena – ženy (-a, -y)	
počítač – počítače (-e)	stanica – stanice (-a, -e)	

남성 무생물명사인 plán, počítač는 경자음으로 끝나면 plán, 연자음으로 끝나면 počítač에 따라 변화한다. 여성명사는 모음 a 앞에 있는 자음이 경자음이면 žena, 연자음이면 stanica에 따라 변화한다.

경자음: 연자음이 아닌 자음

연자음: ˇ을 가진 모든 자음 + c, dz, j

남성 생물명사의 복수는 -i를 붙여 복수를 만들지만 -ovia / -ia를 붙여 만들어야 하는 명사들이 존재한다.(otec / otcovia, syn / synovia, kolega / kolegovia, hrdina / hrdinovia, učiteľ / učitelia, priateľ / priatelia, brat / bratia)

3 지시대명사 to

지시대명사 to는 문장에서 '그것은'을 뜻하며 3인칭 인칭대명사 대신 사용되기도 한다.

To je Slovensko. 그것은 슬로바키아이다.
또 예 슬로벤쓰꼬

To je Petra. 그녀는 뻬뜨라이다.
또 예 뻬뜨라

To je pán Slančík. 그는 슬란췩씨이다.
또 예 빤 슬란췩

4 지시대명사 ten, tá, to(그~, 그것은)

지시대명사 ten, tá, to는 명사의 앞에서 사람이나 사물을 가리키며, '그~'를 의미한다. 뒤에 오는 명사의 성에 따라 ten, tá, to(남성, 여성, 중성)가 온다.

남성	여성	중성
ten muž	tá žena	to mesto

5 남자의 성에서 여자의 성 파생법

슬로바키아에서 자녀는 아버지의 성을, 부인은 남편의 성을 갖는다. 예외적으로 여성이 결혼 후 남편의 성과 자신의 성을 붙여 같이 쓰거나 혹은 자신의 성을 유지하는 경우가 있다. 남자의 성의 형태에 따라 여자의 성을 파생하는 방법이 다르다.

남자의 성	여자의 성
Tomáš Lencz	Katarína Lenczová (-ová)
Peter Vrana (-a 탈락)	Eva Vranová (-ová)
Michal Malý (-ý 탈락)	Júlia Malá (-á)

6 명사의 대격

대격은 주격 다음으로 가장 많이 쓰는 격이다. 한국어의 '~을/~를'을 뜻하는 목적어의 용도로 사용되며 대격을 필요로 하는 전치사와도 쓰인다.

남성 (주격-대격단수-대격복수)	여성 (주격-대격단수-대격복수)	중성 (주격-대격단수-대격복수)
muž – muža – mužov		mesto – mesto – mestá
plán – plán – plány	žena – ženu – ženy	
počítač – počítač – počítače	stanica – stanicu – stanice	

Mám pero. 나는 펜을 가지고 있다.
맘 빼로

Študenti hľadajú prácu. 학생들은 일을 찾고 있다.
슈뚜덴찌 흘랴다유 쁘라쭈

Máme počítače. 우리는 컴퓨터를 가지고 있다.
마메 뽀취따췌

Majú dve dcéry. 그들에게는 두 명의 딸이 있다.
마유 드베 쩨리

Poznám slovenské mestá. 나는 슬로바키아 도시들에 대해 알고 있다.
뽀즈남 슬로벤스께 메스따

7 소유대명사 jeho, jej, ich(그의~, 그녀의~, 그들의~)

1과에서 설명한 소유대명사 môj와는 다르게 위의 세 가지 소유대명사는 수식하는 명사의 성, 수, 격과 관계없이 그 형태가 변화하지 않는다.

남성	여성	중성
jeho starý otec (그의 할아버지)	jeho stará mama (그의 할머니)	jeho tričko (그의 반팔셔츠)
jej brat (그녀의 오빠/남동생)	jej sestra (그녀의 언니/여동생)	jej pero (그녀의 볼펜)
ich syn (그들의 아들)	ich dcéra (그들의 딸)	ich auto (그들의 자동차)

8 의문사

대표 의문사로는 Kto(누구), Čo(무엇), Kde(어디에), Kam(어디로), Kedy(언제), Ako(어떻게), Aký(어떠한), Ktorý(어떤/어느) 등이 있으며 이 중 격변화를 하는 의문사는 Kto와 Čo 그리고 Aký과 Ktorý이다. 여기서는 Kto와 Čo의 격변화를 알아본다.

주격	생격	여격	대격	전치격	조격
Kto	Koho	Komu	Koho	O kom	S kým
Čo	Čoho	Čomu	Čo	O čom	S čím

Koho hľadáš? 누구를 찾고 있니?
꼬호 흘랴다슈

Hľadám študenta Hansu. 한수 학생을 찾고 있어요.
흘랴담 슈뚜덴따 한수

Koho čakáš? 누구 기다리고 있니?
꼬호 촤까슈

Čakám spolužiačku Evu. 동기 에바를 기다리고 있어요.
촤깜 쓰뽈루쥐아츄꾸 에부

Čo hľadáš? 무엇을 찾고 있니?
쵸 흘랴다슈

Hľadám dáždnik. 우산을 찾고 있어요.
흘랴담 다쥬닉

Čo čakáš? 무엇을 기다리고 있니?
쵸 촤까슈

Čakám električku. 트램을 기다리고 있어요.
촤깜 엘렉뜨리츄꾸

9 형용사와 격변화

형용사는 명사를 수식하는 한정적 수식의 기능과 술어의 기능을 가지고 있다. 형용사는 수식하는 명사의 성, 수, 격에 따라 격 변화한다.

남성	여성	중성
pekný	pekná	pekné

1) 한정적 수식의 기능

pekný dom 예쁜 집
뻬끄니 돔

pekná záhrada 예쁜 정원
뻬끄나 자흐라다

pekné auto 예쁜 자동차
뻬끄네 아우또

2) 술어의 기능

Dom je pekný. 집이 예쁘다.
돔 예 뻬끄니

Záhrada je pekná. 정원이 예쁘다.
자흐라다 예 뻬끄나

Auto je pekné. 차가 예쁘다.
아우또 예 뻬끄네

10 형용사에서 비교급을 만드는 방법

형용사에서 비교급을 만드는 방법은 여러 가지가 있으나 이 과에서는 주격 남성명사 앞의 -ší의 형태만 알아본다.

원급	비교급
starý (-ý 탈락) 늙은/낡은	starší (-ší를 붙인다) 더 늙은/더 낡은
mladý 젊은/어린	mladší 더 젊은/더 어린
nový 새로운	novší 더 새로운

starší brat 형

mladší brat 남동생

novší byt
(더 최근에 지어진) 새 집

자주 쓰는 형용사

malý – veľký (작은 – 큰)	dobrý – zlý (좋은 – 나쁜)	chudobný – bohatý (가난한 – 부유한)
mladý – starý (젊은 – 늙은)	nový – starý (새로운 – 낡은)	zdravý – chorý (건강한 – 아픈)
slabý – silný (약한 – 강한)	ľahký – ťažký (가벼운 – 무거운)	veselý – smutný (즐거운 – 슬픈)
nízky – vysoký (낮은/작은 – 높은/큰)	lacný – drahý (싼 – 비싼)	pekný – škaredý (예쁜 – 못생긴)

Konverzačné cvičenia

2-2

Konverzačné ❶

Kto je to? — 그 사람은 누구입니까?
끄또 예 또

To je môj starý otec. — 그 사람은 내 할아버지이다.
또 예 뭐이 스따리 오쩨쯔

Kto je to? — 그 사람은 누구입니까?
끄또 예 또

To je moja mama. — 그 사람은 나의 어머니이다.
또 예 모야 마마

Konverzačné ❷

To je Kórea? — 그것은 한국입니까?
또 예 꼬레아

Nie, to nie je Kórea. — 아니요, 그것은 한국이 아니다.
니에 또 니에 예 꼬레아

To je Japonsko. — 그것은 일본이다.
또 예 야뽄스꼬

Konverzačné ❸

Je Michal ich mladší syn? — 미할이 그들의 작은 아들입니까?
예 미할 이흐 믈라취 씬

Nie, starší. — 아니요, 큰 아들입니다.
니에 쓰다르쉬

Cvičenia

1 다음 단어들을 대표명사 6가지로 구분하세요.

mačka, pohár, beh, kamarát, pes, ruža, metro, búrka, pizza, mäso, láska, univerzita

2 다음 단어들을 복수로 만드세요.

lampa, zub, ucho, autobus, film, muž, dom, gitara, jablko, taxík, študent, študentka, učiteľ, auto

3 다음 남자의 성에서 여자의 성을 파생시키세요.

pán Einstein, pán Kráľ, pán Kováč, pán Smetana, pán Ševčík, pán Holý, pán veľvyslanec, pán Park

4 다음 괄호 안의 형용사를 알맞은 형태로 바꾸세요.

1 Peter je (veselý). ....

2 Petra je (smutný). ....

3 To pero nie je (dobrý). ....

5 다음 빈칸에 알맞은 단어의 대격 형태를 써넣으세요.

1 Alžbeta hľadá ________ Carlton. (hotel)

2 Môj brat má ________. (auto)

3 Jeho sestra je fotografka. Fotografuje hlavne ________. (príroda)

4 Nepoznám ich dvoch ________. (syn)

5 Kde predávajú ________? (kvety)

6 Moja mama čaká ________ doma. (otec)

6 다음 문장을 슬로바키아어로 옮기세요.

1 그녀의 딸은 학생이다.

____

2 뻬뜨라는 빠볼을 찾고 있다.

____

3 한수는 차를 가지고 있다.

____

4 그의 할머니가 기차를 기다리고 있다.

____

LEKCIA 03

언어 슬로바키아어를 하십니까?

Hovoríte po slovensky?

Text

3-1

Hovoríte po slovensky?
호보리쩨 뽀 슬로벤스끼

Áno, hovorím po slovensky, ale nie veľmi dobre.
아노 호보림 뽀 슬로벤스끼 알레 니에 벨미 도브레

Učím sa po slovensky v jazykovej škole.
우침 싸 뽀 슬로벤스끼 브 야지꼬베이 슈꼴레

Čo robíte na Slovensku?
쵸 로비쩨 나 슬로벤스꾸

Môj manžel robí v kórejskej firme v Žiline.
뭐이 만젤 로비 프 꼬레이스께이 피르메 브 질리네

Som tu so svojou rodinou.
쏨 뚜 조 스보요우 로지노우

Ste spokojní na Slovensku?
스쩨 스뽀꼬이니 나 슬로벤스꾸

Áno, sme veľmi spokojní.
아노 즈메 벨미 스뽀꼬이니

슬로바키아어를 하십니까?
네, 슬로바키아어를 하지만 아주 잘하지는 못합니다.
어학원에서 슬로바키아어를 배우고 있습니다.
슬로바키아에서 무엇을 하십니까?
제 남편이 질리나에 있는 한국 회사에서 일합니다.
저는 가족과 함께 여기에 있습니다.
슬로바키아 생활이 만족스러우신가요?
네, 아주 만족스럽습니다.

Lexika

hovoríte
말하다
(hovoriť 동사의 2인칭 복수형, 2식 동사)

po slovensky
슬로바키아어로

učím sa 배운다(učiť sa 동사의 1인칭 단수형, 2식 동사)

jazyková škola 어학원(f)

robíte
일하다
(robiť 동사의 2인칭 복수형, 2식 동사)

firma 회사(f)

rodina 가족(f)

spokojní
만족스러운(spokojný)

Gramatika

1 동사변화 2식 동사 (-í타입 동사, -iť형 hovoriť)

2식 동사는 í타입 동사라고도 한다. 3인칭 단수의 변화형이 -í로 끝나는 동사를 의미한다. 2식 동사는 보통 원형이 -iť (hovoriť 말하다, robiť 하다, učiť sa 배우다, učiť 가르치다, variť 요리하다), -ieť (sedieť 앉다)로 끝나며 -ať (kričať 소리치다)로 끝나는 작은 그룹의 동사들도 이에 속한다. 다음은 대표 2식 동사들의 변화이다.

	단수	복수
1인칭	hovorím sedím kričím	hovoríme sedíme kričíme
2인칭	hovoríš sedíš kričíš	hovoríte sedíte kričíte
3인칭	hovorí sedí kričí	hovoria sedia kričia

2 'učím sa po + 부사' ~을 배우다 & 'hovoriť po + 부사' ~을 말하다

이 두 표현은 '동사 + 전치사 po + 부사'의 관용어구를 사용한다.

Učím sa po slovensky. 나는 슬로바키아어를 배웁니다.
우침 싸 뽀 슬로벤스끼

Učím sa po anglicky. 나는 영어를 배웁니다.
우침 싸 뽀 앙글리쯔끼

Učím sa po kórejsky. 나는 한국어를 배웁니다.
우침 싸 뽀 꼬레이스끼

Hovorím po slovensky. 나는 슬로바키아어를 합니다.
호보림 뽀 슬로벤스끼

Hovorím po anglicky. 나는 영어를 합니다.
호보림 뽀 앙글리쯔끼

Hovorím po čínsky. 나는 중국어를 합니다.
호보림 뽀 췬스끼

Hovorím po rusky. 나는 러시아어를 합니다.
호보림 뽀 루스끼

Hovorím po španielsky. 나는 스페인어를 합니다.
호보림 뽀 슈빠니엘스끼

3 일반동사의 부정 만들기(ne- + 동사)

byť 동사를 제외한 모든 다른 동사들의 부정은 앞에 접두사 ne-를 붙이면 된다.

čítať – nečítať (čítam / nečítam)
(나는) 읽다 – 안 읽는다

hovoriť – nehovoriť (hovorím / nehovorím)
(나는) 말하다 – 말하지 않는다

študovať – neštudovať (študujem / neštudujem)
(나는) 공부하다 – 공부하지 않는다

4 명사의 전치격

남성 (주격-단수전치격-복수전치격)	여성 (주격-단수전치격-복수전치격)	중성 (주격-단수전치격-복수전치격)
muž – mužovi – mužoch		mesto – meste – mestách
plán – pláne – plánoch	žena – žene – ženách	
počítač – počítači – počítačoch	stanica – stanici – staniciach	

전치격은 전치사와 같이 올 때만 쓰이며 대표 전치사에는 v(~에서), na(~에서), o(~에 관해서)가 있다. 장소를 나타내는 전치사 v는 장소가 실내와 건물을 지칭하는 경우, 도시와 국가명과 함께 쓸 때 사용하며, 전치사 na는 열린장소, 장소가 기관을 지칭할 때 사용한다. 전치사 v는 원래는 ~안에서, na는 ~위에라는 뜻을 가지고 있다. 단수 변화의 경우 남성 단수 생물명사의 경우만 -ovi가 붙고 다른 명사들의 전치격 어미

는 특수한 예를 제외하고는 모두 -e, -i (-í: 중성 vysvedčenie형, 문법 편람도표 참조)이다. 복수 변화 경우는 남성의 경우 -och, 여성과 중성의 경우 -ách로 변화한다. 단수 변화 시 -k, -g, -h, -ch로 끝나는 남성명사와 중성명사 mesto 타입의 단어 중 모음 -o 앞의 자음이 -k, -g, -h, -ch로 끝나는 경우 전치격의 어미는 -u이다.

v skrini (skriňa) 옷장에
프 스끄리니

v škole (škola) 학교에서
프 슈꼴레

v budove (budova) 건물에서
브 부도베

v jedálni (jedáleň) 식당에서
브 예달니

* jedáleň은 여성 dlaň형 (문법 편람도표 참조)

v Soule (Soul) 서울에서
프 쏘울레

v Paríži (Paríž) 파리에서
프 빠리쥐

v Kórei (Kórea) 한국에서
프 꼬레이

v Číne (Čína) 중국에서
프 취녜

v Pekingu (Peking) 북경에서
프 뻬낑구

vo Francúzsku (Francúzsko) 프랑스에서
보 프란쭈스꾸

na stole (stôl) 책상에(책상 위에)
나 스똘레

na zastávke (zastávka) 정류장에서
나 자스따우께

na stanici (stanica) 역에서
나 스따니찌

na ihrisku (ihrisko) 운동장에서
나 이흐리스꾸

na letisku (letisko) 공항에서
나 레찌스꾸

na námestí (námestie) 광장에서
나 나메스찌

na ambasáde (ambasáda) 대사관에서
나 암바사제

na univerzite (univerzita) 대학에서
나 우니베르지쩨

Bývame v internáte. (internát) 우리는 기숙사에서 삽니다.
비바메 브 인떼르나쩨

Učím sa v škole. (škola) 나는 학교에서 배웁니다.
우췸 싸 프 슈꼴레

Hľadám Matúša na stanici. (stanica) 나는 역에서 마뚜슈를 찾고 있습니다.
흘랴담 마뚜샤 나 스따니찌

Bývajú v Soule. (Soul) 그들은 서울에 살고 있습니다.
비바유 프 쏘울레

Študenti sa učia na počítačoch. (počítače) 학생들은 컴퓨터를 가지고 배웁니다.
슈뚜덴찌 싸 우취아 나 뽀취따쵸흐

5 슬로바키아 대표 지명과 장소 전치격 활용

Bratislava	v Bratislave 브 브라찌슬라베	Žilina	v Žiline 브 쥘리녜
Nitra	v Nitre 브 니뜨레	Košice	v Košiciach 프 꼬쉬찌아흐
Trnava	v Trnave 프 뜨르나베	Prešov	v Prešove 프 쁘레쇼베
Banská Bystrica	v Banskej Bystrici 브 반스께이 비스뜨리찌	Tatry	v Tatrách 프 따뜨라흐

6 명사의 조격

조격은 행위를 수행하는 방법이나 수단, 도구를 표현할 때 사용하며 행위를 수행하는 사람을 표현할 때도 전치사 s와 함께 사용한다. 이 밖에 조격을 취하는 동사 혹은 전치사와 함께 사용한다.

남성 (주격-단수조격-복수조격)	여성 (주격-단수조격-복수조격)	중성 (주격-단수조격-복수조격)
muž – mužom – mužmi		mesto – mestom – mestami
plán – plánom – plánmi	žena – ženou – ženami	
počítač – počítačom – počítačmi	stanica – stanicou – stanicami	

행위의 도구로

Píšeme ceruzkou / perom. 연필로 / 볼펜으로 씁니다.
삐쉐메 쩨루스꼬우 뻬롬

Krájame chlieb nožom. 칼로 빵을 자릅니다.
끄라야메 흘리엡 노좀

행위의 방법, 수단으로

Cestujeme vlakom / autobusom. 기차로 / 버스로 여행합니다.
쩨스뚜예메 블락꼼 아우또부쏨

전치사 s와 같이 (s~와 함께, ~을 넣은, ~을 가진)

Cestujem so synom. 아들과 함께 여행합니다.
쩨스뚜옘 조 씨놈

Prosím si kávu s mliekom. 밀크커피(우유를 넣은)를 부탁합니다.
쁘로씸 씨 까부 즈 믈리에꼼

Prosím si kávu s cukrom. 설탕 커피(설탕을 넣은)를 부탁합니다.
쁘로씸 씨 까부 스 쭈끄롬

Ide študent s batohom. 배낭을 맨 학생이 간다.
이제 슈뚜덴뜨 즈 바또홈

Veľký obchod s počítačmi 컴퓨터를 가지고 있는(파는) 큰 상점
벨끼 오프호뜨 스 뽀취따추미

7 소유대명사 svoj, svoja, svoje (자신의~)

svoj는 '자신의~', '자기의~'를 뜻하는 소유대명사로 주어와 일치하는 지시관계를 나타낼 때 사용되며 뒤에 따라오는 명사의 성, 수, 격에 따라 môj, tvoj와 동일한 형태로 격변화한다. 여기서는 가장 많이 활용하는 단수의 대격, 조격의 형태만을 소개한다.

남성(대격-조격)	여성(대격-조격)	중성(대격-조격)
svojho – so svojím	svoju – so svojou	svoje – so svojím

Ľúbim svojho muža. 나는 내 남편을 사랑합니다.
류빔 스보이호 무좌

Ľúbim svoju ženu. 나는 내 부인을 사랑합니다.
류빔 스보유 줴누

Ľúbim svoje mesto. 나는 내 도시를 사랑합니다.
류빔 스보에 메스또

Bývame so svojou dcérou. 우리는 딸과 같이 삽니다.
비바메 조 스보요우 쩨로우

8 부사의 기능과 형태

부사는 불변화 품사이며 문자에서 동사, 형용사, 부사를 수식해 주는 기능을 한다. 의미상으로는 시간, 장소, 정도, 양태, 빈도 등으로 나뉘며 형태상으로는 고유부사와 다른 품사에서 파생되는 파생부사로 구별된다. 파생부사의 경우 형용사에서 대부분 파생되는데 이러한 부사들은 -o, -e, -y로 끝난다.

부사의 의미상 구분

- 시간: teraz, včera, zajtra, už, skoro, neskoro 지금, 어제, 내일, 이미, 이르게, 늦게
- 장소: tu, tam, hore, dole, ďaleko 여기, 거기, 위에, 아래, 멀리
- 정도: veľmi, veľa, super 매우, 많이, 최고
- 양태: pomaly, rýchlo, zdvorilo, bezpečne 느리게, 빠르게, 공손하게, 안전하게
- 빈도: často, niekedy, vždy, zvyčajne, zriedka 자주, 때때로, 항상, 보통, 드물게

부사의 형태상 구분 (고유부사 & 파생부사)

고유부사	naozaj, veľmi, veľa, včera, hore, dole, teraz, vždy (정말로, 매우, 많이, 어제, 위에, 밑에, 지금, 늘)
파생부사	-o형: 가장 흔히 형용사에서 파생되는 방법이다.
	ľahko 가볍게(ľahký), ťažko 어렵게/무겁게(ťažký), tvrdo 강하게(tvrdý), múdro 지혜롭게(múdry), rýchlo 빠르게(rýchly), zdvorilo 공손하게(zdvorilý)
	-e형: -ný, -itý로 끝나는 형용사에 파생된다.
	pekne 예쁘게(pekný), okamžite 즉시(okamžitý)
	-y형: -ský, -cký로 끝나는 형용사에서 파생된다.
	pomaly 느리게(pomalý), slovensky 슬로바키아어로(slovenský), hospodársky 경제적으로(hospodársky), nemecky 독일어로(nemecký), letecky 비행기로(letecký)

9 국가이름과 파생형용사

국가 이름	나라 사람(남성-여성)
Slovensko 슬로바키아	Slovák – Slovenka
Kórea 한국	Kórejčan – Kórejčanka
Čína 중국	Čiňan – Čiňanka
Japonsko 일본	Japonec – Japonka
Kanada 캐나다	Kanaďan – Kanaďanka
Amerika 미국	Američan – Američanka
Rakúsko 오스트리아	Rakúšan – Rakúšanka
Maďarsko 헝가리	Maďar – Maďarka
Poľsko 폴란드	Poliak – Poľka
Holandsko 네덜란드	Holanďan – Holanďanka
Španielsko 스페인	Španiel – Španielka
Taliansko 이탈리아	Talian – Talianka
Francúzsko 프랑스	Francúz – Francúzka

Užitočné výrazy

시간부사

dnes	오늘
včera	어제
zajtra	내일
predvčerom	그제
pozajtra	모레
doobeda	오전에
poobede	오후에
večer	저녁에
v noci	밤에

장소부사

hore	위에
dole	밑에
vpravo	오른쪽에
vľavo	왼쪽에
vpredu	앞에
vzadu	뒤에

Konverzačné cvičenia

3-2

Konverzačné 1

Hovoríš veľmi dobre po slovensky. 호보리슈 벨미 도브레 뽀 슬로벤스끼	슬로바키아 말을 아주 잘 하네요.
Ďakujem. 쟈꾸옘	고마워.
Učím sa po slovensky na univerzite. 우췸 싸 뽀 슬로벤스끼 나 우니베르지쩨	대학에서 슬로바키아어를 배워.

Konverzačné 2

Kde je pán profesor Dolník? 그제 예 빤 쁘로페쏘르 돌닉	돌릭 교수님이 어디에 계시니?
Je v knižnici. 예 프 끄니쥬니찌	도서관에 계십니다.
Je pani profesorka tiež v knižnici? 예 빠니 쁘로페쏘르까 찌에슈 프 끄니쥬니찌	다른 (여)교수님도 도서관에 계시니?
Nie, nie je v knižnici. 니에 니에 예 프 끄니쥬니찌	아니요. 도서관에 안 계셔요.
Je vo svojej kancelárii. 예 보 스보예이 깐쩰라리	본인 사무실에 계십니다.

Konverzačné 3

Ahoj, čo robíš, Peter? 아호이 쵸 로비슈 뻬떼르	안녕, 뻬떼르야 너는 뭐 하니?
Čítam knihu. 취땀 끄니후	책 읽어.
A čo robí Zuzana? 아 쵸 로비 주잔나	주잔나는 뭐해?
Varí v kuchyni. 바리 프 꾸히니	부엌에서 요리하고 있어.

Cvičenia

1 빈칸에 알맞은 동사의 형태를 쓰세요.

1 Čo tu ______________? (robiť)
여기서 무엇을 하니?

2 Moja dcéra ______________ (učiť sa) po francúzsky.
딸은 프랑스어를 배웁니다.

3 Syn ______________ (učiť) deti angličtinu.
아들은 아이들에게 영어를 가르칩니다.

4 ______________ (hovoriť) trochu po slovensky.
저는 슬로바키아어를 조금 말합니다.

5 Deti ______________ (sedieť) v triede.
아이들은 교실에 앉아 있습니다.

2 빈칸에 알맞은 명사의 형태를 써넣으세요.

1 Necestujeme ______________, ale cestujeme ______________.
우리는 기차로 여행하지 않고 자동차로 여행합니다.

2 To mäso sa ______________ nedá krájať.
이 고기는 칼로 잘라지지 않습니다.

3 Prosím si kávu s ______________.
밀크를 넣은 커피를 주세요.

4 Dievča s perlovými ______________.
진주 귀거리를 한 소녀

5 Vždy cestuje so svojou ______________.
그는 항상 아내와 여행합니다.

3 빈칸에 알맞은 명사의 형태를 써넣으세요.

1 V ________ nie je metro. (Bratislava)

2 Moja kamarátka je čašníčka. Pracuje v ________. (reštaurácia)

3 Manžel pracuje v ________. (Samsung)

4 Bratislava a Košice sú mestá na ________. (Slovensko)

5 Študenti bývajú v ________. (internát 복수)

4 다음 단어 중 고유부사가 아닌 것을 모두 고르세요.

naozaj, včera, dole, slovensky, okamžite, veľa, málo, ťažko

5 다음 문장들을 부정문으로 바꾸세요.

1 Pavlína robí s počítačom.

____

2 Pavol má rád psa.

____

3 Učím sa po nemecky.

____

4 Je populárna speváčka.

____

5 Spieva v opere.

____

6 Páči sa mi Budapešť.

____

LEKCIA 04

장소 어디를 가십니까?

Kam idete?

Text

4-1

Kam idete?
깜 이제쩨

Idem do kaviarne.
이젬 도 까비아르녜

Internet tu nefunguje a mám vybitý mobil.
인떼르넷 뚜 녜풍구예 아 맘 비비띠 모빌

Potom pôjdem k lekárovi.
뽀똠 뿨이젬 그 레까로비

Čo vás bolí?
쵸 바즈 볼리

Nič ma nebolí.
니츄 마 녜볼리

Idem na očkovanie proti chrípke.
이젬 나 오츄꼬바니에 쁘로찌 흐리쁘께

Želám vám pekný deň.
젤람 밤 뻬끄니 젠

Aj ja vám. Dovidenia.
아이 야 밤 도비제니아

Dovidenia.
도비제니아

어디 가십니까?

커피숍에 갑니다.

여기 인터넷이 안 되고 제 핸드폰은 방전됐습니다.

그러고는 의사를 만나러 갑니다.

어디 아프신가요?

아니요. 아픈 데는 없습니다.

독감 예방주사 맞으러 갑니다.

좋은 하루 되세요.

선생님도요. 안녕히 가세요.

안녕히 가세요.

Lexika

idete
가다
(ísť 동사의 2인칭 복수형, 불규칙동사)

kaviareň 커피숍(f)

nefunguje
작동하지 않는다
(fungovať 동사의 부정, 3인칭 단수형, 3식 동사)

vybitý 방전된

mobil 핸드폰(m)

pôjdem
갈 것이다
(ísť 동사의 1인칭 단수 미래형, 불규칙동사)

lekár 의사(m)

bolí 아프다
(bolieť 동사의 3인칭 단수, 2식 동사)

nič 아무것도(부정대명사)

očkovanie 예방주사(n)

chrípka 독감(f)

želám
바라다
(želať 동사의 1인칭 단수, 1식 동사)

Gramatika

1 명사의 생격 & 형용사의 생격

명사의 생격은 소유, 소속을 나타낼 때 쓰이는 격이며 우리말의 '~의'로 보통 해석된다. 이 밖에 생격를 취하는 동사와 전치사(od, z, do 등)와 함께 쓰인다. 복수생격 중 žena, stanica, mesto 타입의 변화가 복잡하다. 이 명사 모두 어말모음이 탈락되면서 대부분 앞 음절의 모음이 장음화된다. 이때 장음화되는 방법이 다양하기 때문에 일반적인 규칙을 학습하는 것 외에도 사전을 항상 참조하는 것을 추천한다. 이 과에서는 단수만의 사례를 학습한다.

남성(주격-단수생격)	여성(주격-단수생격)	중성(주격-단수생격)
muž – muža		mesto – mesta
plán – plánu	žena – ženy	
počítač – počítača	stanica – stanice	

문장에서 수식을 해주는 명사가 생격으로 쓰인 경우 형용사도 생격의 형태를 갖게 되며 다음과 같이 변화한다.

	남성	여성	중성
주격	pekný	pekná	pekné
생격	pekného	peknej	pekného

farba obrázku/-a — 그림의 색채 (obrázok)
파르바 오브라스꾸/-까

šálka kávy — 커피잔 (káva)
샬까 까비

pohár mlieka — 우유컵 (mlieko)
뽀하르 믈리에까

Idem do divadla. — 극장에 갑니다. (divadlo)
이젬 도 지바들라

Pôjdem do Prahy. — 프라하에 갈 것입니다. (Praha)
뿌이젬 도 쁘라히

hlavné mesto Južnej Kórey
흘라브네 메스또 유주네이 꼬레이

대한민국의 수도 (Južná Kórea)

hlavné mesto Slovenskej republiky
흘라브네 메스또 슬로벤스께이 레뿌블리끼

슬로바키아의 수도 (Slovenská republika)

slovník slovenského jazyka
슬로브닉 슬로벤스께호 야지까

슬로바키아어 사전 (slovenský jazyk)

Univerzita Komenského
우니베르지따 꼬멘스께호

꼬메니우스 대학교 (Komenský)

* 꼬메니우스 대학교의 공식 명칭은 Univerzita Komenského v Bratislave

2 동사 ísť (가다)

ísť는 불규칙 변화 동사이다. 미래형은 접두사 pô~를 붙이는데 이때 모음 i가 자음 j로 바뀐다.

	현재(가다 - 부정)	미래(갈 것이다 - 부정)
ja	idem – nejdem	pôjdem – nepôjdem
ty	ideš – nejdeš	pôjdeš – nepôjdeš
on, ona, ono	ide – nejde	pôjde – nepôjde
my	ideme – nejdeme	pôjdeme – nepôjdeme
vy	idete – nejdete	pôjdete – nepôjdete
oni, ony	idú – nejdú	pôjdu – nepôjdu

동사 ísť 와 함께 쓰는 전치사들과 예시(do+생격, na+대격, k+여격)

Idem do hotela.
이젬 도 호뗄라

호텔로 갑니다.

Idem do knižnice.
이젬 도 끄니쥬니쩨

도서관에 갑니다.

Idem do nemocnice.
이젬 도 녜모쯔니쩨

병원에 갑니다.

Idem do reštaurácie.
이젬 도 레슈따우라찌에

레스토랑에 갑니다.

Idem do predajne. 이젬 도 쁘레다이녜	가게에 갑니다.
Idem do lekárne. 이젬 도 레까르녜	약국에 갑니다. (대표 명사 dlaň)
Idem do kina. 이젬 도 끼나	극장에 갑니다.
Idem na univerzitu. 이젬 나 우니베르지뚜	대학에 갑니다.
Idem na ihrisko. 이젬 나 이흐리스꼬	운동장에 갑니다.
Idem k rieke. 이젬 그 리에께	강 쪽으로 갑니다.
Idem k babičke. 이젬 그 바비츄께	할머니 댁에 갑니다.

3 3식 동사 I (-e타입 동사, -ovať형)

-ovať으로 끝나는 모든 동사가 이 그룹에 속한다. -e타입 동사는 다시 세분화 되는데 (문법 편람도표 참고), 이 중 -ovať 형은 슬로바키아 동사 중 가장 쉽게 명사에서 -ovať를 붙여 역동적으로 동사를 파생시킬 수 있는 특징이 있는 그룹이다. 이 그룹에 속하는 동사들은 pracovať, ďakovať, telefonovať, mailovať, manažovať, fotografovať, reprezentovať, kontrolovať, nakupovať, potrebovať, šoférovať, skypovať, četovať, downloadovať, streamovať(일하다, 고마워하다, 전화하다, 메일 보내다, 경영하다, 사진 찍다, 대표하다, 컨트롤하다, 장보다, 필요하다, 운전하다, 스카이프하다, 채팅하다, 다운로드하다, 스트리밍하다) 등이 있다.

	단수	복수
1인칭	študujem	študujeme
2인칭	študuješ	študujete
3인칭	študuje	študujú

4 의문사 kam과 kde

'어디로'라는 뜻의 의문사 kam은 동작동사와 함께 사용되며, '어디에'라는 뜻의 의문사 kde는 상태동사와 함께 사용된다. Kam으로 물으면 동작동사+부사, 혹은 동작동사+전치사(do, na, k)로 답하고 kde로 물으면 상태동사+부사, 혹은 상태동사+전치사(v, na)로 답한다. 이때 동작동사와 함께 쓰이는 전치사 na 뒤에는 대격이, 상태동사와 함께 쓰이는 전치사 na 뒤에는 전치격이 오는 것에 주의한다.

Kam ide Ján?	얀은 어디로 가느냐?	Kde je Ján?	얀은 어디에 있느냐?
Ide domov.	집으로 간다.	Je doma.	집에 있다.
Ide von.	밖으로 간다.	Je vonku.	밖에 있다.
Ide na internát.	기숙사로 간다.	Je na internáte.	기숙사에 있다.
Ide do školy.	학교로 간다.	Je v škole.	학교에 있다.
Ide na letisko.	공항으로 간다.	Je na letisku.	공항에 있다.

5 명사의 여격

명사의 여격은 행해지는 대상이나 인물이 간접목적어로 사용될 때 필요하며 우리말의 '~에게'로 보통 해석된다. 여격은 여격을 취하는 동사, 전치사 와도 쓰인다. 여격을 받는 대표 전치사는 k(~에게/~쪽으로), proti(~반대하여), oproti(~맞은 편에), kvôli(~때문에), vďaka(~덕분에) 등이 있다.

남성 (주격-단수여격-복수여격)	여성 (주격-단수여격-복수여격)	중성 (주격-단수여격-복수여격)
muž – mužovi – mužom		mesto – mestu – mestám
plán – plánu – plánom	žena – žene – ženám	
počítač – počítaču – počítačom	stanica – stanici – staniciam	

Profesor dáva študentom knihy. 교수님께서 학생들에게 책을 줍니다.
쁘로페쏘르 다바 슈뚜덴똠 끄니히

Dnes pôjdem k bratovi na večeru. 오늘 동생(형) 집에 저녁 먹으러 갈 겁니다.
드네스 쀠이젬 그 브라또비 나 베췌루

Oproti univerzite je pekná kaviareň. 대학교 맞은 편에 예쁜 커피숍이 있다.
오쁘로찌 우니베르지쩨 예 뻬끄나 까비아렌

Dnes hráme futbal proti Nemecku. 우리는 오늘 독일을 상대로 축구를 한다.
드녜스 흐라메 푸드발 쁘로찌 녜메쯔꾸

Vďaka mame viem robiť kimči. 어머니 덕분에 김치를 만들 수 있습니다.
브자까 마메 비엠 로빗 김치

* 여격을 취하는 기타 동사들: gratulovať(~에게 축하한다), ďakovať(~에게 고맙다), patriť(~에 속하다), podobať sa(~를 닮다), pomáhať(~를 돕다), rozumieť(~를 이해하다), dôverovať (~를 신뢰하다), páčiť sa(~마음에 든다) 등.

Pán profesor gratuluje študentom k úspechu. 교수님께서 학생들의 성공을 축하한다.
빤 쁘로페쏘르 그라뚤루예 슈뚜덴똠 그 우스뻬후

Peter ďakuje Jankovi. 뻬떼르는 양꼬에게 고마워한다.
뻬떼르 쟈꾸예 양꼬비

To auto Michalovi nepatrí. 이 자동차는 미할의 것이 아니다.
또 아우또 미할로비 녜빠뜨리

Podobá sa otcovi. 그는 아버지를 닮았다.
뽀도바 싸 오쪼비

Dnes pomáham matke. 오늘 나는 어머니를 돕는다.
드녜스 뽀마함 마뜨께

Dieťa nerozumie gramatike. 아이가 문법을 이해하지 못한다.
지에짜 녜로주미에 그라마띠께

Dôverujem Petrovi. 나는 뻬떼르를 신뢰한다.
뒤베루옘 뻬뜨로비

Bratislava sa Jánovi veľmi páči. 얀은 브라찌슬라바가 매우 마음에 든다.
브라찌슬라바 싸 야오비 벨미 빠취

6 인칭대명사 대격

문장에서 목적의 역할을 하며 한국어의 ~을/를에 해당한다. 인칭대명사는 사람뿐만 아니라 사물도 지칭할 수 있다. 이 밖에 인칭대명사 대격은 대격을 지배하는 동사, 전치사와도 함께 쓸 수 있다.

주격	대격
ja	mňa / ma
ty	teba / ťa
on	jeho / ho / neho / -ňho / -ň
ona	ju / ňu
ono	ho / -ň
my	nás
vy	vás
oni	ich / nich
ony	ich / ne

슬로바키아어 인칭대명사 대격은 크게 단일 형태, 긴 형태, 짧은 형태로 나뉘며 활용시 몇 가지 규칙이 적용된다.

1) 단일 형태: nás, vás

Mám vás rád. 나는 당신을 좋아합니다.

Mám pre vás darček. 나는 당신에게 줄 선물이 있습니다.

2) 긴 형태: mňa, teba, jeho는 인칭대명사가 문장의 처음에 올 때 사용되며 대부분 강조를 하기 위해서이다. mňa, teba는 전치사 뒤에서도 사용된다.

Mňa nepoznáš? 나를 모른다고?

Jeho nepoznám. 그를 알지 못합니다.

Mám pre teba darček. 너에게 줄 선물이 있다.

3) 짧은 형태: ma, ťa, ho는 문장의 처음이나 전치사 뒤에 올 수 없다.

Vidíš pána učiteľa? Áno, vidím ho. 선생님이 보이니? 응, 그가 보여.

Miluješ ma? Áno, milujem ťa. 나를 사랑하니? 응, 너를 사랑해.

4) 인칭대명사 3인칭 남성과 여성은 전치사 뒤에 neho, ňu, nich, ne, -ňho, -ň의 형태를 사용한다.

Mám pre neho knihu. 그에게 줄 책이 있습니다.

Mám pre ňu správu. 그녀에게 전해 줄 소식이 있습니다.

To je torta pre nich. 그것은 그들을 위한 케이크입니다.

Čakám naňho. 나는 그를 기다린다.

Čakám naň. 나는 그것을 기다린다.

7 Bolí (bolieť) ma + 주어(~가 아프다)

Bolí (bolieť) ma + 주어(~가 아프다)의 관용어구에서 아픈 주체는 대격으로 아픈 곳은 주어로 쓰는 표현이다.

Bolí ma hlava. 머리가 아픕니다.
볼리 마 흘라바

Bolí ma brucho. 배가 아픕니다.
볼리 마 브루호

Bolí ma žalúdok. 위가 아픕니다.
볼리 마 좔루독

Bolí ma zub. 치아가 아픕니다.
볼리 마 줍

Bolí ma chrbát. 허리가 아픕니다.
볼리 마 흐르밧

Bolia ma nohy. 양 다리가 아픕니다.
볼리아 마 노히

Bolí ma hrdlo. 목이 아픕니다.
볼리 마 흐르들로

Užitočné výrazy

인칭대명사 여격이 문장에서 의미상의 주어 역할을 하는 경우

Je mi zima.	(나는) 춥다.
Je mi teplo.	(나는) 덥다.
Je mi horúco.	(나는) 무덥다.
Je mi zle.	(나는) 몸이/상황이 좋지 않다.
Je mi dobre.	(나는) 몸이/상황이 좋다.
Je mi veselo.	(나는) 즐겁다.
Je mi ľúto.	(나는) 유감스럽다.

Konverzačné cvičenia

4-2

Konverzačné ❶

Ste z Ameriky? 당신은 미국에서 오셨나요?
스쩨 즈 아메리끼

Nie, nie som z Ameriky. 아니요, 미국에서 오지 않았습니다.
니에 니에 쏨 즈 아메리끼

Odkiaľ ste? 어디에서 오셨나요?
오뜨끼알 스쩨

Som z Anglicka. 저는 영국에서 왔습니다.
쏨 즈 앙글리쯔까

Konverzačné ❷

Celý deň ma bolí hlava. 온종일 머리가 아프네.
쩰리 젠 마 볼리 흘라바

Mrzí ma, že to počujem. 마음이 안 좋네.
므리지 마 줴 또 뽀츄엠

Asi pôjdem do lekárne. 약국에 가야 할 것 같아.
아씨 뿨이젬 도 레까르녜

Určite. 그래야지.
우르취쩨

Cvičenia

1 빈칸에 알맞은 명사의 생격 형태를 쓰세요.

1 pohár ______________ (voda) 물잔

2 vôľa ______________ (pacient) 환자의 의지

3 symbol ______________ (viera) 신앙의 상징

4 Irena je z ______________ (Ukrajina).
이레나는 우크라이나 출신입니다.

5 Večer pôjdeme do ______________ (kostol).
저녁에 우리는 성당(교회)에 갑니다.

6 začiatok ______________ ______________ (nový rok) 신년 시작

7 ministerstvo ______________ (školstvo) 교육부

8 rozhodnutie ______________ (súd) 재판부 판결

2 빈칸에 알맞은 명사의 여격 형태를 쓰세요.

1 Pavol pomáha ______________. (babička)
빠볼은 할머니를 돕는다.

2 Čo je oproti ______________? (nemocnica)
병원 맞은 편에 무엇이 있나요?

3 Jana gratuluje ______________ k meninám. (syn)
야나는 아들에게 영명축일을 축하합니다.

3 다음 ísť'를 알맞게 변화시키세요.

1 Pavol teraz ______________ do centra mesta.

2 Peter a Janko ______________ na univerzitu zajtra.

3 Kam ______________, Michal?

4 다음 빈칸에 알맞은 3식 동사의 형태를 써넣으세요.

1 Čo ____________? Psychológiu.
무엇을 공부하십니까? 심리학입니다.

2 Komu ____________? Dušanovi.
누구에게 전화하니? 두샨에게 합니다.

3 Čo robíte?
무슨 일을 하십니까?

____________ ako učiteľka.
저는 교사로 일합니다.

4 S kým ____________? S Helenou.
넌 누구랑 스카입하니? 헬레나와 해요.

5 Pán prezident ____________ štát.
대통령은 국가를 대표한다.

5 빈칸에 알맞은 인칭대명사의 대격 형태를 쓰세요.

1 Mám pre ________ veľmi dobrú správu.
네게 알려 줄 아주 좋은 소식이 있다.

2 ________ naozaj pre túto prácu potrebuješ?
그가 그 일에 정말로 필요하니?

3 Máme ________ radi.
우리는 당신을 좋아합니다.

4 Nepozná ________ veľmi dobre.
그는 그녀를 잘 알지 못한다.

5 Mám pre ________ darček.
난 그에게 줄 선물이 있습니다.

LEKCIA 05

우리집 우리의 아파트

Náš byt

Text

5-1

To je náš byt.
또 예 나쥬 빗

Je na druhom poschodí.
예 나 드루홈 뽀스호지

Máme veľkú spálňu, modernú kuchyňu a obývaciu izbu.
마메 벨꾸 스빨뉴 모데르누 꾸히뉴 아 오비바찌우 이즈부

V spálni máme aj pohodlnú pohovku.
프 스빨니 마메 아이 뽀호들누 뽀호우꾸

Blízko nášho bytu sa nachádza nákupné centrum Eurovea.
블리스꼬 나쥬호 비뚜 싸 나하자 나꾸쁘네 쩬뜨룸 에우로베아

Máme veľmi radi tento byt.
마메 벨미 라지 뗀또 빗

그것은 우리의 아파트입니다.
아파트는 2층에 있습니다.
아파트에는 큰 침실, 현대식 부엌 그리고 거실이 있습니다.
침실에는 편안한 소파도 있습니다.
우리 아파트 옆에는 에우로베아 쇼핑센터가 있습니다.
우리는 이 아파트가 매우 마음에 듭니다.

Lexika

to 그~, 그것은(지시대명사)

náš 우리의(소유대명사)

byt 아파트(m)

druhý 두 번째의

poschodie 층(n)

spálňa 침실(f)

moderný 현대적인

kuchyňa 부엌(f)

obývacia izba
거실
(f, 연변화 형용사 + 명사의 조합)

aj 또한

pohodlný 편안한

pohovka 소파(f)

blízko ~옆에(전치사, +생격)

nachádzať sa
위치한다(1식 동사)

nákupné centrum
쇼핑센터
(f, 형용사 + 명사의 조합)

veľmi 매우(부사)

Gramatika

1 지시대명사 ten, tá, to의 생격, 대격, 전치격(단수변화)

문장에서 수식을 해주는 명사가 생격, 대격, 전치격으로 쓰인 경우 지시대명사도 생격, 대격, 전치격의 형태로 변화한다.

	남성	여성	중성
주격	ten	tá	to
생격	toho	tej	toho
대격	toho(생물), ten(무생물)	tú	to
전치격	o tom	o tej	o tom

Nepoznáme manželku toho muža. 우리는 그 남자의 부인을 모릅니다.
녜뽀즈남 만젤꾸 또호 무좌

To je kabelka tej ženy. 그것은 그녀(그 여자)의 핸드백입니다.
또 예 까벨까 떼이 줴니

Učíme sa históriu toho mesta. 우리는 그 도시의 역사를 배웁니다.
우취메 싸 히스또리우 또호 메스따

Poznáš ten seriál The Crown na Netflixe? 더 크라운이라는 (그) 넷플릭스 시리즈 아니?
뽀즈나슈 뗀 쎄리알 더 크라운 나 넷플릭쎄

V tej jedálni obedujem každý deň. 나는 날마다 그 식당에서 점심을 먹습니다.
프 떼이 예달니 오베두옘 까쥬디 젠

V tom meste je veľký hrad. 그 도시에는 큰 성이 있다.
프 똠 메스쩨 예 벨끼 흐랏

2 소유대명사 náš, naša, naše(우리의~)와 váš, vaša, vaše(너희들의~, 당신의~)

1과에 나온 소유대명사 môj(나의~), tvoj(너의~)처럼 뒤에 오는 명사에 따라 변화한다. 여기서는 주격, 생격, 대격, 전치격 단수변화 형태를 학습한다.

	남성	여성	중성
주격	náš – váš	naša – vaša	naše – vaše
생격	nášho – vášho	našej – vašej	nášho – vášho
대격	nášho / vášho – náš / váš	našu – vašu	naše – vaše
전치격	našom – vašom	našej – vašej	našom – vašom

Náš dedo slúžil v kórejskej vojne. 우리 할아버지는 한국전쟁에 참전하셨습니다.
나슈 제도 슬루질 프 꼬레이스께이 보이녜

Vedľa našej záhrady má sused jabloň. 우리 정원 옆에 이웃의 사과나무가 있습니다.
베들랴 나쉐이 자흐라디 마 쑤쎗 야블론

Je to súčiastka do vášho auta. 이것은 당신 차의 부품입니다.
예 또 수취아스뜨까 도 바슈호 아우따

Poznám vašu mamu z kostola. 당신 어머니를 교회에서 만나 알고 있다.
뽀즈남 바슈 마무 스 꼬스똘라

Rozprávame sa o našom novom projekte. 우리의 새 프로젝트에 관해 얘기한다.
로스쁘라바메 싸 오 나숌 노봄 쁘로엑쩨

3 형용사의 대격과 전치격(단수변화)

형용사가 수식해 주는 명사가 문장에서 대격이나 전치격으로 쓰이면 형용사도 대격과 전치격의 형태로 변화한다.

	남성	여성	중성
주격	pekný	pekná	pekné
대격	peknébo(생물) / pekný	peknú	pekné
전치격	peknom	peknej	peknom

Máme starého otca.
마메 스따레호 오짜

우리는 할아버지가 있다. (starý otec)

Máme pekný dom.
마메 뻬끄니 돔

우리는 예쁜 집을 가지고 있다. (pekný dom)

Máme starú mamu.
마메 스따루 마무

우리는 할머니가 있다. (stará mama)

Máme nové auto.
마메 노베 아우또

우리는 새 차가 있다. (nové auto)

Anna býva v trojizbovom byte.
안나 비바 프 뜨로이이즈보봄 비쩨

안나는 방이 3개인 아파트에서 산다. (trojizbový byt)

* 3개 방은 두 개의 침실과 하나의 거실을 뜻함.

Janko obeduje v školskej jedálni.
양꼬 오베두예 프 슈꼴스께이 예달니

양꼬는 학교 식당에서 점심을 먹는다. (školská jedáleň)

Trénujem na školskom ihrisku.
뜨레누옘 나 슈꼴스꼼 이흐리스꾸

나는 학교 운동장에서 운동한다. (školské ihrisko)

4 '~좋아하다'의 표현

'~좋아하다'의 표현은 mať rád / rada / rado / radi / rady + 대격의 관용어구를 사용한다. mať는 1식 동사로서 시제변화를 하며 단어 rád는 인칭의 성과 수에 따라 형태가 다음과 같이 바뀐다.

mať rád의 변화

	단수	복수
주어가 남성	mám rád, máš rád, má rád	máme radi, máte radi, majú radi
주어가 여성	mám rada, máš rada, má rada	máme rady, máte rady, majú rady
주어가 중성	má rado	majú rady

Mám rád / rada Kóreu. 나는 한국을 좋아한다.
맘 랏 / 라다 꼬레우

Mám rád / rada Bratislavu. 나는 브라찌슬라바를 좋아한다.
맘 랏 / 라다 브라찌슬라부

Mám ťa rád. 나는 너를 좋아해. (주어가 남성)
맘 짜 랏

Mám ťa rada. 나는 너를 좋아해. (주어가 여성)
맘 짜 라다

Máme vás radi. 우리는 당신들을 좋아한다.
마메 바즈 라지

Máme radi slovenské pivo. 우리는 슬로바키아 맥주를 좋아한다.
마메 라지 슬로벤스께 삐보

Máte rád kórejské jedlo? 당신은 한국 음식을 좋아하십니까? (주어가 남성)
마쩨 랏 꼬레이스께 예들로

Janko má rád svoju školu. 양꼬는 본인 학교를 좋아한다.
양꼬 마 랏 스보유 슈꼴루

Jana má rada zelenú farbu. 야나는 초록색을 좋아한다.
야나 마 라다 젤레누 파르부

Dieťa má rado hračky. 아이는 장난감을 좋아한다. (주어가 중성)
지에짜 마 라도 흐라츄끼

Chlapi majú radi vodku. 남자들은 보드카를 좋아한다.
흘라삐 마유 라지 보뜨꾸

Ženy majú rady biele víno. 여자들은 화이트 와인을 좋아한다.
줴니 마유 라디 비엘레 비노

Deti majú rady bazén. 아이들은 수영장을 좋아한다.
제찌 마유 라디 바젠

5 수사

슬로바키아어의 수사는 명사, 형용사, 대명사와 함께 격변화를 하는 품사에 속한다. 그 형태에는 기수와 서수가 있다.

기수 0~10

nula, jeden, dva, tri, štyri, päť, šesť, sedem, osem, deväť, desať

서수 1~10 (서수는 형용사처럼 취급해 격변화 한다)

prvý, druhý, tretí, štvrtý, piaty, šiesty, siedmy, ôsmy, deviaty, desiaty

숫자 1

숫자 1은 남성명사와 결합할 때는 jeden, 여성명사와 결합할 때는 jedna, 중성명사와 결합할 때는 jedno를 사용한다.

jeden život 한 번의 삶

jedna báseň 시 한 편

jedno dieťa 아이 한 명

6 연변화 형용사와 주격 형태

슬로바키아어 형용사는 형용사 주격의 어미가 -ý로 끝나면 경변화 형용사로, -í로 끝나면 연변화 형용사로 구분되며 각각 다른 격변화를 한다.

경변화 형용사: pekný(예쁜), krásny(아름다운)

연변화 형용사: cudzí(이방의, 낯선, 다른), obývací(거실의)

	남성	여성	중성
단수주격	cudzí	cudzia	cudzie

To je cudzí výraz. 그것은 외래 표현입니다.

To je veľmi horúca voda. 그것은 뜨거운 물입니다.

Pes je domáce zviera. 개는 애완동물입니다.

* 리듬 단축법칙이 적용됨 (horúcia → horúca, domácie → domáce)

Užitočné výrazy

Hrám tenis. 나는 테니스를 친다.

Hrám stolný tenis. 나는 탁구를 친다.

Hrám futbal. 나는 축구를 한다.

Hrám basketbal. 나는 농구를 한다.

Hrám volejbal. 나는 배구를 한다.

Hrám bedminton. 나는 배드민턴을 한다.

Hrám hádzanú. 나는 핸드볼을 한다.

Hrám šach. 나는 체스를 한다.

Hrám karty. 나는 카드놀이를 한다.

spálňa		pracovňa		obývacia izba	
matrac	매트리스(m)	knižnica	책장(f)	koberec	카펫(m)
perina	이불(f)	monitor	모니터(m)	konferenčný stolík	커피테이블(m)
plachta	시트(f)	stolička	의자(f)	kreslo	소파(n)
posteľ	침대(f)	stolová lampa	책상전등(f)	luster	샹들리에(m)
šatník	옷장(m)	stôl	책상(m)	sedačka	긴 소파(f)
vankúš	베개(m)	zásuvka	서랍(f)	televízor	텔레비전(m)

Konverzačné cvičenia

5-2

Konverzačné ❶

Pán Kim, kde bývate v Bratislave? 김 선생님은 브라찌슬라바 어디에 사시나요?
빤 김 그제 비바쩨 브 브라찌슬라베

Bývam v byte blízko Eurovey. 저는 에우로베아 가까운 아파트에 살고 있습니다.
비밤 브 비쩨 블리스꼬 에우로베이

To je fajn. 좋네요.
또 예 파인

Môžete chodiť na nákup pešo. 장 보러 걸어갈 수 있겠네요.
뭐줴쩨 호짓 나 나꿉 뻬쇼

Konverzačné ❷

Prosím vás, kde je toaleta? 죄송한데 화장실이 어딘가요?
쁘로씸 바스 그제 예 또알레따

Je na prvom poschodí vedľa predajne Manufaktura.
예 나 쁘르봄 뽀스호지 베들랴 쁘레다이녜 마누팍뚜라
1층 마누팍투라 상점 옆에 있습니다.

Ďakujem. 고맙습니다.
쟈꾸옘

Nemáte za čo. 천만에요.
녜마쩨 자 쵸

Konverzačné ❸

To je váš dom? 이곳이 당신 집인가요?
또 예 바쥬 돔

Áno, to je náš dom. 네, 우리 집입니다.
아노 또 예 나쥬 돔

Je krásny! 정말 아름다운 집이네요!
예 끄라스니

Veľmi sa nám páči. 아주 우리 마음에 듭니다.
벨미 싸 남 빠취

Cvičenia

1 소유대명사 váš의 알맞은 형태를 써넣으세요.

1 ____________ strom

2 ____________ izba

3 ____________ internát

4 ____________ ihrisko

5 Výhľad z ____________ izby je krásny.

6 Poznám ____________ otca z pracoviska.

2 관용어구 mať rád의 알맞은 형태를 써넣으세요.

1 Žena ____________ nakupovanie. 여성은 쇼핑을 좋아한다.

2 Deti ____________ počítačové hry. 아이들은 컴퓨터게임을 좋아한다.

3 ____________ mačku. 그는 고양이를 좋아하지 않는다.

3 다음 괄호 안의 단어들을 알맞은 전치격 형태로 고치세요.

1 Sme v ____________. (mestské kino)

2 Deti hrajú futbal na ____________. (školské ihrisko)

3 Teraz čakajú na ____________ . (Hlavná stanica)

4 Bývame v ____________. (dvojizbový byt)

4 다음 문장을 슬로바키아어로 옮기세요.

1 우리 직장 옆에는 작은 식당이 있다.

2 나는 3층에 살고 내 동료는 5층에 산다.

3 우리 선생님 사무실은 2층에 있다.

4 당신은 슬로바키아 음식을 좋아합니까?

LEKCIA

06

계획 나의 하루

Môj deň

Text

6-1

Ráno vstávam o siedmej.
Čítam správy na internete a občas pozerám ranné vysielanie.
O ôsmej raňajkujem.
Bežne som v práci o deviatej.
Od dvanástej do jednej mám obedovú prestávku.
O piatej v práci končím.
Každú stredu chodím do Auparku na jogu.
Po práci sa stretávam s kolegami.
Niekedy spolu večeriame v reštaurácii.
Pravidelne chodím spať o desiatej.

나는 아침 7시에 일어납니다.
인터넷 뉴스를 읽고 자주 아침 방송을 시청합니다.
8시에 아침을 먹습니다.
9시에는 보통 직장에 있습니다.
12시부터 1시까지는 점심시간입니다.
5시에 일을 마칩니다.
매주 수요일에는 아우파크에 요가하러 갑니다.
일이 끝나면 동료들과 만나곤 합니다.
때때로 레스토랑에서 같이 저녁을 먹습니다.
규칙적으로 10시에 취침합니다.

Lexika

vstávam 일어나다 (vstávať 동사의 1인칭 단수형, 1식 동사)

správy 뉴스(f, 복수), 소식

pozerám 보다, 시청하다 (pozerať 동사의 1인칭 단수형, 1식 동사)

vysielanie 방송(n)

raňajkujem 아침 먹다 (raňajkovať 동사의 1인칭 단수형, 3식 동사)

bežne 보통, 일반적으로

prestávka 휴식(f)

končím 끝나다(končiť 동사의 1인칭 단수형, 2식 동사)

každú 매~(každý)

joga 요가(f)

stretávam sa 만나다 (stretávať sa 동사의 1인칭 단수형, 1식 동사)

večeriame 저녁 먹다 (večerať 동사의 1인칭 복수형, 1식 동사)

pravidelne 정기적으로

Gramatika

1 수사

1~1,000,000 숫자 만들기(기수)

슬로바키아어로 숫자 1~10을 소개하였는데 이 10개의 숫자들은 다른 숫자들의 조합에 기초가 된다.

11~19	1~9의 숫자에서 -násť를 붙인다. jedenásť, dvanásť, trinásť, štrnásť, pätnásť, šestnásť, sedemnásť, osemnásť, devätnásť
20, 30, 40	2~3의 숫자에 -dsať를 붙인다. dvadsať, tridsať, štyridsať
50, 60, 70, 80, 90	5~9의 숫자에 -desiat을 붙인다. päťdesiat, šesťdesiat, sedemdesiat, osemdesiat, deväťdesiat
100 ~900	100은 sto, 200은 dvesto이며 300~900까지는 3~9의 숫자에 -sto를 붙인다. tristo, štyristo, päťsto, šesťsto, sedemsto, osemsto, deväťsto
1000 ~ 9000	1000은 tisíc, 2000은 dvetisíc 이며 3000~9000까지는 3~9의 숫자에 -tisíc를 붙인다.
10,000 ~ 90,000	10,000은 desaťtisíc(10+1000의 조합)이며 나머지도 이와 같은 방법으로 만든다. 20,000 dvadsaťtisíc
1,000,000	milión

다른 십 단위의 숫자들은 십 단위 숫자 + 일 단위 숫자 조합으로 만든다. 숫자들은 붙여 쓴다.

21 dvadsaťjeden
55 päťdesiatpäť
99 deväťdesiatdeväť

백 단위의 숫자들은 백 단위 숫자 + 십 단위 숫자 + 일 단위 숫자 순서로 나열한다.

235 dvestotridsaťpäť

그 외 숫자들도 차례대로 써주면 된다.
(천 단위, 백 단위, 십 단위로 띄어쓰기 해도 된다)

3575	tritisíc päťsto sedemdesiatpäť
15350	pätnásťtisíc tristo päťdesiat

1~100 서수 만들기

앞서 1~10까지의 서수를 소개했다. 11~19까지의 서수는 -ť를 떼고 -ty를 붙이며, 20~90까지의 서수는 기수가 -dsať로 끝나면 -dsiaty가 되고 -desiat로 끝나면 -desiaty로 된다. 이때 서수는 tretí(세 번째의), tisíci(천 번째의)만 연변화 형용사 cudzí처럼 격변화하고 나머지는 모두 경변화 형용사 pekný처럼 격 변화한다.

11.~19.

jedenásty, dvanásty, trinásty, štrnásty, pätnásty, šestnásty, sedemnásty, osemnásty, devätnásty

20.~90.

dvadsiaty, tridsiaty, štyridsiaty, päťdesiaty, šesťdesiaty, sedemdesiaty, osemdesiaty, deväťdesiaty

100.

stý

숫자 2~4

숫자 2는 남성명사와 결합할 때는 dva, 여성명사 또는 중성명사와 결합할 때는 dve를 사용한다. 단 남성 생물명사의 경우 dva가 아닌 dvaja의 형태로 쓴다. 숫자 3과 4 또한 남성 생물명사와 결합할 때는 traja, štyria를, 나머지는 동일하게 tri, štyri를 쓴다. 자세한 격변화는 문법 편람도표를 참조한다. 숫자 2~4 뒤에는 명사의 복수형태가 오고 서술어도 복수형태로 쓴다.

Dvaja kamaráti idú na návštevu k učiteľovi.
친구 둘이 선생님께 방문을 간다.

V našej záhrade sú dva staré stromy.
우리 정원에는 두 개의 고목이 있다.

Tri kórejské študentky prídu na letnú školu.
3명의 한국 여학생들이 여름학교에 온다.

Máme v garáži tri osobné autá.
차고에 승용차 3대가 있다.

Hľadáme ubytovanie pre štyroch.
우리는 4명이 머무를 숙소를 찾고 있다.

2 시간 표현하기

Koľko je hodín? 몇 시입니까?		O koľkej? 몇 시에?	
Je jedna hodina.	1시입니다.	O jednej (hodine).	1시에
Sú dve hodiny.	2시입니다.	O druhej.	2시에
Sú tri hodiny.	3시입니다.	O tretej.	3시에
Sú štyri hodiny.	4시입니다.	O štvrtej.	4시에
Je päť hodín.	5시입니다.	O piatej.	5시에
Je šesť hodín.	6시입니다.	O šiestej.	6시에
Je sedem hodín.	7시입니다.	O siedmej.	7시에
Je osem hodín.	8시입니다.	O ôsmej.	8시에
Je deväť hodín.	9시입니다.	O deviatej.	9시에
Je desať hodín.	10시입니다.	O desiatej.	10시에
Je jedenásť hodín.	11시입니다.	O jedenástej.	11시에
Je dvanásť hodín.	12시입니다.	O dvanástej.	12시에

~시 15분은 Je štvrť na +시간(대격)으로 표현한다.

Je štvrť na jednu. 12시 15분
Je štvrť na dve. 1시 15분
Je štvrť na tri. 2시 15분

~시 30분은 Je pol +시간(서수 생격)으로 표현한다.

Je pol jednej. 12시 30분
Je pol druhej. 1시 30분
Je pol tretej. 2시 30분

~시 45분은 Je trištvrte na +시간(대격)으로 표현한다.

Je trištvrte na jednu. 12시 45분
Je trištvrte na dve. 1시 45분
Je trištvrte na tri. 2시 45분

이 밖에 단순히 다음처럼 숫자를 나열하여 표현하는 방법이 있다.

Je sedem hodín a pätnásť minút. 7시 15분입니다.
= Je sedem pätnásť.
Je dvanásť hodín a dvadsať minút. 12시 20분입니다.
= Je dvanásť dvadsať.

3 재귀대명사

슬로바키아어 인칭대명사에는 자기, 자신, 스스로를 뜻하는 재귀대명사가 있다. 주격은 없으며 문장의 주어와 결속관계를 가진다.

생격	여격	목적격	전치격	조격
seba	sebe, si	seba, sa	sebe	sebou

'나는 내 자신을 믿는다.'라는 문장을 잘못 번역하면 Verím mi.(X)로 번역하는 오류를 범할 수 있다. 즉, 이 때는 Verím sebe./Verím v seba.(O)가 맞다. 다른 인칭대명사처럼 여격과 목적격에는 긴 형태와 짧은 형태가 있는데 긴 형태는 강조 시 혹은 전치사와 함께 쓰인다.

Nechám si to pre seba. 나를 위해 그걸 남겨 두겠다.

Oľga rada hovorí o sebe. 올가는 본인에 대해 말하는 것을 좋아한다.

Mám so sebou ten dokument. 그 문서를 (지금) 내가 갖고 있다.

Mačka sa umýva sama. 고양이는 스스로 씻는다.

재귀대명사 si, sa의 특수용법

1) 절대 재귀동사 : 재귀대명사 본래의 의미와는 상관없이 sa, si가 반드시 같이 오는 동사들이 있다. 이를 절대 재귀동사라 한다.

- sa와 함께

volať sa(이름이~이다/불린다), pýtať sa(묻다), vrátiť sa(돌아가다), učiť sa (배우다), stať sa(~되다), diať sa(일어나다/발생하다), báť sa(두려워하다/무섭다), smiať sa(웃다), ponáhľať sa(서두르다), hanbiť sa(부끄러워하다), pokúsiť sa(시도하다) 등

- si와 함께

vziať si(취하다/갖다), prosiť si(원하다), všimnúť si(알아채다), spomenúť si(상기하다), sadnúť si(앉다), obľúbiť si(호감을 갖다/좋아하다), požičať si(빌리다) 등

2) 상호 재귀사 : 문장의 인칭이 복수인 경우 si와 sa가 '서로를~한다' 라는 뜻의 상호 관계를 의미하는 역할을 할 수 있다.

Ján a Peter sa často stretávajú. 얀과 뻬떼르는 자주 서로 만난다.

Pomáhame si vzájomne. 우리는 서로 돕는다.

Tomáš a Petra si dávajú darčeky. 또마슈와 뻬뜨라는 서로 선물을 주고 받는다.

3) 수동 재귀사 : 재귀대명사 sa가 동사와 함께 쓰여 문장을 수동태로 바꿀 수 있다.

V Bratislave sa stavia nový bytový komplex Vydrica.
브라찌슬라바에서는 새로운 주거단지인 비드리짜가 건설된다.

Večera sa pripravuje v kuchyni.
저녁식사가 부엌에서 준비되고 있다.

4) si가 목적어와 같이 오는 경우 : 일부 동사들은 재귀대명사 sa 대신 si +목적어의 형태를 사용하여 구체적인 행위의 대상을 표현한다.

Umývam sa.(씻는다.) – Umývam si tvár.(얼굴을 씻는다.)

다음은 위처럼 사용할 수 있는 동사들의 몇 예이다.

Obliekam sa. (나는) 옷을 입는다.	Obliekam si nohavice. 바지를 입는다.
Utieram sa. 닦는다.	Utieram si ruky. 손을 닦는다.
Holím sa. 면도를 한다.	Holím si bradu. 턱을 면도한다.
Obúvam sa. 신발을 신는다.	Obúvam si čižmy. 부츠를 신는다.
Češem sa. 머리를 빗는다.	Češem si vlasy. 머리를 빗는다.

4 동사의 상

슬로바키아어 동사는 상(vid)이라는 문법 범주를 가지고 있다. 다른 언어에는 없는 슬라브 언어만이 갖는 특이한 범주라 할 수 있다. 예를 들어 '~하다'라는 뜻을 가진 동사는 두 가지 형태인 robiť(불완료체) - urobiť(완료체)가 존재한다. 슬로바키아어의 대부분의 동사는 이처럼 각각 두 개의 형태를 가지고 있다고 보면 된다.

불완료체와 완료체의 의미상의 차이

불완료체	완료체
행위가 완료되지 않고 동작의 지속적인 동작이나 반복적 행위를 표현한다.	행위의 일회성, 완료, 결과를 표현한다.

불완료체와 완료체의 시제

불완료체 동사의 현재는 행위의 진행, 지속, 반복을 나타내며 완료체 동사는 현재시제가 존재하지 않는다. 완료체 동사를 시제 변화하면 그 자체가 미래의 행위를 표현하게 된다. 불완료체 동사는 반복, 지속을 나타내는 부사들과 같이 많이 쓰인다.

불완료체	완료체
čítať – čítam(읽는다) robiť – robím(하다/일한다) stretávať sa – stretávam sa(만난다) vstávať – vstávam(일어난다)	prečítať – prečítam(읽을 것이다) urobiť – urobím(할 것이다) stretnúť sa – stretnem sa(만날 것이다) vstať – vstanem(일어날 것이다)

Užitočné výrazy

Čo robíte vo voľnom čase?	여가시간에 무엇을 하십니까?
Chodím do kina.	영화관에 갑니다.
Chodím do divadla.	극장에 갑니다.
Chodím na koncerty.	콘서트 갑니다.
Varím.	요리합니다.
Pozerám televíziu.	TV 시청합니다.
Počúvam hudbu.	음악을 듣습니다.
Hrám futbal/golf.	축구를 합니다. / 골프를 칩니다.
Hrám na husliach/klavíri/gitare.	바이올린을 켭니다. 피아노/기타를 칩니다.
Lyžujem sa v horách.	산에서 스키를 탑니다.
Korčuľujem sa s kamarátmi.	친구들과 스케이트를 탑니다.
Maľujem portréty.	초상화를 그립니다.
Bicyklujem sa.	자전거를 탑니다.
Relaxujem v parku.	공원에서 쉽니다.
Surfujem na internete.	인터넷 검색을 합니다.
Cestujem po svete.	해외여행을 합니다.

Konverzačné cvičenia

6-2

Konverzačné 1

Kedy vstávaš?	언제 일어나니?
Ráno o šiestej.	아침 6시에.
Vstávaš veľmi skoro.	일찍 일어나는구나.
Ráno behám v parku.	아침에 공원에서 조깅해.
Je to dobré pre zdravie.	건강에 좋지.
Kedy chodíš spať?	취침은 언제 해?
Obyčajne o deviatej.	보통 9시에.

Konverzačné 2

Kedy dnes máme seminár?	언제 오늘 세미나가 있나요?
O pol tretej.	2시 30분에요.
Petra bude meškať tridsať minút.	뻬뜨라는 30분 늦을 거에요.
Aj pán profesor bude trochu meškať.	교수님도 아마 조금 늦을 겁니다.

Konverzačné 3

Pavol, kam sa ponáhľaš?	빠볼아, 어디를 바쁘게 가니?
Musím byť do piatej doma.	5시까지 집에 가야 해.
Mama má dnes narodeniny.	어머니가 오늘 생신이시거든.
Oslavuje 50. narodeniny.	50세 생신잔치를 하셔.
Gratulujem!	축하해!

Cvičenia

1 다음 숫자를 슬로바키아어로 적으세요.

1 37 ....

2 958 ....

3 3282 ....

4 35790 ....

2 다음 시간을 숫자로 적으세요.

1 Je päť hodín a desať minút. ....

2 Je štvrť na deväť. ....

3 O siedmej hodine a dvadsiatej minúte. ....

4 O trištvrte na desať. ....

5 Je pol druhej. ....

3 다음 빈칸에 알맞는 재귀대명사 si, sa를 넣으세요.

1 Utieram .... tvár.

2 Obúvam ....

3 Prosím .... kávu lungo bez mlieka.

4 Tomáš a jeho manželka Katka .... veľmi ľúbia.

4 다음 문장을 슬로바키아어로 옮기세요.

1 우리는 3시에 슬로바키아어 수업이 있다.

2 5시 30분에 하키를 한다.

3 나는 아내와 저녁 8시에 콘서트에 간다.

4 나는 주말에 친구들과 테니스를 친다.

LEKCIA 07

견학 우리는 견학을 갑니다.

Ideme na výlet

Text

7-1

Cez víkend pôjdeme na exkurziu na hrad Devín.

Hrad Devín je v mestskej časti Bratislava-Devín.

Je miestom významných udalostí v histórii Slovenska a je národnou kultúrnou pamiatkou.

V okolí hradu Devín je veľmi pekná príroda a krásny je aj pohľad na sútok riek Morava a Dunaj.

V 9. storočí bol hrad sídlom panovníkov Rastislava a Mojmíra a zároveň bol kultúrnym centrom Veľkomoravskej ríše.

Chceme podrobnejšie spoznať históriu hradu pri našej návšteve.

Bude nás sprevádzať pán Kováč.

Vie veľa o Bratislave.

Veľmi sa na to tešíme.

주말에 우리는 제빈성으로 견학을 갑니다.

제빈성은 브라찌슬라바시 제빈구에 위치합니다.

슬로바키아의 역사에서 중요한 사건들이 일어난 곳이며 국가 문화재입니다.

제빈성 주변 자연이 매우 예쁘며 모라바강과 두나이강이 합류하는 광경이 아름답습니다.

9세기에 성은 군주 라스찌슬라우와 모이미르가 거주했던 곳으로

대모라비아 왕국의 문화중심이기도 했습니다.

방문해서 성에 대해 더 자세히 역사를 알고 싶습니다.

꼬바츄씨가 가이드를 해주실 겁니다.

그는 브라찌슬라바에 대해 매우 잘 알고 있습니다.

견학이 매우 기대됩니다.

Lexika

pôjdeme 갈 것이다 (ísť 동사의 1인칭 복수 미래형, 불규칙동사)

exkurzia 견학(f)

hrad 성(m)

významných 주요한, 중요한 (významný의 복수생격)

udalosť 사건(f, 복수생격 udalostí)

história 역사(f)

národná kultúrna pamiatka 국가 문화재

okolie 주변, 주위 (n, 대표 명사 vysvedčenie)

príroda 자연(f)

pohľad 전망, 전경(m)

sútok 합류(m)

deviatom 아홉 번째의(deviaty)

storočie 세기(n, 대표명사 vysvedčenie)

sídlo 거주지(n)

panovník 군주, 통치자(m)

centrum 중심지, 센터(n)

Veľkomoravská ríša 대모라비아 왕국

podrobnejšie
더 자세하게
(podrobne의 비교급)

návšteva 방문(f)

bude
미래형 조동사
(불완료체 동사와 결합)

sprevádzať 안내하다

vie
안다(vedieť 불규칙동사),
~할 줄 안다(조동사)

tešiť sa 기대하다, 기쁘다

Gramatika

1 대격을 받는 전치사 cez와 pre

전치사 cez는 ~동안, ~을 지나서, ~통과하여의 뜻을 가지고 있으며 뒤에 대격을 받는다.

cez víkend 주말 동안, cez dovolenku 휴가 동안, cez prestávku 쉬는 시간 동안, cez ulicu 거리를 지나, cez tunel 터널를 지나서

전치사 pre는 ~을 위해(~을 위한)라는 뜻을 가진 전치사이며 역시 뒤에 대격을 받는다.

darček pre mamu 어머니를 위한 선물, list pre Petru 뻬뜨라를 위한 편지, káva pre otca 아버지가 드실 커피

2 명사의 복수생격

남성(주격 - 복수생격)	여성(주격 - 복수생격)	중성(주격 - 복수생격)
muž – mužov		mesto – miest
plán – plánov	žena – žien	
počítač – počítačov	stanica – staníc	

슬로바키아어의 복수생격 중 여성명사의 žena, stanica와 중성명사 mesto, srdce(문법 편람도표 참조) 타입의 복수생격 변화가 복잡한다. 4가지 대표 명사 모두 어말모음이 탈락하면서 대부분 앞 음절의 모음이 장음화된다.
이때 장음화되는 방법이 다양하기 때문에 일반적인 규칙을 학습하는 것 외에도 항상 사전을 참조하는 것이 가장 올바른 생격의 형태를 쓸 수 있는 방법이다. 복수생격은 생격을 받는 전치사(do, z, od, bez, vedľa 등), 생격을 받는 동사(báť sa, pýtať sa 등), 5 이상의 숫자와 함께 그리고 다음과 같은 단어(koľko, mnoho, veľa, málo, zopár, niekoľko, dosť, viac, menej 등)와 함께 오며, 이와 같은 단어들이 문장에서 주어의 역할을 할 때 동사는 3인칭 중성 단수형을 쓴다.

	여성명사의 복수생격	중성명사의 복수생격
앞 음절의 모음이 장음화		
-a- < -á-	kravata(넥타이) < kravát, krava(소) < kráv	sako(재킷) < sák
-e- < -ie-	žena(여자) < žien, veta(문장) < viet	meno(이름) < mien
-i- < -í-	kniha(책) < kníh, lavica(벤치) < lavíc	kino(극장) < kín
-o- < -ô-	hora(산) < hôr, jahoda(딸기) < jahôd	
-a- < -ia-	fľaša(병) < fliaš, šaty(드레스) < šiat	
-u- < -ú-	ruka(손) < rúk, huba(버섯) < húb	
-y- < -ý-	ryba(물고기) < rýb, chyba(실수) < chýb	
장모음과 이중모음은 그대로	rieka(강) < riek vláda(정부) < vlád	miesto(장소) < miest víno(포도주) < vín
장음화 되지 않고 어말모음만 탈락	budova(건물) < budov	slovo(단어) < slov

3 형용사의 복수생격

	남성	여성	중성
복수주격	pekní – pekné	pekné	pekné
복수생격	pekných	pekných	pekných

U starých rodičov sa cítim dobre.
(starí rodičia – starých rodičov)
나는 조부모님 댁에 있으면 기분이 좋다.

Radi chodíme do vysokých hôr.
(vysoké hory – vysokých hôr)
우리는 높은 산을 다니기 좋아한다.

Dieťa má veľa rozprávkových kníh.
(rozprávkové knihy – rozprávkových kníh)
어린이는 동화책을 많이 가지고 있다.

V meste je dosť stredných škôl.
(stredné školy – stredných škôl)
도시에는 중/고등학교가 충분히 있다.

Na parkovisku parkuje veľa firemných áut.
(firemné autá – firemných áut)
주차장에는 회사 차들이 많이 주차되어 있다.

4 지시대명사 ten, tá, to의 복수생격

	남성	여성	중성
복수주격	tí – tie	tie	tie
복수생격	tých	tých	tých

5 형용사의 조격 (단수 - 복수)

문장에서 수식을 해주는 명사가 조격으로 쓰인 경우 형용사 역시 조격의 형태로 변화한다.

	남성(단수 - 복수)	여성(단수 - 복수)	중성(단수 - 복수)
주격	pekný – pekní/pekné	pekná – pekné	pekné – pekné
조격	pekným – peknými	peknou – peknými	pekným – peknými

Zuzana si dá kurací rezeň so zemiakovým šalátom.
주잔나는 감자샐러드를 곁들인 닭고기 돈가스를 먹는다.

Thajsko je atraktívnou turistickou destináciou pre Slovákov.
태국은 슬로바키아인들에게 매력적인 관광지이다.

Bratislavský hrad bol formálnym sídlom kráľov.
브라찌슬라바 성은 왕들의 공적인 거주지였다.

Košice sú mesto s bohatou minulosťou.
꼬쉬쩨는 풍부한 역사를 가진 도시이다.

Študujem slovenčinu so zahraničnými študentmi.
나는 외국 학생들과 슬로바키아어를 배운다.

Rozprávam sa s japonskými študentkami.
나는 일본 여학생들과 얘기하고 있다.

6 byť 동사의 과거형

불규칙 변화를 하며 단수 인칭에서는 성에 따라 bol, bola, bolo로 쓰고 복수에서는 성에 관계없이 boli로 쓴다.

1인칭	bol / bola som	boli sme
2인칭	bol / bola si	boli ste
3인칭	bol / bola / bolo	boli

Včera som bol po skúške unavený. 어제 시험이 끝나고 피곤했다.
Počítač bol veľmi drahý. 컴퓨터는 매우 비쌌다.
Zuzana bola v univerzitnej knižnici. 주잔나는 대학 도서관에 있었다.
Včera boli na koncerte. 그들은 어제 콘서트장에 있었다.
Peter a Zuzana boli na internáte. 뻬떼르와 주잔나는 기숙사에 있었다.

7 조동사 chcieť (~을 하고 싶다)

조동사 chcieť은 불규칙동사이며 chcieť + 동사원형의 형태로 쓰인다.

	단수	복수
1인칭	chcem	chceme
2인칭	chceš	chcete
3인칭	chce	chcú

Chcem ísť do divadla v Bratislave. 나는 브라찌슬라바에서 극장에 가고 싶다.
Chcem hovoriť dobre po slovensky. 나는 슬로바키아말을 잘 하고 싶다.
Náš syn chce študovať v Anglicku. 우리 아들은 영국에서 공부하고 싶어 한다.

또한 다음처럼 chcieť 뒤에 명사가 올 수 있다.

Peter chce nový bicykel. 뻬떼르는 새 자전거를 원한다.
Pán riaditeľ nechce čaj, ale kávu. 원장님은 차를 원하지 않고 커피를 원한다.

8 조동사 vediet' (~을 할 줄 안다)

조동사 vediet'은 불규칙동사이며 vediet' + 동사원형의 형태로 쓰인다. 동사변화는 다음과 같다.

	단수	복수
1인칭	viem	vieme
2인칭	vieš	viete
3인칭	vie	vedia

Viem čítať latinský text. 나는 라틴어 책을 읽을 수 있다.

Vieš hovoriť po slovensky? 슬로바키아어를 말할 수 있니?

Pavol vie dobre plávať. 빠볼은 수영을 잘 할 줄 안다.

Zuzana vie krásne tancovať. 주잔나는 춤을 아름답게 출 줄 안다.

Vedia deti hrať na piane? 아이들이 피아노를 칠 줄 아나요?

단 vediet' 동사가 명사 대격 혹은 목적절과 결합할 때는 '~을 안다'는 뜻의 동사가 된다.

Viem celú históriu. 나는 전체 역사를 알고 있다.

Chcú vedieť viac o našom meste. 그들은 우리의 도시에 대해 더 알고 싶어 한다.

Viem, kto hrá na koncerte na violončele.
나는 콘서트에서 누가 첼로를 연주하는지 안다.

9 동사의 미래

슬로바키아어 동사는 두 가지의 미래형이 있다. 여기서는 byť 동사의 미래형 + 불완료체 동사원형(다른 미래형은 9과 참조)의 형태를 학습한다.

	단수	복수
1인칭	budem učiť	budeme učiť
2인칭	budeš učiť	budete učiť
3인칭	bude učiť	budú učiť

Užitočné výrazy

슬로바키아의 이름들 예(지소형태는 어린 아이, 친밀한 사이일 때 쓸 수 있다.)

남자이름	지소형태	여자이름	지소형태
Adam	Adamko	Alžbeta	Betka
Dávid	Dávidko	Andrea	Andrejka
František	Ferko	Anna	Anka / Anička
Filip	Filipko	Dana	Danka
Ján	Janko	Darina	Darinka
Jakub	Jakubko / Kubko	Ema	Emka
Jaroslav	Jarko	Eva	Evka / Evička
Jozef	Jožko	Hana	Hanka
Juraj	Jurko	Helena	Helenka
Lukáš	Lukáško	Jana	Janka
Martin	Martinko	Júlia	Julka
Michal	Miško	Katarína	Katka
Milan	Milanko	Kristína	Kristínka
Miroslav	Mirko	Lucia	Lucka
Patrik	Paťko	Martina	Martinka
Pavol	Paľko	Mária	Maruška / Majka
Peter	Peťko	Michaela	Miška
Róbert	Robko	Miroslava	Mirka
Samuel	Samko	Nina	Ninka
Stanislav	Stanko	Oľga	Olinka
Štefan	Števko	Petra	Peťka
Tomáš	Tomáško	Sára	Sárka
Vladimír	Vladko	Viera	Vierka

Konverzačné cvičenia

7-2

Konverzačné 1

Prosím?	무엇을 드릴까요?
Prosím si kilo banánov a kilo pomarančov.	1킬로 바나나와 1킬로 오렌지 주세요.
Prosíte si aj slivky? Sú úplne čerstvé.	자두도 드릴까요? 정말 신선합니다.
Áno, kilo sliviek, prosím.	네, 1킬로 주세요.
Ďakujem.	감사합니다.

Konverzačné 2

Ahoj, bol si včera na opere	안녕, 어제 슬로바키아 국립극장에서
v Slovenskom národnom divadle?	하는 오페라 공연에 갔었니?
Nie, nebol som. Bol som chorý.	아니, 못 갔어. 아팠거든.
To ma mrzí. Ako ti je dnes?	아쉽네. 지금은 어때?
Už je mi dobre.	이미 나았어.

Konverzačné 3

Vedia Ján a Maruška tancovať?	얀과 마루슈까가 춤출 줄 아니?
Nie, nevedia.	아니, 못 해.
Budú sa musieť učiť.	배워야 할 거야.
Chcú tancovať na školskom plese.	학교 댄스파티에서 춤추고 싶어 해.

Cvičenia

1 다음 빈칸에 알맞은 chcieť 혹은 vedieť의 긍정 혹은 부정형태를 써넣으세요.

1 Vonku je zima. Ján ____________ plávať v jazere.

2 Ich syn má len 3 roky, ____________ čítať.

3 Lukáš je dobrý šofér, ____________ dobre šoférovať.

4 Mám čas, ____________ variť obed.

2 다음 빈칸의 단어들을 알맞은 복수생격 형태로 바꾸세요.

1 Potrebujeme viac ____________. (dobrovoľník)

2 Chcem si kúpiť kilo ____________. (zrelý banán)

3 Slovensko má veľa ____________. (krásna hora)

4 Na stole je niekoľko ____________. (odborná kniha)

5 Tomáš a Katka majú päť ____________. (dieťa)

3 다음 문장을 과거형으로 바꾸세요.

1 Pán Kováč je bez práce.

____

2 Na Slovensku je veľa hradov a zámkov.

____

3 V škole je málo žiakov.

____

4 Som jediným kórejským študentom v našej skupine.

____

4 다음 문장을 슬로바키아어로 옮기세요.

1 서울은 한국의 아름다운 수도이다.

---

2 뉴욕에는 흥미로운 건물들이 많다.

---

3 토마스는 그리스 샐러드를 곁들인 스파게티를 먹는다.

---

4 마르띤은 쉬는 시간에 피아노를 친다.

LEKCIA 08

생일 우리는 아담의 생일파티를 했습니다.

Oslávili sme Adamove narodeniny

Text

8-1

Spolužiak Adam mal dnes narodeniny.
Pripravili sme mu špeciálnu oslavu a pozvali sme ho na večeru.
Po hodine sme sa stretli pred školou a išli sme spolu do reštaurácie.
Kihun a Janko kúpili parfémy ako darček a ja som doniesol červené víno a tortu so sviečkami.
Najprv sme mu zablahoželali a dali sme si prípitok.
Všetci si dali hovädzie mäso s knedľou, ale ja som si dal kurča s ryžou, pretože knedľu nemám rád.
Čašník nám zapálil tortu a zaspievali sme pesničku k narodeninám.
Adam sa poďakoval za milé prekvapenie a darčeky.
Po večeri sme sa prechádzali na nábreží Dunaja.
O deviatej sme sa rozlúčili a vrátili sme sa domov s peknými spomienkami.
Bol to najveselší večer v tomto týždni.

오늘은 동기 아담의 생일이었다.
우리는 특별한 파티를 준비했고 아담을 저녁식사에 초대했다.
수업이 끝나고 학교 앞에서 만나 같이 레스토랑에 갔다.
기훈과 양꼬는 선물로 향수를 샀고 나는 레드 와인과 케이크, 초를 가져갔다.
제일 먼저 아담에게 생일 축하를 하고 건배를 했다.
모두들 소고기와 덤플링을 먹었고 나는 덤플링을 좋아하지 않아 닭고기와 밥을 먹었다.
웨이터는 케이크에 촛불을 켜줬고 우리는 생일 축하 노래를 불렀다.
아담은 즐거운 깜짝파티와 선물에 감사하다고 말했다.
우리는 저녁을 먹고 다뉴브 강가를 산책했다.
9시에 헤어졌고 좋은 추억과 함께 집으로 돌아왔다.
이번 주에 가장 즐거운 저녁이었다.

Lexika

oslávili
축하하다
(osláviť의 과거형, 2식 동사)

Adamove
아담의(Adam의 소유형용사)

mal
갖다(mať의 과거형, 1식 동사)

pripravili
준비하다
(pripraviť의 과거형, 2식 동사)

oslava 축하파티(f)

pozvali
초대하다
(pozvať의 과거형, 3식 동사)

stretli sa
만나다
(stretnúť sa의 과거형, 3식 동사)

kúpili
구매하다
(kúpiť의 과거형, 2식 동사)

parfémy 향수(m, 복수)

darček
선물(m, dar의 지소형태)

doniesol
가져오다
(doniesť의 과거형, 4식 동사)

sviečky 초(f, 복수)

najprv 제일 먼저

zablahoželali
기원하다, 빌다
(zablahoželať의 과거형, 1식 동사)

prípitok 건배(m)

dali si
먹다, 취하다
(dať si의 과거형, 1식 동사)

knedľa 덤플링(f)

čašník 웨이터(m)

zapálil 불을 부치다, 태우다
(zapáliť의 과거형, 2식 동사)

zaspievali 노래 부르다
(zaspievať의 과거형, 1식 동사)

poďakoval 감사하다
(poďakovať의 과거형, 3식 동사)

prekvapenie 놀람(n)

prechádzali sa 산책하다
(prechádzať sa의 과거형, 1식 동사)

nábrežie 강둑(n)

rozlúčili sa
헤어지다
(rozlúčiť sa의 과거형, 2식 동사)

spomienky 추억(f, 복수)

najveselší
가장 즐거운(veselý의 최상급)

Gramatika

1 동사의 과거형

동사의 과거형은 동사원형의 어간에 -l을 붙여 만든다. 남성은 -l, 여성은 -la, 중성은 -lo로 되며 이 성의 구별은 단수 인칭에 국한된 것이며 복수에서는 성에 관계없이 동일하게 -li이다.

동사의 과거형		
수	성	접미사
단수	남성 여성 중성	-l -la -lo
복수	남성/여성/중성	-li

여기서 동사원형의 어간이 자음으로 끝나면 과거형은 -ol, -la, -lo 가 된다. (예: niesť - niesol/niesla/nieslo) 또한 동사원형 어간의 장모음이 과거형에서는 단모음화 되는 경우들이 있다.(예: rozumieť - rozumel/rozumela/rozumelo, vidieť - videl/videla/videlo)

3식 동사 sadnúť에 속하는 동사들은 과거형에서 -núť (-nuť)이 탈락한다. (예: sadnúť - sadol/sadla/sadlo, stretnúť - stretol/stretla/stretlo, chudnúť - chudol/chudla/chudlo)

2 과거시제 만들기

문장에서 과거형은 인칭에 따라 그 조합 방법이 다르다. 1, 2인칭의 경우는 동사의 과거형 + byť 동사의 현재형으로 만들며 3인칭은 그대로 동사의 과거형을 쓰면 된다. 이 때 byť 동사의 현재형인 som, si, sme, ste는 문장에서 두 번째에 위치한다.

	단수	복수
1인칭	volal/-a som	volali sme
2인칭	volal/-a si	volali ste
3인칭	volal/-a/-o	volali

Nerozumel som ti dobre. 나는 너를 잘 이해하지 못했다.

Videl si ho v škole? 그를 학교에서 보았니?

Peter veľmi schudol. 뻬떼르는 살이 많이 빠졌다.

Budík zvonil dvakrát. 자명종이 두 번 울렸다.

Vrátili sme sa domov. 우리는 집으로 돌아왔다.

Nezabudli ste doniesť pas? 여권 가져오는 것을 잊지 않으셨나요?

Objednali sendviče a čiernu kávu. 그들은 샌드위치와 블랙커피를 주문했다.

3 불규칙동사 ísť(가다), jesť(먹다)의 변화(과거시제)

		ísť	jesť
단수	남성	išiel/šiel	jedol
	여성	išla/šla	jedla
	중성	išlo/šlo	jedlo
복수		išli/šli	jedli

Išiel som s kamarátmi do divadla. 나는 친구들과 극장에 갔다.

Helena išla na obed do školskej jedálne. 헬레나는 학교 식당에 점심 먹으로 갔다.

Včera sme išli na koncert Slovenskej filharmónie.
우리는 어제 슬로바키아 필하모니 콘서트에 갔다.

Jedol som rezeň so zemiakmi. 나는 돈가스와 감자를 먹었다

Študenti jedli slovenské jedlo – bryndzové halušky.
학생들은 슬로바키아 음식, 브린조베 할루슈끼를 먹었다.

4 동사변화 4식 동사 (-ie타입 동사)

4식 동사는 ie타입 동사라고 한다. 3인칭 단수의 변화형이 -ie로 끝나는 동사를 의미한다. Niesť처럼 자음군으로 끝나는 동사, trieť처럼 -ieť로 끝나는 동사, brať처럼 -ať로 끝나는 작은 그룹의 동사들이 이 4식 동사에 속한다. 다음은 대표 4식 동사들의 변화이다.

	niesť (나르다)	trieť (닦다)	brať (취하다)
1인칭 단수	nesiem	triem	beriem
2인칭 단수	nesieš	trieš	berieš
3인칭 단수	nesie	trie	berie
1인칭 복수	nesieme	trieme	berieme
2인칭 복수	nesiete	triete	beriete
3인칭 복수	nesú	trú	berú

5 4식 동사 rozumieť 형

-ieť으로 끝나는 동사 중 상당한 수의 동사가 4식 동사인 rozumieť 유형에 속한다. 4식 동사 trieť과의 차이는 3인칭 복수에서만 존재한다.

	rozumieť
1인칭 단수	rozumiem
2인칭 단수	rozumieš
3인칭 단수	rozumie
1인칭 복수	rozumieme
2인칭 복수	rozumiete
3인칭 복수	rozumejú

이 그룹에 속하는 동사들은 bdieť(밤을 새다), vyhovieť(~에 맞추다), znieť(~처럼 들리다), červenieť (빨갛게 되다) 등이 있다.

6 3식 동사 padnúť 과 4식 동사 odpočinúť si 비교

-núť (nuť)로 끝나는 동사 중 -núť (-nuť) 앞에 자음이 있으면 3식 동사인 padnúť처럼 변화하고 -núť (-nuť) 앞에 모음이 있으면 4식 동사인 odpočinúť si처럼 변화한다.

	padnúť (떨어지다)	odpočinúť si (쉬다)
1인칭 단수	padnem	odpočiniem si
2인칭 단수	padneš	odpočinieš si
3인칭 단수	padne	odpočinie si
1인칭 복수	padneme	odpočinieme si
2인칭 복수	padnete	odpočiniete si
3인칭 복수	padnú	odpočinú si

7 재귀대명사 si, sa의 위치

si와 sa는 접사(불변화사)로서 문장의 처음에 오지 못하고 보통 문장의 두 번째에 위치한다. 그러나 다른 접사(인칭대명사의 짧은 형태, 과거시제에 사용되는 byť 동사 현재형 등)들과 같이 올 때는 보통 byť 동사→재귀대명사 si, sa→인칭대명사 여격→인칭대명사 대격의 순서로 배열된다. 또한 종속절에 si, sa가 왔을 때도 그 종속절에서 두 번째 위치함을 원칙으로 한다.

Sadol som si vedľa Petra. 나는 뻬떼르 옆에 앉았다.

Rozhodli sme sa, že sa vrátime domov. 우리는 집에 돌아가기로 결정했다.

Včera som sa ho pýtal. 나는 어제 그에게 물었다.

8 접속사 že (~이하를)

두 개의 문장 중 종속절을 이끄는 역할을 하는 접속사이다. 영어의 that에 해당하는 접속사로서 문장에서 빈번히 쓰인다. 영어와는 다르게 주절이 과거라도 종속절에 과거, 현재, 미래시제가 올 수 있다.

Tešilo ma, že som vás videl. 당신을 볼 수 있어 매우 기뻤다.

Nevedel som, že sú už tri hodiny. 벌써 3시라는 걸 몰랐다.

Rozhodli sa, že sa pôjdu lyžovať do Tatier.
그들은 따뜨라에 스키 타러 가기로 결정했다.

9 소유형용사

소유관계를 표현할 때 생격 이외에도 슬로바키아어는 특수한 소유형용사 형태가 있다. 남성명사와 여성명사에서 각각 만들어지는데 남성 소유형용사는 남성명사 + -ov, -ova, -ovo 로 여성 소유형용사는 여성명사 + -in, -ina, -ino 로 만들어 진다.

	남성(단수/복수)	여성(단수/복수)	중성(단수/복수)
소유형용사 brat (m)	bratov sveter bratove svetre 형의 스웨터/형의 스웨터들	bratova kniha bratove knihy 형의 책/형의 책들	bratovo pero bratove perá 형의 펜/형의 펜들
소유형용사 sestra (f)	sestrin sveter sestrine svetre 누이의 스웨터/누이의 스웨터들	sestrina kniha sestrine knihy 누이의 책/누이의 책들	sestrino pero sestrine perá 누이의 펜/누이의 펜들

형용사에 속하지만 소유형용사는 명사와 형용사 변화를 부분적으로 따르는 복합 격변화를 한다. 자세한 격변화는 문법 편람도표를 참조한다.

10 지소형

슬로바키아어에는 작은 것과 귀여운 것 그리고 친한 사이에 부를 때 쓰는 지소형 명사들이 존재한다. 명사에서 파생되어 만들어지는데 남성명사인 경우는 대부분 -ík, -ek, -ok, -ček, -ko(사람이름)의 접미사가 붙고, 여성명사인 경우는 -ka, -(i)čka를 붙여 만든다. 중성명사인 경우는 보통 -ko, -(e)čko 로 끝난다. 단어가 길어질수록 더 작은 것을 보통 의미한다.

남성	여성	중성
dom – domček (집)	guma – gumička (지우개)	okno – okienko (창문)
dar – darček (선물)	kniha – knižka – knižočka (책)	mesto – mestečko (도시)
kus – kúsok (조각)	loď – loďka (배)	slovo – slovíčko (단어)
pes – psík – psíček (개)	ulica – ulička (거리)	víno – vínko – vínečko (와인)
stôl – stolík – stolíček (책상)	posteľ – postieľka (침대)	pivo – pivko – pivečko (맥주)
vták – vtáčik (새)	pieseň – pesnička (노래)	oko – očko (눈)
otec – ocko – otecko (아버지)	mama – mamka – mamička (어머니)	auto – autíčko (자동차)

형용사와 부사도 지소형태를 가질 수 있다.

malý - maličký, krátky - kratučký, trochu - trošku - trošičku

11 형용사 비교급과 최상급

형용사에서 파생되는 비교급과 최상급을 만드는 방법은 크게 다음과 같이 나눌 수 있다. 모든 형용사의 비교급, 최상급은 연변화 형용사처럼 변화한다. ~보다를 표현할 때 접속사 ako를 쓴다.

Som silnejší ako Peter. 나는 뻬떼르 보다 힘이 세다.

1) (-ejší, naj~ejší)

원급	비교급	최상급
silný (남성)	silnejší	najsilnejší
silná (여성)	silnejšia	najsilnejšia
silné (중성)	silnejšie	najsilnejšie

zaujímavý(재미있는), dôležitý(중요한), častý(빈번한), komplikovaný(복잡한), pravdivý(사실적인), svalnatý(근육질의), horúci(뜨거운) 등

2) (-ší, naj~ší)

원급	비교급	최상급
nový (남성)	novší	najnovší
nová (여성)	novšia	najnovšia
nové (중성)	novšie	najnovšie

studený(차가운), jednoduchý(간단한), zdravý(건강한), suchý(메마른), lenivý(게으른), starý(늙은, 낡은), tvrdý(단단한), veselý(즐거운) 등

3) -ký, -eký, -oký로 끝나는 형용사의 비교급과 최상급

원급	비교급	최상급
ťažký (어려운, 무거운)	ťažší	najťažší
nízky (낮은)	nižší	najnižší
široký (넓은)	širší	najširší
vysoký (높은, 키가 큰)	vyšší	najvyšší

4) 불규칙 변화

원급	비교급	최상급
dobrý (좋은, 착한)	lepší	najlepší
krásny/pekný (아름다운)	krajší	najkrajší
malý (작은)	menší	najmenší
veľký (∄)	väčší	najväčší
$zl\acute{y}$ (안 좋은, 나쁜)	horší	najhorší

Užitočné výrazy

열두 달

v januári	1월에	(1월 január)
vo februári	2월에	(2월 február)
v marci	3월에	(3월 marec)
v apríli	4월에	(4월 apríl)
v máji	5월에	(5월 máj)
v júni	6월에	(6월 jún)
v júli	7월에	(7월 júl)
v auguste	8월에	(8월 august)
v septembri	9월에	(9월 september)
v októbri	10월에	(10월 október)
v novembri	11월에	(11월 november)
v decembri	12월에	(12월 december)

요일

v pondelok	월요일에	(월요일 pondelok)
v utorok	화요일에	(화요일 utorok)
v stredu	수요일에	(수요일 streda)
vo štvrtok	목요일에	(목요일 štvrtok)
v piatok	금요일에	(금요일 piatok)
v sobotu	토요일에	(토요일 sobota)
v nedeľu	일요일에	(일요일 nedeľa)

(슬로바키아어에서 요일은 전치사 v 와 결합하나 뒤에 전치격이 아닌 대격이 온다.)

사계절

봄 / 봄에	여름 / 여름에	가을 / 가을에	겨울 / 겨울에
jar / na jar	leto / v lete	jeseň / na jeseň	zima / v zime

Konverzačné cvičenia

8-2

Konverzačné 1

Čie je to auto? 그건 누구의 자동차이죠?

To je Petrino auto. 그것은 뻬뜨라의 차입니다.

Čí je ten byt? 그건 누구의 아파트이죠?

To je Pavlov byt. 그것은 빠볼의 아파트입니다.

Ktorý muž je Petrin brat? 어떤 남자가 뻬뜨라의 오빠지요?

Ten vpravo je jej brat. 오른쪽에 계신 저 분이 그녀 오빠예요.

Konverzačné 2

Čo si prosíte? 뭘 드릴까요?

Dáme si dvakrát malé čapované pivo.
생맥주 작은 걸로 두 잔 주세요.

Niečo na jedenie? 식사는요?

Prosíme si vyprážaný syr s hranolkami a malú pizzu.
감자튀김 곁들인 구운 치즈 그리고 작은 피자 하나 주세요.

Účet, prosím. 영수증 주세요.

Spolu alebo osobitne? 같이요 아니면 따로 내시겠습니까?

Spolu, prosím. 같이 주세요.

Cvičenia

1 다음 동사들을 알맞게 변화시키세요. (현재시제)

1 Ján ____________ kvety pre pani profesorku na jej oslavu. (doniesť)

2 ____________ lieky na vysoký krvný tlak. (ja – brať)

3 Dieťa ____________ oči, pretože má očnú infekciu. (trieť si)

4 Pacient vôbec ____________ výsledkom krvných testov. (nerozumieť)

2 다음 문장을 과거시제로 바꾸세요.

1 Nina hovorí celý deň o letnej dovolenke.

2 Navštevujem rodičov každý mesiac a rodičia sa vždy tešia.

3 Večer ideme do kina a pozrieme si americký animovaný film.

4 Keď sa vrátime, urobíme dezert.

3 빈칸에 다음 단어의 알맞은 비교급 혹은 최상급을 넣으세요.

1 Proces je pre mňa ____________ ako úspech. (dôležitý)

2 ____________ kút v šírom svete je moja rodná zem. (krásny)

3 Otec je o štyri roky ____________ ako mama. (starý)

4 Druhá ____________ budova na Slovensku je Nivy Tower. (vysoký)

4 다음 문장을 슬로바키아어로 옮기세요.

1 아침 7시에 일어나 사과를 하나 먹었다.

2 더 차가운 물은 없으신가요?

3 가을은 한국에서 가장 아름다운 계절이다.

4 우리 가족은 이번 겨울에 해외여행을 하기로 했다.

LEKCIA 09

수업 역사수업 시간에

Na hodine histórie

Text

9-1

Včera sme sa celý deň učili o dôležitých slovenských osobnostiach.

Budeme o nich písať referáty a Mira už aj jeden napísala.

Dnes potrebujem čítať ešte ďalšie knihy, aj keď som už prečítala základnú literatúru.

Pani učiteľka dlho hovorila o histórii 19. storočia a povedala, že pre Slovákov to bolo veľmi dôležité obdobie.

Jednou z tých osobností bol Ľudovít Štúr, ktorý uzákonil spisovnú slovenčinu.

Naučili sme sa aj o Milanovi Rastislavovi Štefánikovi, ktorý bol jedným zo zakladateľov Československej republiky v roku 1918.

Ďalšia slovenská osobnosť, Alexander Dubček, bol na čele Pražskej jari v roku 1968.

Keď som chodil v Kórei na strednú školu, učil som sa o ňom na hodinách svetovej histórie.

Ale včera som sa dozvedel o jeho živote ešte viac.

Dnes pôjdem do Univerzitnej knižnice, aby som mohol dokončiť úlohu.

Keď ju dokončím, navštívim cez víkend Trenčín a hlavne Trenčiansky hrad.

Budem ho fotografovať celý deň.

Potom chcem fotky poslať domov rodičom.

Každý víkend chcem navštevovať pamiatky na Slovensku.

Lexika

osobnosť 인물(f)

referát 리포트, 보고서 (m, 복수대격 referáty)

aj keď ~했음에도 불구하고(접속사)

povedala 말하다(povedať 동사의 과거형, 1식 동사, 완료체)

obdobie 시기, 기간(n)

ktorý ~하는(주절의 명사를 수식하는 관계대명사)

uzákonil 법제화하다, 성문화하다 (uzákoniť의 과거형, 2식 동사)

spisovnú 문어의(spisovný)

zakladateľ 창립자, 설립자(m)

čelo 선두(n)

Pražská jar 프라하의 봄

svetovej 세계의(svetový)

knižnica 도서관(f)

aby ~하기 위해서(접속사)

mohol ~할 수 있다 (조동사, 과거형, 불규칙 변화)

úloha 숙제(f)

dokončím 끝내다 (dokončiť, 2식 동사, 완료체)

navštívim 방문하다 (navštíviť, 2식 동사, 완료체)

fotografovať
사진찍다(3식 동사, 불완료체)

poslať
보내다, 발송하다
(3식 동사, 완료체)

navštevovať
방문하다(3식 동사, 불완료체)

pamiatky 유적(f, 복수)

어제 우리는 온종일 슬로바키아의 주요한 인물들에 대해 배웠습니다.
그들에 대해 리포트를 쓸 것입니다. 미라는 벌써 하나를 썼습니다.
나는 기본 자료를 다 읽었지만, 오늘 다른 책들을 더 읽어야 합니다.
선생님은 19세기 역사에 대해 오랫동안 말씀해 주셨는데 이 시기가
슬로바키아 민족에게 매우 중요한 시기라고 하셨습니다.
그 인물 중 한 명이 류도빗 슈뚜르입니다. 그는 슬로바키아어를 성문화했습니다.
우리는 1918년 체코슬로바키아를 창립한 인물들 중 한 명인 밀란 라스찌슬라우 슈쪠파닉에 대해서도 배웠습니다.
다른 슬로바키아 인물인 알렉산데르 둡체크는 1968년 프라하의 봄을 주도했습니다.
한국에서 고등학교에 다닐 때, 나는 세계사 수업 시간에 그에 대해 배웠습니다.
하지만 어제 그의 삶에 대해 더 많은 것들을 알게 되었습니다.
오늘 숙제를 끝내기 위해 대학 도서관에 갈 겁니다.
숙제를 끝내면 주말에 뜨렌췬과 뜨렌췬 성을 방문할 겁니다.
종일 사진을 찍을 겁니다.
그리고 집에 계신 부모님께 사진을 보내고 싶습니다.
매주 주말에 슬로바키아의 유적을 방문하고 싶습니다.

Gramatika

1 동사변화 3식 동사 II (-e타입 동사, poslať형)

동사 3인칭 단수형이 -e로 끝나는 3식 동사 중 poslať과 같이 -ať로 끝나지만 3식에 속하는 그룹이 있다. 이 중 일부 동사들은 poslať - pošlem처럼 동사 어근의 끝 자음들에 변화가 생긴다. 대표적으로 t-c, d-dz, k-č, s-š, z-ž 등 을 들 수 있다. 다음은 이 그룹에 속하는 몇몇 3식 동사들의 변화이다.

	poslať (보내다)	plakať (울다)	mazať (칠하다)
1인칭 단수	pošlem	plačem	mažem
2인칭 단수	pošleš	plačeš	mažeš
3인칭 단수	pošle	plače	maže
1인칭 복수	pošleme	plačeme	mažeme
2인칭 복수	pošlete	plačete	mažete
3인칭 복수	pošlú	plačú	mažú

Lekár poslal chorého do nemocnice. 의사는 환자를 병원으로 보냈다.

Plače nad rozliatym mliekom. 엎질러진 우유를 놓고 운다.

Google bude mazať neaktívne účty a začne v júni.
구글은 비활동 계정을 삭제할 것이다. 6월에 삭제를 시작한다.

2 동사의 불완료체와 완료체

1) 불완료체와 완료체의 현재

앞서 언급했듯이 상은 슬라브 언어들만이 갖는 특징이며 두 가지 형태(예: robiť 불완료체 - urobiť 완료체)가 존재한다. 불완료체 동사의 현재는 행위의 진행, 지속, 반복 등을 나타내며 완료체 동사는 현재시제가 존재하지 않는다. 불완료체 동사는 반복, 지속을 나타내는 부사들 및 부사구(예: každý deň, každé ráno, celý deň, pravidelne, občas, často 등)와 같이 많이 쓰인다.

2) 불완료체와 완료체의 미래

불완료체 동사의 미래는 완료의 의미를 갖지 않는 미래의 동작이나 과정을 나타내며 'byť' 동사의 미래형 + 불완료체 동사원형'의 형태로 미래를 만든다. 완료체 동사는 이러한 합성미래를 만들지 못하며 동사 현재변화가 미래의 행위를 표현한다.

Budem čítať knihu.
나는 책을 읽을 것이다. (미래의 완료되지 않은 행위)

Prečítam tú knihu.
나는 그 책을 읽을 것이다. (미래의 완료된 행위)

Budem kupovať noviny každý deň.
나는 날마다 신문을 살 것이다. (미래의 반복적 행위)

Zajtra kúpim noviny.
나는 내일 신문을 살 것이다. (미래의 일회성, 완료된 행위)

3) 불완료체 동사와 완료체 동사의 과거

불완료체	완료체
1. 행위의 지속, 과정 Písal som list dve hodiny. 나는 2시간 동안 편지를 썼다.	1. 행위의 결과, 완료 Napísal som mu list. 나는 그에게 편지를 썼다. (완료된 행위)
2. 행위의 반복 Ján často kupoval mäso. 얀은 자주 고기를 샀다.	2. 행위의 일회성 Ján kúpil mäso. 얀은 고기를 샀다.

4) 불완료체에서 완료체를 만드는 방법

① 대표적으로 접두사(na-, o-, po-, pre-, u-, z-, za-, vy- 등)를 붙여 만든다.

	불완료체 동사	완료체 동사
na-	jesť (먹다)	najesť sa
	obedovať (점심 먹다)	naobedovať sa
	písať (쓰다)	napísať
	učiť sa (배우다)	naučiť sa
	večerať (저녁 먹다)	navečerať sa
o-	holiť sa (면도하다)	oholiť sa
	kúpať sa (목욕하다)	okúpať sa
	sprchovať sa (샤워하다)	osprchovať sa
	žehliť (다림질하다)	ožehliť
po-	cítiť (느끼다)	pocítiť
	čakať (기다리다)	počkať
	prosiť (부탁하다)	poprosiť
	žiadať (요구하다)	požiadať
pre-	čítať (읽다)	prečítať
u-	robiť (하다)	urobiť
	plynúť (지나다, 경과하다)	uplynúť
	variť (요리하다)	uvariť
z-	baliť (짐을 싸다)	zbaliť
	biť (때리다)	zbiť
	jesť (먹다)	zjesť
	ničiť (파괴하다)	zničiť
	opakovať (반복하다)	zopakovať
za-	baliť (포장하다)	zabaliť
	platiť (지불하다)	zaplatiť
	spievať (노래 부르다)	zaspievať
	tancovať (춤추다)	zatancovať
	telefonovať (전화하다)	zatelefonovať
	volať (부르다)	zavolať
vy-	fotografovať (사진 찍다)	vyfotografovať / odfotografovať
	hľadať (찾다)	vyhľadať / pohľadať
	piť (마시다)	vypiť
	prať (세탁하다)	vyprať / oprať
	žehliť (다림질하다)	vyžehliť / ožehliť

불완료체 문장 - 완료체 문장

Janko písal úlohu dve hodiny. – Marta už napísala úlohu.
양꼬는 두 시간 동안 숙제를 했다. – 마르따는 이미 숙제를 다 했다.

Marta sa sprchuje každé ráno. – Janko sa osprchoval v noci.
마르따는 매일 아침 샤워한다. – 양꼬는 밤에 샤워했다.

Otec už dve hodiny čaká na vlak. – Mama počkala, až bábätko zaspí.
아버지는 두 시간째 기차를 기다리고 계신다. – 어머니는 아기가 잠들 때까지 기다렸다.

Často číta dlho do noci knihy. – Prečítal celú knihu.
자주 밤늦게까지 책을 읽는다. – 책을 다 읽었다.

Mama varí guláš každý piatok. – Mama uvarila večeru pre suseda.
어머니는 매주 금요일에 굴라쉬 요리를 한다. – 어머니는 이웃을 위해 저녁을 만들었다.

Peťko je špagety. – Olinka už zjedla desiatu.
뻬쯔꼬는 스파게티를 먹는다. – 올링까는 벌써 간식을 먹었다.

Maruška volá domov každý deň. – Dnes zavolá domov Jožko.
마루슈까는 매일 집에 전화한다. – 오늘 요슈꼬가 집에 전화할 것이다.

Kolegovia pijú pivo. – Kolegovia všetko vypili.
동료들은 맥주를 마신다. – 동료들이 전부 다 마셔버렸다.

② **동사의 접미사가 바뀐다. (다음은 일부 예이다.)**

	불완료체 동사	완료체 동사
-ovať < -iť	nastupovať (타다) pripravovať (준비하다) upravovať (고치다) vystupovať (내리다) vysvetľovať (설명하다)	nastúpiť pripraviť upraviť vystúpiť vysvetliť
-ať < -iť	chytať (잡다) vracať sa (돌아오다)	chytiť vrátiť sa
-ínať,-ať < -núť	zhasínať (끄다) zapínať (켜다) zabúdať (잊다)	zhasnúť zapnúť zabudnúť
-ovať < -núť, -nuť	dosahovať (~에 이르다) rozhodovať (결정하다) poskytovať (제공하다)	dosiahnuť rozhodnúť poskytnúť

-ávať < -ať, -áť	dávať (주다) nechávať (놓다, 놔두다) získavať (얻다) vstávať (일어나다) dostávať (받다)	dať nechať získať vstať dostať
-vať < -ť	používať (사용하다) využívať (이용하다) zakrývať (덮다)	použiť využiť zakryť

3 접두사가 붙어 상이 변화하고 의미가 변하는 경우

불완료체에 접두사가 붙어 완료체가 파생되면 의미가 변하는 경우가 있다. 이는 접두사의 의미와 보통 관련이 있으며 사전에서 그 용도를 각각 찾아보는 것이 가장 좋은 학습 방법이다.

1) 동사 písať에서 파생된 완료체 동사들 vypísať, prepísať, odpísať, opísať, podpísať의 쓰임과 의미

- Vypísal som nové slová z textu. 본문에서 새로운 단어들을 발췌해 적었다.

: 접두사 vy는 ~으로부터, 밖으로의 뜻을 함축하고 있다.

- Prepísal som text z knihy do zošita. 책의 본문을 공책으로 옮겨 적었다.

: 접두사 pre는 ~지나서의 뜻을 가지며 여기서는 옮겨 적었다는 뜻으로 쓰였다.

- Odpísal som na jeho list. 그의 편지에 답장을 썼다.

: 접두사 od는 ~으로부터의 뜻을 가지며 여기서는 답장했다는 뜻으로 쓰였다.

- Opísal som, čo sme videli na exkurzii. 견학에서 본 것들을 묘사했다.
- Podpísal som list a pohľadnicu. 나는 편지와 엽서에 서명했다.

2) 동사 rezať에서 파생된 완료체 동사들 odrezať, rozrezať, vyrezať의 쓰임과 의미

- Odrezal som kus chleba. 빵을 한 조각 잘랐다.

: 빵에서 한 조각을 잘라냈다는 의미로 접두사 od-를 썼다.

- Rozrezal som chlieb. 빵을 잘랐다. (두 조각으로)
- Vyrezal som z jablka jadrovník. 사과에서 씨 부분을 도려냈다.

: 밖으로 라는 의미의 접두사 vy-를 썼다.

3) 동사 liať에서 파생된 완료체 동사들 preliať, vyliať, rozliať의 쓰임과 의미

- Prelial som mlieko z veľkého pohára do malého.
  우유를 큰 컵에서 작은 컵으로 따랐다.
- Vylial som špinavú vodu do umývadla.
  더러운 물을 세면대로 따라 버렸다.
- Rozlial som víno po obruse.
  식탁보에 와인을 쏟았다.

4) 동사 ísť에서 파생된 완료체 동사들의 쓰임

vo-	Vošiel do obchodu. 상점으로 들어갔다.
vy-	Vyšla von. 밖으로 나갔다. Vyšiel na prvé poschodie. 1층으로 올라갔다.
pri-	Autobus už prišiel. 버스가 벌써 도착했다.
od-	Autobus už odišiel. 버스가 이미 떠났다.
z-	Zišli dolu schodmi. 계단으로 내려갔다.
roz-	Rozišli sa po hodine. 수업 후에 헤어졌다.
do-	Došlo k nehode. 사고가 났다.
ob-	Obišiel dom. 집 주위를 돌아서 갔다.
pre-	Prejdi cez most! 다리를 건너와!
u-	Ušiel mi autobus. 나는 버스를 놓쳤다.

이처럼 접두사가 함축하고 있는 의미와 상관되게 뜻이 변하는 경우가 대부분이지만 그렇지 않은 경우도 많다. 접두사를 활용하여 파생되는 완료체 동사의 경우 용례를 알아두고 익히는 것이 학습에 이롭다. 일단 접두사가 붙어 만들어진 완료체 동사가 그 의미 또한 변했을 때 이 완료체 동사에서 다시 같은 의미를 가진 불완료체 동사가 파생되기도 한다. ísť < prísť > prichádzať, ísť < rozísť sa > rozchádzať sa

4 양태동사 (정태동사와 부정태동사)

동작을 나타내는 몇몇 동사들 가운데 불완료체가 2가지인 형태의 동사들이 있다. 이러한 양태동사들은 정태동사와 부정태동사로 나뉜다. 정태동사는 일정한 시간에 일정한 방향으로 움직이는 것이고 부정태동사는 일정한 방향이나 목적이 없이 움직이거나 반복하는 동사이다.

정태동사		부정태동사	
ísť (idem)	가다	chodiť (chodím)	다니다, 타고 다니다
letieť (letím)	날다	lietať (lietam)	날아다니다
bežať (bežím)	뛰다	behať (behám)	뛰어다니다
niesť (nesiem)	들다, 입다	nosiť (nosím)	들고 다니다, 입고 다니다
viezť (veziem)	태우고 가다	voziť (vozím)	태우고 다니다
viesť (vediem)	데리고 가다	vodiť (vodím)	데리고 다니다

Obyčajne chodím autobusom, ale zajtra idem taxíkom.

나는 보통 버스를 타고 다닌다. 그러나 내일은 택시를 타고 갈 것이다.

Vždy nosíš veľkú tašku a dnes nesieš malú.

넌 항상 큰 가방을 가지고 다니는데 오늘은 작은 것을 들고 있구나.

Peťka dnes veziem autom, ale budem ho voziť na bicykli.

오늘은 뻬쯔꼬를 차로 태워다 주지만 앞으론 자전거로 태우고 다닐 것이다.

5 조동사 môcť (~을 할 수 있다)

조동사 môcť는 불규칙동사이며 môcť + 동사원형의 형태로 쓰인다.

	단수	복수
1인칭	môžem	môžeme
2인칭	môžeš	môžete
3인칭	môže	môžu

Užitočné výrazy

날씨에 대한 유용한 표현

Svieti slnko.	햇볕이 비친다.
Je jasno.	밝다.
Je zamračené.	구름이 꼈다.
Prší.	비가 온다.
Je horúco.	무덥다.
Je teplo.	따뜻하다.
Ochladilo sa.	쌀쌀해졌다.
Je chladno.	쌀쌀하다.
Je zima.	춥다.
Padá sneh. / Sneží.	눈이 온다.
Je hustá hmla.	안개가 많이 꼈다.
Fúka silný vietor.	강한 바람이 분다.
Blýska sa a hrmí.	번개가 치고 천둥이 친다.

Konverzačné cvičenia

9-2

Konverzačné 1

Kde je Pavol? 빠뿔은 어디 있니?

Išiel navštíviť rodičov. 부모님 뵈러 갔어.

Každú nedeľu ich navštevuje. 일요일마다 방문하거든.

Dnes sa vráti neskoro. 오늘 늦게 돌아와.

Konverzačné 2

Dá sa platiť aj kartou? 카드로도 계산되나요?

Nie, iba v hotovosti. 아니요, 현금만 됩니다.

Terminál na karty nám dnes nefunguje. 오늘 카드 기계가 고장이에요.

Škoda, vždy platím kartou. 항상 카드로 지불하는데 유감이네요.

Nenosím so sebou hotovosť. 저는 현금을 안 들고 다녀요.

Cvičenia

1 다음 빈칸에 주어진 동사의 알맞은 시제 변화를 하세요.

1 Kolegovia mi ________ správu na e-mail. (poslať)

2 Nejedno dieťa ________ pred spaním. (plakať)

3 Po koľkých rokoch sa ________ register trestov? (vymazať)

4 Vladko rád ________ do reči pri rozhovoroch. (skákať)

2 다음 동사들의 완료체와 불완료체형을 쓰세요.

baliť, hľadať, čakať, čítať, nastupovať, dávať, zatvárať, otvoriť, rozhodnúť, vstať, upraviť, vrátiť sa, urobiť

3 다음 빈칸에 주어진 동사의 알맞은 과거형을 넣으세요.

1 Včera Jana ________ od rána do večera. Jana ________ celú knihu. (čítať/prečítať)

2 Dlho ________ ten obraz. ________ obraz a potom ho predal. (maľovať/namaľovať)

3 Každý mesiac ________ 700 eur za byt. Už ________ nájom za byt. (platiť/zaplatiť)

4 Mama ________ obed a potom upratala. Mama včera ________ celý deň. (variť/uvariť)

4 다음 문장을 슬로바키아어로 옮기세요.

1 에바는 3시간 동안 편지를 썼다.

---

2 밖에 비가 와서 우리는 수영할 수 없다.

---

3 밀란은 술을 마셔서 자동차를 운전할 수 없다.

---

4 양꼬는 프로젝트를 밤늦게 끝냈다.

LEKCIA 10

기념일 크리스마스 이브

Štedrý deň

Text

10-1

Je Štedrý deň.
Celé mesto je pokryté bielym snehom.
Filipko sa hrá na dvore a stavia snehuliaka.
Nemá rukavice, a tak mu ich otec prinesie.
Mama má malé bábätko a má ho na chrbte v nosiči.
Varí štedrovečernú večeru.
Filipko hovorí:
„Pozrite sa na snehuliaka! On sa usmieva.“
„Keby bol živý, hral by som sa s ním celý deň.“
A mama mu povie:
„Aký krásny snehuliak! Asi ťa má rád.“
„Filipko, už si umy ruky a prezleč sa!“
Prišli aj starí rodičia, aby mohli spoločne osláviť Štedrý deň.
Pri štedrovečernom stole sa otec modlí:
„Požehnaj, Bože, nás i tieto dary, ktoré z tvojej štedrosti budeme požívať. Skrze Krista, nášho Pána. Amen.“
Vonku spievajú deti vianočné koledy.
Na dvore sa Filipkov snehuliak stále usmieva.

크리스마스 이브이다.
온 도시가 흰 눈으로 덮여 있다.
필립꼬는 마당에서 놀며 눈사람을 만든다.
장갑이 없어 아빠가 장갑을 가져다주신다.
어머니는 갓난아이를 데리고 있고 포대기에 업고 계신다.
지금 크리스마스 이브 저녁을 준비하고 계신다.
필립꼬가 말한다.

Lexika

štedrý 관대한, 베푸는

Štedrý deň 크리스마스 이브

pokryté 덮여 있는 (pokryť 동사의 수동형)

dvor 마당(m)

stavia 세우다, 만들다 (stavať 동사의 3인칭 단수형)

snehuliak 눈사람(m)

rukavice 장갑(f, 복수)

prinesie 가지고 오다 (priniesť 동사의 3인칭 단수형, 4식 동사)

bábätko 아기(n)

chrbát 등(m)

nosič 포대기(m)

štedrovečernú 크리스마스 이브 저녁의 (štedrovečerný)

umy si 씻다(umyť si의 단수 명령형)

ruky 손(f, 복수)

prezleč sa 옷 갈아입다 (prezliecť sa의 단수 명령형)

modlí sa 기도하다 (modliť sa의 3인칭 단수형, 2식 동사)

požehnaj
축복하다, 강복하다
(požehnať 동사의 명령형,
1식 동사)

Boh
하느님(m, 호격 Bože)

štedrosť 관대함, 베품(f)

požívať
갖다, 즐기다(1식 동사)

skrz ~통하여

Kristus 그리스도(m)

koledy 캐럴 (f, 복수)

"눈사람을 봐요! 웃고 있어요."

"정말 살아 있다면 하루 내내 같이 놀 수 있을 텐데."

어머니가 말씀하신다.

"정말 아름다운 눈사람이구나! 널 좋아하나 보구나."

"필립꼬, 이제 손 씻고 옷 갈아입어라!"

할아버지 할머니도 크리스마스 이브를 같이 축하하기 위해 오셨다.

크리스마스 이브 식탁에서 아버지가 기도하신다.

"주님, 은혜로이 내려 주신 이 음식과 저희에게 강복하소서. 우리 주 그리스도를 통하여 비나이다. 아멘."

밖에서는 아이들이 크리스마스 캐럴을 부른다.

마당에서 필립꼬의 눈사람은 여전히 미소 짓고 있다.

Gramatika

1 동사변화 3식 동사 umyť형

단음절의 동사 어간이 -i, -y, -u, -ia, -ie로 끝나는 동사들의 대부분이 3식 그룹에 속하며 인칭변화 시 연자음 j가 첨가된다.

	umyť
1인칭 단수	umyjem
2인칭 단수	umyješ
3인칭 단수	umyje
1인칭 복수	umyjeme
2인칭 복수	umyjete
3인칭 복수	umyjú

이 그룹에 속하는 동사들의 예: žuť(씹다), šiť(바느질하다), žiť(살다), biť(때리다), piť(마시다), siať(씨를 뿌리다), smiať sa(웃다), priať si(바라다), dospieť(도달하다) 등.

Stará mama vie šiť krásne šaty.
할머니는 예쁜 드레스를 만들 수 있다.

V džungli žijú aj neznáme zvieratá.
정글에는 미지의 동물들도 산다.

Michal nemôže piť kolu, pretože mu robí zle.
미할은 콜라를 마시면 탈이나 못 마신다.

Kto sa smeje naposledy, ten sa smeje najlepšie.
최후에 웃는 자가 가장 잘 웃는다. (속담)

Prezidentka popriala ľuďom šťastný nový rok.
대통령은 국민들에게 신년 축하 기원을 했다.

2 수동태 (byť + 동사의 수동형)

슬로바키아어에서 수동형은 동사원형 어간에 접미사 -tý, -ný, -enýe를 붙여 만든다. 문장에서 수동태는 byť 동사 + 동사의 수동형으로 만든다. 수동태의 문장에서 주어는 행위자가 아니고 행위의 영향을 받은 사람이나 사물이다.

Napísal som včera list. 나는 어제 편지를 썼다.

List bol napísaný včera. 편지는 어제 쓰였다.

Chválili Matúša ako najlepšieho cyklistu.
마뚜슈를 최고의 사이클리스트로 칭찬했다.

Matúš bol chválený ako najlepší cyklista.
마뚜슈는 최고의 사이클리스트로 칭찬 되었다.

Preložil knihu zle. 책을 형편없이 번역했다.

Kniha je zle preložená. 책이 형편없이 번역되었다.

3 수동분사

수동분사는 동사의 수동형을 형용사처럼 사용하는 것이다. 명사를 수식해 주며 타동사만이 이러한 수동 분사형을 만들 수 있다. 격변화는 형용사 peknýe처럼 변화한다.
čistené šaty (세탁된 드레스), mleté obilie(빻은 곡식), predaná nevesta (팔려 간 신부)

4 명령문

명령문은 빈번히 활용되는 동사의 형태이다. 동사의 3인칭 복수형에서 동사 어미를 떼어내고 만들며 크게 다음과 같이 구분할 수 있다.

	ty ~해라!	vy ~하세요!	my ~합시다!
일반적인 형태			
hraj(-ú) hovor(-ia) píš(-u)	Hraj! Hovor! Píš!	Hrajte! Hovorte! Píšte!	Hrajme! Hovorme! Píšme!
끝이 자음 -d, -t, -n, -l로 끝나는 경우 자음이 연음화 된다.			
chod(-ia) men(-ia)	Choď! Meň!	Choďte! Meňte!	Choďme! Meňme!
sadnúť si 처럼 끝나는 3식 동사들은 모음 i가 첨가된다.			
sadn(-ú) si	Sadni si!	Sadnite si!	Sadnime si!

* 불규칙 명령문의 예

Povedzte!(말해!), Jedz!(먹어!), Pi!(마셔!), Buď!(byť동사의 명령), Poď!(이리 와!)

5 가정법

가정법은 원래 동사가 지닌 내용이 실현 불가능함을 표현하는 법이다. 슬로바키아어에는 두 가지의 가정법이 존재하는데 가정법 현재(~하면, ~할 텐데)와 가정법 과거(~했으면, ~했을 텐데)이다. ~하면과 ~했으면의 절은 접속사 keby를 사용하며 keby 뒤에는 과거시제가 온다.

가정법 현재

	단수	복수
1인칭 2인칭 3인칭	niesol / niesla by som niesol / niesla by si niesol / niesla by	niesli by sme niesli by ste niesli by

Chcel by som pracovať vo firme KIA. KIA에서 일하고 싶은데.

Oddychovala by som, ale mám veľa práce. 쉬고 싶은데 일이 많다.

Keby som mal veľa peňazí, kúpil by som si Bentley.
돈이 많으면 벤틀리를 살 텐데.

Keby som vedela spievať, bola by som speváčka.
노래를 부를 줄 알면 가수가 될 텐데.

*** 가정법 현재는 고유한 그 역할 이외에도 제안, 충고, 부탁, 바람, 의도 등을 표현할 때도 사용된다.**

Mohli by sme si dať kávu.
커피를 마시면 어떨까요. (제안)

Michal, nemal by si jazdiť na bicykli tak rýchlo.
미할아, 그렇게 빠르게 자전거를 타면 안 돼. (충고)

Preložil by si mi túto vetu?
이 문장을 번역해 줄 수 있을까? (부탁)

Potrebovala by som liek proti bolesti hlavy.
두통약이 필요할 것 같아요. (바람)

Rada by som ťa pozvala do reštaurácie.
너를 레스토랑에 초대하고 싶어. (의도)

가정법 과거

	단수	복수
1인칭	bol by som niesol / bola by som niesla	boli by sme niesli
2인칭	bol by si niesol / bola by si niesla	boli by ste niesli
3인칭	bol by niesol / bola by niesla	boli by niesli

Bol by som ti pomohol.
내가 너를 도와주었을 텐데.

Keby mal peniaze, bol by si kúpil byt.
그가 돈이 있었더라면, 아파트를 살 수 있었을 텐데.

* **접속사 aby(~하도록, ~할 수 있도록)의 활용의 예**

Potrebujem peniaze, aby som kúpil dom. 집을 사기 위해 돈이 필요하다.

Chcem, aby si prišiel. 네가 왔으면 해.

Chcem, aby s ňou Michal išiel do kina.
나는 미할이 그녀와 함께 극장에 갔으면 해.

Pôjdem do Číny, aby som videl Čínsky múr.
나는 만리장성을 보기 위해, 중국에 갈 것이다.

Prosím vás, aby ste mi pomohli. 당신들이 나를 도와주길 부탁해요.

Prajem si, aby mal dlhý život. 그가 장수하기를 바랍니다.

6 감탄문

감탄문을 만들 때 의문대명사 aký, aká, aké는 수식하는 명사의 성, 수, 격에 일치시켜 사용한다.

Aký dobrý človek! 그는 정말 착한 사람이구나!

Aká krásna záhrada! 정말 아름다운 정원이구나!

Aké pekné auto! 자동차가 정말 예쁘구나!

Aký máš krásny dom! 너는 정말 아름다운 집을 가지고 있구나!

V akom krásnom meste bývaš! 너는 정말 아름다운 도시에서 살고 있구나!

7 의문대명사 aký(어떠한), ktorý(어느), koľký(몇 번째의/몇 명의), čí(누구의)의 활용

이러한 의문대명사는 형태가 형용사와 같아 형용사처럼 격변화 한다. 단 čí는 연자음으로 끝나기 때문에 연자음 형용사와 같이 변화한다.

Aký je tvoj dom? 네 집은 어떠니?	Môj dom je krásny a útulný. 내 집은 아름답고 포근해.
Aký je ten študent? 그 학생은 어떤 학생이니?	Je šikovný a usilovný. 그는 재주가 있고 성실해.
Aká je tá kniha? 그 책은 어떤 책이니?	Tá kniha je veľmi zaujímavá. 아주 재미있는 책이야.

V ktorý deň pracuješ? 어느 날 일하니?	Pracujem v stredu. 수요일에 일해.
Ktorý je tvoj obľúbený slovenský spevák? 슬로바키아 어느 가수를 좋아하니?	Môj obľúbený spevák je Pavol Habera. 빠뽈 하베라를 좋아해.
Ktorú krajinu chceš navštíviť? 어느 나라를 방문하고 싶니?	Chcem navštíviť Čínu. 중국을 방문하고 싶어.
Koľkého je dnes? 오늘 며칠이니?	Dnes je 7. novembra. 오늘은 11월 7일이야.
Koľkí žiaci sú v triede? 학생들이 몇 명 교실에 있니?	V triede sú štyria žiaci. 4명이 교실에 있어.
Čí je ten slovník? 그 사전이 누구 거니?	Ten slovník je môj. 내 거야.
Čia je tá kniha? 그 책은 누구 거니?	Tá kniha je Michaelina. 미하엘라 책이야.
Čie je to auto? 그 자동차는 누구 거니?	To auto je naše. 우리 거야.

* ktorý는 의문대명사의 역할 이외에도 주절의 명사를 수식하는 관계대명사의 역할을 한다. 이때 ktorý의 성은 수식하는 명사의 성과 일치한다.

Andy Warhol bol americký umelec, ktorého tvorbu dnes pozná celý svet.

앤디 워홀은 미국의 예술가로 오늘날 그의 작품은 전 세계가 알고 있다.

Lucia Poppová bola slovenská sopranistka, ktorá získala svetovú popularitu.

루찌아 뽀뽀바는 세계적 인기를 얻었던 슬로바키아 소프라노였다.

New York je mesto, ktoré nikdy nespí.

뉴욕은 절대로 잠들지 않는 도시다.

Užitočné výrazy

생일(narodeniny)과 영명(meniny) 축일 축하 편지

K narodeninám (K meninám) Vám prajem
당신의 생일(영명축일)에 건강과 행복

veľa zdravia, šťastia a Božieho požehnania.
그리고 주님의 은총이 가득하길 기원합니다.

Všetko dobré k Tvojmu sviatku,
네 축일에 모든 것이 잘 되길 기원하고,

nech Ti šťastie, zdravie, láska nablízku vždy zostane!
늘 행복과 건강 그리고 사랑이 곁에 있기를!

Prajem Ti na Tvoj sviatok veľa dobrých kamarátok,
네 축일에 많은 좋은 친구들과

v každej chvíli veľa lásky.
사랑 가득한 날이 되길 바란다.

크리스마스와 신년 축하 편지

Vinšujem Vám pokojné Vianoce — 평온한 크리스마스와

a šťastný nový rok. — 행복한 신년을 기원합니다.

Na Vianoce pokoj v duši a šťastie, — 크리스마스엔 영혼의 평화와 행복을

v novom roku veľa zdravia a lásky! — 새해엔 건강과 사랑을 기원해!

Nech všetko zlé opustí Ťa ešte v tomto roku.
올해 좋지 않은 모든 걸 뒤로 하길.

Nech niekto blízky je vždy po Tvojom boku.
네 곁엔 늘 가까운 이가 함께 하길.

Nech v novom roku zdravie je Tvoj kamarát
새해엔 건강이 네 친구가 되고

a rob vždy len to, čo máš rád.
늘 네가 좋아하는 일만 하게 되길 바란다.

부활 축하 편지

Šťastnú a veselú Veľkú noc! 행복하고 즐거운 부활절 되세요!

Radostné prežitie veľkonočných sviatkov, 즐거운 부활축일과

dom plný pokoja a srdcia naplnené 가정엔 평화가 가득하고

láskou a porozumením Vám želám.
마음은 사랑과 이해로 충만하길 기원합니다.

졸업식 축하 편지

K úspešnému ukončeniu štúdia 성공적으로 학업을 마친 걸

Ti srdečne blahoželáme 진심으로 축하하고

a želáme veľa zdravia, šťastia a úspechov 건강과 행복 그리고 성공과

a v budúcom živote splnenie všetkých snov. 앞으로 모든 꿈이 이루어지길 바란다.

승진 축하 편지

Srdečne Vám blahoželám k povýšeniu. 당신의 승진을 진심으로 축하합니다.

Prajem Vám veľa úspechov a zdravia. 당신의 성공과 건강을 기원합니다.

Konverzačné cvičenia

10-2

Konverzačné 1

Peter, čo by si robil,	뻬떼르야, 너는 긴 휴가가 있다면
keby si mal dlhú dovolenku?	무엇을 할 거니?
Chcel by som cestovať po svete.	세계 일주를 할 것 같아.
Najprv by som navštívil Egypt.	제일 먼저 이집트에 갈 것 같아.
To znie exoticky.	이국적으로 들려.
Tiež by som cestovala po svete.	나도 세계 일주를 하고 싶어.

Konverzačné 2

Janko, poď sem! Niečo ti ukážem.	양꼬야, 이리 와! 네게 보여줄 게 있어.
Prídem hneď, ako skončím prácu.	일 끝내고 곧장 갈게.
Nemôžem čakať dlho.	오래 기다릴 수 없어.
Ponáhľaj sa!	서둘러!

Cvičenia

1 다음 문장을 수동태로 바꾸세요.

1 Čítame knihu. ....

2 Upratala moju izbu. ....

3 Napísal som list. ....

4 Milovali syna. ....

2 다음 직설법으로 한 말을 명령법으로 바꾸세요.

1 Katka, musíš nakúpiť! ....

2 Katka, musíš upratať izbu! ....

3 Katka, musíš sa starať o brata! ....

4 Katka, musíš mi pomôcť! ....

3 다음 주어진 표현을 이용하여 가정법 현재 문장을 만드세요.

1 mať čas – ísť do kina (ja)

....

2 učiť sa po slovensky – rozumieť Michaele (vy)

....

3 vedieť variť dobre – pozvať ťa k nám na večeru (ja)

....

④ 다음 문장을 슬로바키아어로 옮기세요.

1 너는 정말 좋은 친구야!

2 시간이 있다면 부모님을 방문할 텐데.

3 나는 네가 집에 돌아가기를 바란다.

4 유럽에 가면 어느 도시를 방문하고 싶니?

Appendix

정답

LEKCIA 01

1

f, m, f, n, m, f, f, m, f, n, m, f, m, n, f, m, f, m, m, m, f, n, m, n

2

1 Som   2 Je   3 Je
4 Sme   5 Nie som

3

1 môj   2 moja   3 moje

4

fotografka, prezidentka, šéfka, profesorka, doktorka, inžinierka, docentka, Talianka, Kórejčanka, Ruska

5

1 Volá sa   2 Hľadám
3 sa hrajú   4 Bývam

LEKCIA 02

1

žena, plán, plán, muž, muž, ulica, mesto, žena, ulica, mesto, žena, žena

2

lampy, zuby, uchá / uši, autobusy, filmy, muži, domy, gitary, jablká, taxíky, študenti, študentky, učitelia, autá

3

pani Einsteinová, pani Kráľová, pani Kováčová, pani Smetanová, pani Ševčíková, pani Holá, pani veľvyslancová, pani Parková

4

1 veselý   2 smutná   3 dobré

5

1 hotel   2 auto   3 prírodu
4 synov   5 kvety   6 otca

6

1 Jej dcéra je študentka.
2 Petra hľadá Pavla.
3 Hansu má auto.
4 Jeho stará mama čaká vlak.

LEKCIA 03

1

1 robíš   2 sa učí   3 učí
4 Hovorím   5 sedia

2

1 vlakom, autom   2 nožom
3 mliekom   4 náušnicami
5 ženou

3

1 Bratislave   2 reštaurácii
3 Samsungu   4 Slovensku
5 internátoch

4

slovensky, okamžite, málo, ťažko

5

1 Pavlína nerobí s počítačom.
2 Pavol nemá rád psa.
3 Neučím sa po nemecky.
4 Nie je populárna speváčka.
5 Nespieva v opere.
6 Nepáči sa mi Budapešť.

LEKCIA 04

1

1 vody
2 pacienta
3 viery
4 Ukrajiny
5 kostola
6 nového roka
7 školstva
8 súdu

2

1 babičke
2 nemocnici
3 synovi

3

1 ide
2 idú
3 ideš

4

1 študujete
2 telefonuješ
3 Pracujem
4 skypuješ
5 reprezentuje

5

1 teba
2 Jeho
3 vás
4 ju
5 neho

LEKCIA 05

1

1 váš
2 vaša
3 váš
4 vaše
5 vašej
6 vášho

2

1 má rada
2 majú rady
3 Nemá rád

3

1 mestskom kine
2 školskom ihrisku
3 Hlavnej stanici
4 dvojizbovom byte

4

1 Vedľa nášho pracoviska je malá jedáleň.
2 Bývam na treťom poschodí a môj kolega/moja kolegyňa býva na piatom.
3 Náš učiteľ/naša učiteľka má kanceláriu na druhom poschodí.
4 Máte rád/rada slovenské jedlo?

LEKCIA 06

1

1 tridsaťsedem
2 deväťsto päťdesiatosem
3 tritisíc dvesto osemdesiatdva
4 tridsaťpäťtisíc sedemsto deväťdesiat

2

1 5시 10분
2 8시 15분
3 7시 20분
4 9시 45분
5 1시 30분

3

1 si
2 sa
3 si
4 sa

4

1 O tretej máme vyučovanie slovenčiny.
2 O pol šiestej máme hokej.
3 O ôsmej večer pôjdem s manželkou na koncert.
4 Cez víkend hrám tenis s kamarátmi.

LEKCIA 07

1

1 nechce
2 nevie
3 vie
4 chcem

2

1 dobrovoľníkov
2 zrelých banánov
3 krásnych hôr
4 odborných kníh
5 detí

3

1 Pán Kováč bol bez práce.
2 Na Slovensku bolo veľa hradov a zámkov.
3 V škole bolo málo žiakov.
4 Bol som jediným kórejským študentom v našej skupine.

4

1 Soul je krásnym hlavným mestom Kórey.

2 V New Yorku je veľa zaujímavých budov.
3 Tomáš si dá špagety s gréckym šalátom.
4 Martin hrá cez prestávku na klavíri.

LEKCIA 08

1

1 donesie 2 Beriem
3 si trie 4 nerozumie

2

1 Nina hovorila celý deň o letnej dovolenke.
2 Navštevoval/-a som rodičov každý mesiac a rodičia sa vždy tešili.
3 Večer sme išli do kina a pozreli sme si americký animovaný film.
4 Keď sme sa vrátili, urobili sme dezert.

3

1 dôležitejší 2 Najkrajší
3 starší 4 najvyššia

4

1 Vstal/-a som o siedmej ráno a jedol/jedla som jedno jablko.
2 Nemáte chladnejšiu vodu?
3 Jeseň je najkrajšie ročné obdobie v Kórei.
4 Naša rodina sa rozhodla, že túto zimu bude cestovať v zahraničí.

LEKCIA 09

1

1 pošlú 2 plače
3 vymaže 4 skáče

2

zabaliť/zbaliť, vyhľadať, počkať, prečítať, nastúpiť, dať, zatvoriť, otvárať, rozhodovať, vstávať, upravovať, vracať sa, robiť

3

1 čítala, prečítala
2 maľoval, Namaľoval
3 platil/-a, zaplatil/-a
4 uvarila, varila

4

1 Eva písala list tri hodiny.
2 Vonku prší a nemôžeme plávať.
3 Milan pil a nemôže šoférovať.
4 Janko skončil projekt neskoro v noci.

LEKCIA 10

1

1 Kniha je čítaná.
2 Moja izba bola upratená.
3 List bol napísaný.
4 Syn bol milovaný.

2

1 Katka, nakúp!
2 Katka, uprac izbu!
3 Katka, staraj sa o brata!
4 Katka, pomôž mi!

3

1 Keby som mal/mala čas, išiel/išla by som do kina.
2 Keby ste sa učili po slovensky, rozumeli by ste Michaele.
3 Keby som vedel/vedela dobre variť, pozval/pozvala by som ťa k nám na večeru.

4

1 Aký dobrý kamarát si!
2 Keby som mal/mala čas, navštívil/navštívila by som rodičov.
3 Chcem, aby si sa vrátil/vrátila domov.
4 Ktoré mesto by si navštívil/navštívila, keby si išiel/išla do Európy?

슬로바키아어 문법 편람 도표

1 명사 격변화

남성명사 (단수)				
	남성생물		남성무생물	
주격	muž	hrdin-a	plán	počítač
생격	muž-a	hrdin-u	plán-u, dub-a	počítač-a, čaj-u
여격	muž-ovi	hrdin-ovi	plán-u	počítač-u
대격	muž-a	hrdin-u	plán	počítač
전치격	o muž-ovi	hrdin-ovi	plán-e, roh-u, hotel-i	počítač-i
조격	muž-om	hrdin-om	plán-om	počítač-om

남성명사 (복수)				
	남성생물		남성무생물	
주격	muž-i, brat-ia otc-ovia	hrdin-ovia, klavirist-i	plán-y	počítač-e
생격	muž-ov	hrdin-ov	plán-ov	počítač-ov
여격	muž-om	hrdin-om	plán-om	počítač-om
대격	muž-ov	hrdin-ov	plán-y	počítač-e
전치격	o muž-och	hrdin-och	plán-och	počítač-och
조격	muž-mi	hrdin-ami	plán-mi	počítač-mi

여성명사 (단수)				
주격	žen-a	stanic-a	dlaň	kosť
생격	žen-y	stanic-e	dlan-e	kost-i
여격	žen-e	stanic-i	dlan-i	kost-i
대격	žen-u	stanic-u	dlaň	kosť
전치격	o žen-e	stanic-i	dlan-i	kost-i
조격	žen-ou	stanic-ou	dlaň-ou	kosť-ou

여성명사 (복수)				
주격	žen-y	stanic-e	dlan-e	kost-i
생격	žien	staníc	dlan-í	kost-í
여격	žen-ám	stanic-iam	dlan-iam	kost-iam
대격	žen-y	stanic-e	dlan-e	kost-i
전치격	o žen-ách	stanic-iach	dlan-iach	kost-iach
조격	žen-ami	stanic-ami	dlaň-ami	kosť-ami

중성명사 (단수)				
주격	mest-o	srdc-e	vysvedčen-ie	dievč-a
생격	mest-a	srdc-a	vysvedčen-ia	dievč-aťa
여격	mest-u	srdc-u	vysvedčen-iu	dievč-aťu
대격	mest-o	srdc-e	vysvedčen-ie	dievč-a
전치격	o mest-e, o ok-u	srdc-i	vysvedčen-í	dievč-ati
조격	mest-om	srdc-om	vysvedčen-ím	dievč-aťom

중성명사 (복수)				
주격	mes-tá	srdc-ia	vysvedčen-ia	dievč-atá / dievč-ence
생격	miest	sŕdc	vysvedčen-í	dievč-at / dievč-eniec
여격	mest-ám	srdc-iam	vysvedčen-iam	dievč-atám / dievč-encom
대격	mest-á	srdc-ia	vysvedčen-ia	dievč-atá / dievč-ence
전치격	o mest-ách	srdc-iach	vysvedčen-iach	dievč-atách / dievč-encoch
조격	mest-ami	srdc-ami	vysvedčen-iami	dievč-atami / dievč-encami

2 형용사 격변화

형용사 경변화 단수 (pekný, pekná, pekné)			
	남성	여성	중성
주격	pekn-ý	pekn-á	pekn-é
생격	pekn-ého	pekn-ej	pekn-ého
여격	pekn-ému	pekn-ej	pekn-ému
대격	pekn-ého (생물) pekn-ý (무생물)	pekn-ú	pekn-é
전치격	o pekn-om	pekn-ej	pekn-om
조격	pekn-ým	pekn-ou	pekn-ým

형용사 경변화 복수 (pekný, pekná, pekné)			
	남성	여성	중성
주격	pekn-í (생물) pekn-é (무생물)	pekn-é	pekn-é
생격	pekn-ých	pekn-ých	pekn-ých
여격	pekn-ým	pekn-ým	pekn-ým
대격	pekn-ých pekn-é	pekn-é	pekn-é
전치격	o pekn-ých	pekn-ých	pekn-ých
조격	pekn-ými	pekn-ými	pekn-ými

형용사 연변화 단수 (cudzí, cudzia, cudzie)			
	남성	여성	중성
주격	cudz-í	cudz-ia	cudz-ie
생격	cudz-ieho	cudz-ej	cudz-ieho
여격	cudz-iemu	cudz-ej	cudz-iemu
대격	cudz-ieho (생물) cudz-í (무생물)	cudz-iu	cudz-ie
전치격	o cudz-om	cudz-ej	cudz-om
조격	cudz-ím	cudz-ou	cudz-ím

형용사 연변화 복수 (cudzí, cudzia, cudzie)			
	남성	여성	중성
주격	cudz-í (생물) cudz-ie (무생물)	cudz-ie	cudz-ie
생격	cudz-ích	cudz-ích	cudz-ích
여격	cudz-ím	cudz-ím	cudz-ím
대격	cudz-ích (생물) cudz-ie (무생물)	cudz-ie	cudz-ie
전치격	o cudz-ích	cudz-ích	cudz-ích
조격	cudz-ími	cudz-ími	cudz-ími

동물 소유형용사 단수 (páví, pávia, pávie)			
	남성	여성	중성
주격	páv-í	páv-ia	páv-ie
생격	páv-ieho	páv-ej	páv-ieho
여격	páv-iemu	páv-ej	páv-iemu
대격	páv-ieho (생물) páv-í (무생물)	páv-iu	páv-ie
전치격	o páv-om	páv-ej	páv-om
조격	páv-ím	páv-ou	páv-ím

동물 소유형용사 복수 (páví, pávia, pávie)			
	남성	여성	중성
주격	páv-í páv-ie	páv-ie	páv-ie
생격	páv-ích	páv-ích	páv-ích
여격	páv-ím	páv-ím	páv-ím
대격	páv-ích páv-ie	páv-ie	páv-ie
전치격	o páv-ích	páv-ích	páv-ích
조격	páv-ími	páv-ími	páv-ími

인칭 소유형용사 단수 (otcov, -a, -o) (matkin, -a, -o)			
	남성	여성	중성
주격	otcov	otcov-a	otcov-o
생격	otcov-ho	otcov-ej	otcov-ho
여격	otcov-mu	otcov-ej	otcov-mu
대격	otcov-ho otcov	otcov-u	otcov-o
전치격	o otcov-om	otcov-ej	otcov-om
조격	otcov-ým	otcov-ou	otcov-ým

인칭 소유형용사 복수 (otcov, -a, -o) (matkin, -a, -o)			
	남성	여성	중성
주격	otcov-i otcov-e	otcov-e	otcov-e
생격	otcov-ých	otcov-ých	otcov-ých
여격	otcov-ým	otcov-ým	otcov-ým
대격	otcov-ých otcov-e	otcov-e	otcov-e
전치격	o otcov-ých	otcov-ých	otcov-ých
조격	otcov-ými	otcov-ými	otcov-ými

3 대명사

인칭대명사 1, 2인칭과 재귀대명사					
	단수		복수		재귀대명사
	1인칭	2인칭	1인칭	2인칭	
주격	ja	ty	my	vy	
생격	mňa, ma	teba, ťa	nás	vás	seba
여격	mne, mi	tebe, ti	nám	vám	sebe, si
대격	mňa, ma	teba, ťa	nás	vás	seba, sa
전치격	o mne	tebe	nás	vás	sebe
조격	mnou	tebou	nami	vami	sebou

인칭대명사 3인칭 (단수)			
	남성	여성	중성
주격	on	ona	ono
생격	jeho, ho, neho, -ňho, -ň	jej, nej	jeho, ho, neho, -ň
여격	jemu, mu, nemu	jej, nej	jemu, mu, nemu
대격	jeho, ho, neho, -ňho, -ň	ju, ňu	ho, -ň
전치격	o ňom	nej	ňom
조격	ním	ňou	ním

인칭대명사 3인칭 (복수)			
	남성	여성	중성
주격	oni (생물) ony (무생물)	ony	ony
생격	ich, nich	ich, nich	ich, nich
여격	im, nim	im, nim	im, nim
대격	ich, nich (생물) ich, ne (무생물)	ich, ne	ich, ne
전치격	o nich	nich	nich
조격	nimi	nimi	nimi

소유대명사 môj, tvoj, svoj, náš, váš (단수)			
	남성	여성	중성
주격	môj	moj-a	moj-e
생격	môj-ho	moj-ej	môj-ho
여격	môj-mu	moj-ej	môj-mu
대격	môj-ho (생물) môj (무생물)	moj-u	moj-e
전치격	o moj-om	moj-ej	moj-om
조격	moj-ím	moj-ou	moj-ím

소유대명사 môj, tvoj, svoj, náš, váš (복수)			
	남성	여성	중성
주격	moj-i (생물) moj-e (무생물)	moj-e	moj-e
생격	moj-ich	moj-ich	moj-ich
여격	moj-im	moj-im	moj-im
대격	moj-ich (생물) moj-e (무생물)	moj-e	moj-e
전치격	o moj-ich	moj-ich	moj-ich
조격	moj-imi	moj-imi	moj-imi

지시대명사 ten, tá, to (단수)			
	남성	여성	중성
주격	ten	tá	to
생격	toho	tej	toho
여격	tomu	tej	tomu
대격	toho (생물) ten (무생물)	tú	to
전치격	o tom	tej	tom
조격	tým	tou	tým

지시대명사 ten, tá, to (복수)			
	남성	여성	중성
주격	tí (생물) tie (무생물)	tie	tie
생격	tých	tých	tých
여격	tým	tým	tým
대격	tých (생물) tie (무생물)	tie	tie
전치격	o tých	tých	tých
조격	tými	tými	tými

지시대명사 všetok, všetka, všetko (단수)			
	남성	여성	중성
주격	všetok	všetka	všetko
생격	všetkého	všetkej	všetkého
여격	všetkému	všetkej	všetkému
대격	všetkého (생물) všetok (무생물)	všetku	všetko
전치격	o všetkom	všetkej	všetkom
조격	všetkým	všetkou	všetkým

지시대명사 všetok, všetka, všetko (복수)			
	남성	여성	중성
주격	všetci všetky	všetky	všetky
생격	všetkých	všetkých	všetkých
여격	všetkým	všetkým	všetkým
대격	všetkých všetky	všetky	všetky
전치격	o všetkých	všetkých	všetkých
조격	všetkými	všetkými	všetkými

의문대명사 kto, čo		
주격	kto	čo
생격	koho	čoho
여격	komu	čomu
대격	koho	čo
전치격	o kom	čom
조격	kým	čím

4 수사

수사 jeden, jedna, jedno (단수)			
	남성	여성	중성
주격	jeden	jedn-a	jedn-o
생격	jedn-ého	jedn-ej	jedn-ého
여격	jedn-ému	jedn-ej	jedn-ému
대격	jedn-ého (생물) jeden (무생물)	jedn-u	jedn-o
전치격	o jedn-om	jedn-ej	jedn-om
조격	jedn-ým	jedn-ou	jedn-ým

수사 jeden, jedna, jedno (복수)			
	남성	여성	중성
주격	jedn-i (생물) jedn-y (무생물)	jedn-y	jedn-y
생격	jedn-ých	jedn-ých	jedn-ých
여격	jedn-ým	jedn-ým	jedn-ým
대격	jedn-ých (생물) jedn-y (무생물)	jedn-y	jedn-y
전치격	o jedn-ých	jedn-ých	jedn-ých
조격	jedn-ými	jedn-ými	jedn-ými

수사 dva, tri, štyri			
주격	dvaja (남성생물) dva (남성무생물) dve (여성,중성)	traja (남성생물) tri (기타)	štyria (남성생물) štyri (기타)
생격	dvoch	troch	štyroch
여격	dvom	trom	štyrom
대격	dvoch (남성생물) dva (남성무생물) dve (여성,중성)	troch (남성생물) tri (기타)	štyroch (남성생물) štyri (기타)
전치격	o dvoch	troch	štyroch
조격	dvoma/dvomi	troma/tromi	štyrmi

수사 päť ~ deväťdesiatdeväť	
주격	piati (남성생물) päť (모든성)
생격	piatich
여격	piatim
대격	piatich (남성생물) päť (모든성)
전치격	o piatich
조격	piatimi

5 동사

1식 변화

	volať sa (~으로 불리다)
1인칭 단수 (ja)	volám sa
2인칭 단수 (ty)	voláš sa
3인칭 단수 (on+)	volá sa
1인칭 복수 (my)	voláme sa
2인칭 복수 (vy)	voláte sa
3인칭 복수 (oni+)	volajú sa

2식 변화

	hovoriť (말하다)	sedieť (앉다)	kričať (소리치다)
1인칭 단수	hovorím	sedím	kričím
2인칭 단수	hovoríš	sedíš	kričíš
3인칭 단수	hovorí	sedí	kričí
1인칭 복수	hovoríme	sedíme	kričíme
2인칭 복수	hovoríte	sedíte	kričíte
3인칭 복수	hovoria	sedia	kričia

3식 변화

	pracovať (일하다)	poslať (보내다)	žuť (씹다)	padnúť (떨어지다)	žať (추수하다)
1인칭단수	pracujem	pošlem	žujem	padnem	žnem
2인칭단수	pracuješ	pošleš	žuješ	padneš	žneš
3인칭단수	pracuje	pošle	žuje	padne	žne
1인칭복수	pracujeme	pošleme	žujeme	padneme	žneme
2인칭복수	pracujete	pošlete	žujete	padnete	žnete
3인칭복수	pracujú	pošlú	žujú	padnú	žnú

4식 변화

	niesť (나르다)	trieť (닦다)	brať (갖다, 취하다)	rozumieť (이해하다)	odpočinúť si (휴식을 취하다)
1인칭단수	nesiem	triem	beriem	rozumiem	odpočiniem si
2인칭단수	nesieš	trieš	berieš	rozumieš	odpočinieš si
3인칭단수	nesie	trie	berie	rozumie	odpočinie si
1인칭복수	nesieme	trieme	berieme	rozumieme	odpočinieme si
2인칭복수	nesiete	triete	beriete	rozumiete	odpočiniete si
3인칭복수	nesú	trú	berú	rozumejú	odpočinú si

슬로바키아어 생활회화

인사와 소개

인사

Dobré ráno, dobrý deň, dobrý večer.
도브레 라노 도브리 젠 도브리 베체르
안녕하세요. (오전/오후/저녁)

Ahoj / čau.
아호이 촤우
안녕.

Ako sa máte?
아꼬 싸 마쩨
어떻게 지내세요?

Ako sa máš?
아꼬 싸 마슈
어떻게 지내?

Veľmi dobre. A vy?
벨미 도브레 아 비
잘 지냅니다. 당신은요?

Tiež dobre, ďakujem.
찌에쥬 도브레 쟈꾸옘
저도 좋습니다.

Všetko je v poriadku.
프쉐뜨꼬 예 프 뽀리아뜨꾸
모든 게 좋습니다.

Ujde to.
우이제 또
그저 그렇습니다.

Veľmi zle.
벨미 즐레
아주 좋지 않습니다.

오랜만에 만났을 때

Dlho som vás nevidel/-a.
들호 쏨 바즈 녜비젤/ -라
정말 오랜만입니다.

Ako ste sa mali?
아꼬 스쩨 싸 말리
그동안 어떻게 지내셨어요?

Ako sa vám darí?
아꼬 싸 밤 다리
어떻게 지내셨어요?

Nezmenili ste sa.
녜즈메닐리 스쩨 싸
당신은 하나도 변하지 않았군요.

Ako sa má vaša rodina? 아꼬 싸 마 바샤 로지나	가족들은 잘 지내십니까?
Čas letí. 촤스 레찌	세월 참 빠르군요.

헤어질 때

Rád / rada som vás stretol / stretla. 랏/ 라다 쏨 바스 스뜨레똘/ 스뜨레뜰라	얘기 즐거웠어요.
Ostaneme v kontakte. 오스따녜메 프 콘딱쩨	연락하면서 지내요.
Ozvite sa niekedy. 오즈비쩨 싸 니에께디	가끔 전화 주세요.
Uvidíme sa neskôr. 우비지메 싸 녜스꿔르	다음에 봐요.
Uvidíme sa zajtra. 우비지메 싸 자이뜨라	내일 봐요.
Pozdravte rodinu. 뽀즈드라우쩨 로지누	당신 가족에게 안부 전해 주세요.
Dovidenia. 도비제니아	안녕히 가세요.
Všetko dobré. 프쉐뜨꼬 도브레	잘 지내세요.
Maj sa dobre. 마이 싸 도브레	잘 지내.

자기 소개

Dovoľte, aby som sa predstavil/-a. 도볼쩨 아비 쏨 싸 쁘레즈따빌/-라	제 소개를 하겠습니다.
Ako sa voláte? 아꼬 싸 볼라쩨	성함이 어떻게 되세요?
Volám sa Hansu Kim. 볼람 싸 한수 김	제 이름은 김한수입니다.
Aké je vaše priezvisko? 아께 예 바쉐 쁘리에즈비스꼬	성이 어떻게 되시죠?

Moje priezvisko je Kim.
모예 쁘리에즈비스꼬 예 김

제 성은 김입니다.

Mohli by ste mi napísať vaše / svoje meno?
모흘리 비 스쩨 미 나삐싸즈 바쉐 스보예 메노

성함을 좀 적어 주시겠습니까?

Teší ma.
쩨쉬 마

만나서 반갑습니다.

Aj mňa teší.
아이 므냐 쩨쉬

저 역시 만나서 반갑습니다.

Odkiaľ ste / si?
오뜨끼얄 스쩨/ 씨

어느 나라에서 오셨어요/왔어요?

Som z Južnej Kórey.
쏨 즈 유쥬네이 꼬레이

저는 한국에서 왔습니다.

직업과 전공 (직업, 대학전공)

Kde pracujete?
그제 쁘라쭈예쩨

어디에서 일하시나요?

Som súkromný podnikateľ.
쏨 수끄롬니 뽀드니까쪨

전 개인사업가입니다.

Pracujem v nadnárodnej firme.
쁘라쭈옘 브 낫나로드네이 피르메

다국적 기업에서 일합니다.

Som obchodník / obchodníčka.
쏨 오프호드닉/ 오프호드니츄까

저는 비즈니스맨/우먼입니다.

Som učiteľ / učiteľka na základnej škole.
쏨 우취쪨/ 우취쪨까 나 자끌라드네이 슈꼴레

저는 초등학교 선생님입니다.

Pracujem ako manažér / manažérka vo firme.
쁘라쭈옘 아꼬 마나줴르/ 마나줴르까 보 프리메

저는 회사에서 매니저로 일합니다.

Aký je váš odbor?
아끼 예 바쥬 오드보르

대학에서 전공이 무엇이었습니까?

Môj odbor je ekonómia.
뭐이 오드보르 예 에꼬노미아

경영학을 전공했습니다.

Aký titul máte?
아끼 띠뚤 마쩨

어떤 학위를 가지고 계십니까?

Aké máte najvyššie vzdelanie?
아께 마쩨 나이비쉬에 브즈젤라니에

최종 학위가 어떻게 되시나요?

Magisterské.
마기스떼르스께

석사입니다.

가족에 대해

Koľko členov má vaša rodina?
꼴꼬 출레노우 마 바샤 로지나

가족은 몇 분이신가요?

Sme štyria.
즈메 슈띠리아

우리 식구는 네 명입니다.

Koľko máte detí?
꼴꼬 마쩨 제찌

아이들이 몇이나 됩니까?

Mám jedného syna a jednu dcéru.
맘 예드네호 씨나 아 예드누 쩨루

아들 하나 딸 하나 입니다.

Máte súrodencov?
마쩨 쑤로젠쪼우

형제가 있으십니까?

Mám brata a sestru.
맘 브라따 아 쎄스뜨루

형과 누나가 있습니다.

Som ženatý / vydatá.
쏨 줴나띠/ 비다따

저는 기혼입니다.

Som slobodný / slobodná.
쏨 슬로보드니/ 슬로보드나

저는 미혼입니다.

Som rozvedený / rozvedená.
쏨 로즈베제니/ 로즈베제나

저는 이혼남/이혼녀입니다.

Som slobodná matka.
쏨 슬로보드나 마뜨까

저는 싱글맘 입니다.

Som vdovec / vdova.
쏨 브도베쯔/ 브도바

저는 홀아비/과부입니다.

나이

Môžem sa spýtať, koľko máte rokov?
뭐쥄 싸 스삐따쯔 꼴꼬 마쩨 로꼬우

나이를 여쭤봐도 될까요?

Mám tridsaťdva rokov.
맘 뜨리짯 드바 로꼬우

저는 32살 입니다.

Kedy ste sa narodili?
께디 스쩨 싸 나로질리

생일이 언제입니까?

Narodil/-a som sa 19. mája 1975.
나로질/ -라 쏨 싸 제벳나스떼호 마야 찌시즈 제벳스또 쎄젬제싸 뻿

1975년 5월 19일에 태어났습니다.

외모와 성격 (성격)

Dnes vyzeráte veľmi dobre.
드녜즈 비제라쩨 벨미 도브레

오늘 멋져 보이시는군요.

Vyzeráte veľmi mlado.
비제라쩨 벨미 믈라도

아주 젊어 보이시는군요.

Ona je trochu vyššia ako ja.
오나 예 뜨로후 비쉬아 아꼬 야

그녀는 나보다 키가 조금 커요.

Som optimista / optimistka.
쏨 옵띠미스따/ 옵띠미스뜨까

저는 낙천적인 편입니다.

Som hanblivý / hanblivá.
쏨 한블리비/ 한블리바

저는 부끄러움을 많이 탑니다.

Som introvert / introvertka.
쏨 인뜨로베르뜨/ 인뜨로베르뜨까

저는 내성적입니다.

Máte zmysel pre humor.
마쩨 즈미쎌 쁘레 후모르

당신은 유머감각이 좋으시군요.

종교

Aké máte vierovyznanie?
아께 마쩨 비에로비즈나니에

종교가 어떻게 되세요?

Ste veriaci / veriaca?
쓰쩨 베리아찌/ 베리아짜

종교가 있으신가요?

Som katolík / katolíčka.
쏨 까똘릭/ 까똘리츄까

저는 가톨릭 신자입니다.

Som protestant / protestantka.
쏨 쁘로떼스딴뜨/ 쁘로떼스딴뜨까

저는 개신교 신자입니다.

Som budhista / budhistka.
쏨 부드히스따/ 부드히스뜨까

저는 불교 신자입니다.

Som moslim / moslimka.
쏨 모슬림/ 모슬림까

저는 회교도입니다.

Som žid / židovka.
쏨 쥣/ 쥐도우까

저는 유대교도입니다.

Som bez vierovyznania. 저는 종교가 없습니다.
쏨 베즈 비에로비즈나니아

Som ateista / ateistka. 저는 무신론자입니다.
쏨 아떼이스따/아떼이스뜨까

여가와 취미

Čo robíte vo svojom voľnom čase? 여가 시간에는 무엇을 하세요?
쵸 로비쩨 보 스보욤 볼뇸 좌쎄

Hrám počítačové hry. 컴퓨터 게임을 합니다.
흐람 뽀취따쵸베 흐리

Celý deň pozerám televízor. 하루 종일 텔레비전을 봅니다.
쩰리 젠 뽀제람 뗄레비조르

Čo zvyčajne robíte cez víkend? 주말에는 주로 무엇을 합니까?
쵸 즈비좌이녜 로비쩨 쩨스 비껜드

Hrám futbal s deťmi. 아이들과 축구를 합니다.
흐람 푸드발 즈 제쯔미

Chodím na prechádzky. 산책을 합니다.
호짐 나 쁘레하쯔끼.

Aké máte záľuby? 취미가 무엇입니까?
아께 마쩨 잘류비

Mojou záľubou je zbieranie známok. 우표 수집입니다.
모요우 잘류보우 예 즈비에라니에 즈나목

Mojou záľubou je počúvanie hudby. 제 취미는 음악감상입니다.
모요우 잘류보우 예 뽀츄바니에 후드비

Mám rád / rada golf. 골프를 좋아합니다.
맘 랏/ 라다 골프

Zbieram starožitnosti. 골동품을 수집합니다.
즈비에람 스따로쥣노스찌

Rád / rada cestujem. 여행하는 것을 즐깁니다.
랏/ 라다 쩨스뚜옘

Rád / rada chodím na ryby. 낚시하는 것을 즐깁니다.
랏/ 라다 호짐 나 리비

일상 기본표현

고마움

Ďakujem. 쟈꾸옘	감사합니다.
Ďakujem veľmi pekne. 쟈꾸옘 벨미 뻬끄녜	대단히 감사합니다.
Ďakujem za radu. 쟈꾸옘 자 라두	조언을 해주셔서 감사합니다.
Ďakujem za láskavosť. 쟈꾸옘 자 라스까보스쯔	친절에 감사합니다.
Ďakujem vám za pomoc. 쟈꾸옘 밤 자 뽀모쯔	당신의 도움에 감사합니다.
Ďakujem za všetko. 쟈꾸옘 자 프쉐뜨꼬	모든 것에 감사합니다.
Nemáte za čo. / Niet za čo. 녜마쩨 자 쵸/ 니엣 자 쵸	천만에요.

사과

Prepáčte. 쁘레빠츄쩨	죄송합니다.
Prepáčte, že meškám. 쁘레빠츄쩨 줴 메슈깜	늦어서 죄송합니다.
Prepáčte, že som vás nechal/-a čakať. 쁘레빠츄쩨 줴 쏨 바즈 녜할/ -라 촤깟	기다리게 해서 죄송합니다.
Prijmite, prosím, moje ospravedlnenie. 쁘리이미쩨 쁘로씸 모예 오스쁘라베들녜니에	제 사과를 받아주세요.
To je v poriadku. / Nič sa nestalo. 또 예 프 뽀리아뜨꾸/ 니츄 싸 녜스딸로	괜찮습니다.

기쁨과 슬픔

Som veľmi šťastný/-á. 쏨 벨미 슈쨔스뜨니/나	저는 아주 행복합니다.

Těším sa, že máte také dobré správy.
쩨쉼 싸 줴 마쩨 따께 도브레 스쁘라비

좋은 소식을 들으니 기쁩니다.

To rád / rada počujem.
또 랏/ 라다 뽀츄옘

그 소식을 들으니 기쁩니다.

Ste nejaký/-á bez energie.
스쩨 녜야끼/ 까 베즈 에네르기에

기운이 없어 보이시네요.

Čo sa deje?
쵸 싸 제예

무슨 일이 있어요?

Dnes mám zlú náladu.
드녜스 맘 즐루 날라두

오늘은 기분이 좋지 않아요.

Mám problémy doma v rodine.
맘 쁘로블레미 도마 브 로지녜

집안에 문제가 있습니다.

축하

Gratulujem.
그라뚤루옘

축하합니다.

Gratulujem k narodeninám.
그라뚤루옘 그 나로제니남

생일을 축하합니다.

Gratulujem k sobášu.
그라뚤루옘 끄 쏘바슈

결혼을 축하합니다.

Gratulujem k narodeniu syna / dcéry / dieťatka.
그라뚤루옘 그 나로제니우 씨나/ 쩨리/ 지에짜뜨까

득남/득녀/출산을 축하합니다.

칭찬

Boli ste výborný/-á.
볼리 스쩨 비보르니/ 나

훌륭합니다.

Existuje vôbec niečo, čo by si nezvládol / nezvládla?
에그지스뚜예 붜베즈 니에쵸 쵸 비 씨 녜즈블라돌/ 녜즈블라들라

못하시는 게 없으시군요.

Zaslúžite si cenu.
자슬루쥐쩨 씨 쩨누

당신은 상을 받을 만한 자격이 있으십니다.

Ste vynikajúci/-a spevák / speváčka.
스쩨 비니까유찌/ 짜 스뻬박/ 스뻬바츄까

노래를 잘하시는군요.

Ďakujem za kompliment.
쟈꾸옘 자 꼼쁠리멘뜨

칭찬해 주셔서 감사합니다.

Lichotíte mi. / Ďakujem za pochvalu.
리호찌쩨 미/ 쟈꾸옘 자 뽀흐발루

과찬의 말씀입니다.

위로나 격려

Nebojte sa, všetko dobre dopadne.
녜보이쩨 싸 프쉐뜨꼬 도브레 도빠드녜

걱정하지 마세요. 다 잘될 겁니다.

Všetko bude v poriadku.
프쉐뜨꼬 부제 프 뽀리아뜨꾸

다 잘될 것입니다.

Úprimnú sústrasť.
우쁘림누 쑤스뜨라스쯔

깊은 조의를 표합니다.

Je mi to veľmi ľúto.
예 미 또 벨미 류또

정말 유감입니다.

Ďakujem za podporu.
쟈꾸옘 자 뽀뜨뽀루

위로해 주셔서 감사합니다.

Buďte statočný/-á.
붓쩨 스따또츄니/나

용기를 내세요.

부탁

Urobili by ste mi láskavosť?
우로빌리 비 스쩨 미 라스까보스쯔

제가 부탁을 드려도 될까요?

Chcel/-a by som vás o niečo poprosiť.
흐첼/ -라 비 쏨 바즈 오 니에쵸 뽀쁘로씨쯔

중요한 부탁이 있습니다.

Mohli by ste mi požičať váš fotoaparát?
모흘리 비 스쩨 미 뽀쥐촤즈 바슈 포또아빠랏

카메라 좀 빌려 주시겠어요?

S radosťou to urobím.
즈 라도스쪼우 또 우로빔

기꺼이 그러겠습니다.

Samozrejme.
싸모즈레이메

물론입니다.

Bez problémov.
베스 쁘로블레모우

그럼요. 문제 없습니다.

Je mi to ľúto, ale nemôžem.
예 미 또 류또 알레 녜뭐쥄

미안해요, 들어줄 수 없겠는데요.

Môžem vám pomôcť?
뭐쥄 밤 뽀뭐쯔뜨

도와 드릴까요?

Mohli by ste mi, prosím, pomôcť?
모흘리 비 스쩨 미 쁘로씸 뽀뭐쯔뜨

도와 주실 수 있으십니까?

Áno, s radosťou.
아노 즈 라도스쪼우

네, 기꺼이 도와드리겠습니다.

Ďakujem. Je to od vás veľmi milé.
쟈꾸옘 예 또 오드 바즈 벨미 밀레

고마워요. 매우 친절하시군요.

Nie, ďakujem, pomôžem si sám / sama.
니에 쟈꾸옘 뽀뭐줨 씨 쌈/ 싸마

아니요, 제가 혼자 하겠습니다.

의견과 대답

Čo si o tom myslíte?
쵸 씨 오 똠 미슬리쩨

그것에 대해 어떻게 생각하세요?

Čo na to hovoríte?
쵸 나 또 호보리쩨

당신은 어떻게 생각하세요?

Súhlasím s vami.
쑤흘라씸 스 바미

당신의 말에 동의합니다.

Myslím si, že to nie je správne.
미슬림 씨 줴 또 니에 예 스쁘라브네

저는 옳지 않다고 생각합니다.

V tomto bode s vami nesúhlasím.
프 똠또 보제 스 바미 녜쑤흘라씸

저는 그 점에 대해 동의할 수 없습니다.

날씨에 대해

Aké je počasie?
아께 예 뽀촤씨에

오늘 날씨가 어떻습니까?

Ako je vonku?
아꼬 예 본꾸

밖에 날씨가 어떻습니까?

Je jasno.
예 야스노

화창해요.

Svieti slnko.
스비에찌 슬릉꼬

햇볕이 비쳐요.

Je horúco.
예 호루쪼

더워요.

Je teplo.
예 쩨쁠로

따뜻해요.

Je zamračené. 구름이 꼈어요.
예 자므라췌네

Mrholí. 보슬비가 내려요.
므르홀리

Prší. 비가 와요.
쁘르쉬

Je búrka. 폭풍우가 쳐요.
예 부르까

Blýska sa. 번개가 쳐요.
블리스까 싸

Fúka vietor. 바람이 불어요.
푸까 비에또르

Je zima. 추워요.
예 지마

Mrzne. 너무 추워요.
므르즈녜

Sneží. 눈이 내려요.
스녜쥐

Je hustá hmla. 안개가 자욱해요.
예 후스따 흐믈라

입국검사소에서

Váš pas, prosím. 여권을 보여 주세요.
바슈 빠스 쁘로씸

Ste turista? 관광객이신가요?
스쩨 뚜리스따

Nie, som tu služobne. 아니요. 비지니스 목적으로 왔습니다.
니에 쏨 뚜 슬루죠브녜

Mám pracovné vízum. 취업비자가 있습니다.
맘 쁘라쪼브네 비줌

Kde budete pracovať? 어디에서 일하실 계획인가요?
그제 부제쩨 쁘라쪼바쯔

Budem pracovať v kórejskej firme pri Trnave. 뜨르나바 근처의 한국공장에서 일할 겁니다.
부젬 쁘라쪼바쯔 프 꼬레이스께이 피르메 쁘리 뜨르나베

Máte niečo na preclenie?
마쩨 니에쵸 나 쁘레쯜레니에

신고하실 물건이 있으십니까?

Nie, nemám.
니에 녜맘

없습니다.

Prajem vám pekný pobyt.
쁘라옘 밤 뻬끄니 뽀빗

그럼 좋은 체류 되세요.

공항에서

Prosím si letenku.
쁘로씸 씨 레쩬꾸

비행기 티켓 부탁합니다.

Váš pas a letenku, prosím.
바슈 빠스 아 레쩬꾸 쁘로씸

여권과 티켓 주세요.

Koľko kusov batožiny máte?
꼴꼬 꾸쏘우 바또쥐니 마쩨

부치실 짐이 몇 개인가요?

Mám dva kusy a príručný kufor.
맘 드바 꾸씨 아 쁘리루츄니 꾸포르

부칠 짐은 두 개이고 기내 가방이 하나예요.

Položte to na váhu. Máte tri kilá nad limit.
뽈로슈쩨 또 나 바후 마쩨 뜨리 낄라 나드 리밋

저울 위에 놓으세요. 3킬로그램 초과 되었어요.

Môžem si nejaké veci preložiť?
뭐젬 씨 네야께 베찌 쁘레로쥐쯔

물건을 조금 옮겨도 될까요?

Chcete miesto pri okne alebo pri uličke?
흐쩨떼 미에스또 쁘리 오끄녜 알레보 쁘리 울리츄께

창가 쪽 자리를 원하시나요,
아니면 복도 쪽 자리를 원하시나요?

Pri okne, prosím.
쁘리 오끄녜 쁘로씸

창가 부탁합니다.

Nech sa páči, vaša letenka.
녜흐 싸 빠취 바샤 레쩬까

여기 티켓 있습니다.

Lietadlo je plné.
리에따들로 예 쁠네

비행기가 만석입니다.

Kedy má lietadlo z Londýna prílet do Bratislavy?
께디 마 리에따들로 즈 론디나 쁘리렛 도 브라찌슬라비

언제 오늘 런던에서 브라찌슬라바로
비행기가 도착합니까?

Aký je časový posun medzi Slovenskom a Kóreou?
아끼 예 촤쏘비 뽀순 메지 슬로벤스꼼 아 꼬레오우

슬로바키아와 한국의 시차가 어떻게 됩니까?

호텔에서

Dobrý deň. Mám tu rezervovanú izbu na meno 도브리 젠 맘 뚜 레제르보바누 이즈부 나 메노 Hansu Kim. 한수 김	안녕하세요 김한수 이름으로 예약했습니다.
Moment. Áno, mám to. Máte ju rezervovanú na tri noci? 모멘뜨 아노 맘 또 마쩨 유 레제르보바누 나 뜨리 노찌	잠시만 기다리세요. 아 여기 있습니다. 3일 밤을 예약하셨습니까?
Áno, do nedele. 아노 도 녜젤레	네, 일요일까지 입니다.
Prosím si váš pas a kreditnú kartu, pán Kim. 쁘로씸 씨 바슈 빠스 아 끄레디뜨누 까르뚜 빤 김	여권과 신용카드 주십시오.
Nech sa páči. 녜흐 싸 빠취	여기 있습니다.
Je to izba číslo tristopäť. 예 또 이즈바 취슬로 뜨리스또 뻿	305호 객실입니다.
Je tam vaňa alebo sprchovací kút? 예 땀 바냐 아레보 스쁘르호바찌 꿋	욕조인가요? 아니면 샤워부스인가요?
Aké je heslo do wifi? 아께 예 헤슬로 도 비피	인터넷 비번이 어떻게 되나요?
Izba je na treťom poschodí a výťah je vľavo. 이즈바 예 나 뜨레쫌 뽀스호지 아 비짜흐 예 블랴보	객실은 3층에 있으며 엘리베이터는 왼쪽에 있습니다.
Môžem poprosiť zobudiť ráno o siedmej? 뭐젬 뽀쁘로시즈 조부짓 라노 오 씨에드메이	아침 7시에 모닝콜을 부탁해도 될까요?
Tu je kľúč / karta od izby. 뚜 예 끌류츄/ 까르따 오드 이즈비	여기 객실 열쇠/카드가 있습니다.

관광지에서

관광안내소

Turistické informácie 뚜리스찌쯔께 인포르마찌에	관광안내소
Mohol / mohla by som dostať informačnú brožúrku 모홀/ 모흘라 비 쏨 도스따즈 인포르마츄누 브로쥬르꾸 o Bratislave? 오 브라찌슬라베	브라찌슬라바 안내책자 한 권 받을 수 있을까요?

Chcel/-a by som informácie o hlavných turistických atrakciách mesta.
호쩰/ -라 비 쏨 인포르마찌에 오 흘라브니흐 뚜리스찌쯔끼흐 아뜨락찌아흐 메스따
도시의 주요 관광명소에 대한 정보를 얻고 싶습니다.

Môžem si tu objednať prehliadku mesta?
뭐쥄 씨 뚜 오브예드나쯔 쁘레흘리아뜨꾸 메스따
여기서 도시관광 예약을 할 수 있을까요?

Máte aj nočnú prehliadku?
마쩨 아이 노츄누 쁘레흘리아뜨구
야간 관광도 있습니까?

Prajem vám príjemný pobyt na Slovensku.
쁘라옘 밤 쁘리옘니 뽀빗 나 슬로벤스꾸
슬로바키아에서 즐거운 여행 되십시오.

관광지 입장

Koľko je vstupné?
꼴꼬 예 프스뚜쁘네
입장료가 얼마입니까?

Dva lístky pre dospelých a dva pre deti, prosím.
드바 리스뜨끼 쁘레 도스뻴리흐 아 드바 쁘레 제찌 쁘로씸
어른 2장 어린이 2장 주세요.

Z hradu je pekný výhľad.
즈 흐라두 예 뻬끄니 비흘랏
성에서 보는 전망이 예쁩니다.

Máte v múzeu sprievodcu?
마쩨 브 무제우 스쁘리에보뜨쭈
박물관에 가이드가 있습니까?

Áno, za poplatok.
아노 자 뽀쁠라똑
네, 유료가이드가 있습니다.

Poskytujete študentskú zľavu?
뽀스끼뚜예쩨 슈뚜덴뜨스꾸 즐랴부
학생할인이 있습니까?

Máte dôchodcovskú zľavu?
마쩨 둬호뜨쵸우스꾸 즐랴부
경로할인이 있습니까?

Potrebujem nejaký doklad, že ste študent / dôchodca.
뽀뜨레부옘 녜야끼 도끌랏 줴 스쩨 슈뚜덴뜨/ 둬호뜨짜
학생증이나 경로우대증이 필요합니다.

관광지

múzeum 박물관	galéria 갤러리
zoologická záhrada 동물원	botanická záhrada 식물원
vyhliadková veža 전망대	akvárium 수족관
historická pamiatka 사적지	kúpele 온천

사진 찍을 때

Odfotili by ste nás, prosím?
오뜨포찔리 비 스쩨 나스 쁘로씸

저희 사진 좀 찍어 주시겠습니까?

Čo mám stlačiť?
쵸 맘 스뜰라취쯔

무엇을 누르면 되나요?

Stlačte toto tlačidlo.
스뜰라츄쩨 또또 뜰라취들로

이 셔터만 누르면 됩니다.

Úsmev, prosím.
우스메우 쁘로씸

웃으세요.

Odfoťme sa všetci spolu.
오뜨포즈메 싸 프쉣찌 스뽈루

단체로 사진을 찍읍시다.

Zabudol / zabudla som použiť blesk.
자부돌/ 자부들라 쏨 뽀우쥐즈 블레스끄

플래시 사용하는 것을 잊어버렸어요.

렌트카 빌릴 때

Aký druh auta by ste chceli?
아끼 드루흐 아우따 비 스쩨 흐쩰리

어떤 차종을 원하십니까?

Stredne veľké auto.
스뜨레드녜 벨께 아우또

중형차를 원합니다.

Na ako dlho by ste ho chceli?
나 아꼬 들호 비 스쩨 호 흐쩰리

얼마 동안 빌리시겠습니까?

Chcel/-a by som si ho požičať na tri dni.
흐쩰/ -라 비 쏨 씨 호 뽀쥐좌즈 나 뜨리 드니

3일간 빌리고 싶습니다.

A čo sa týka poistenia?
아 쵸 싸 띠까 뽀이스쩨니아

보험은 어떻게 하시겠습니까?

Kompletné poistenie, prosím.
꼼쁠레뜨네 뽀이스쩨니에 쁘로씸

종합보험으로 하겠습니다.

Aký je denný poplatok?
아끼 예 젠니 뽀쁠라똑

하루에 렌트 요금이 얼마입니까?

Mohol / mohla by som odovzdať auto v inom meste?
모홀/ 모흘라 비 쏨 오도브즈다즈 아우또 브 이놈 메스쩨

다른 도시에서 차를 반납할 수 있습니까?

Áno, ale za poplatok.
아노 알레 자 뽀쁠라똑

네, 하지만 추가요금을 내셔야 합니다.

Môže auto šoférovať aj moja manželka?
뭐줴 아우또 쇼페로바즈 아이 모야 만젤까

제 부인도 같이 운전할 수 있습니까?

Nech sa sem podpíše. Je to bez poplatku.
녜흐 싸 쎔 뽀뜨삐쉐 예 또 베스 뽀쁠라뜨꾸

이곳에 서명만 하시면 됩니다.
추가요금은 없습니다.

영화관과 오페라극장에서

Sú na dnes ešte lístky?
쑤 나 드녜스 에슈쩨 리스뜨끼

오늘 표가 있습니까?

Čo dnes premietajú?
쵸 드녜스 쁘레미에따유

지금 어떤 영화가 상영되고 있습니까?

Chcel/-a by som kúpiť lístky na 19:00.
흐쩰/ -라 비 쏨 꾸삐즈 리스뜨끼 나 제벳나스뚜

저녁 7시 표를 사고 싶습니다.

Lístky na 19:00 sú už vypredané.
리스뜨끼 나 제벳나스뚜 쑤 우쥬 비쁘레다네

저녁 7시 표는 모두 매진되었습니다.

Kedy je ďalšie predstavenie?
께디 예 쟐쉬에 쁘레쯔따베니에

다음 회는 언제입니까?

O koľkej je posledné predstavenie?
오 꼴께이 예 뽀슬레드네 쁘레쯔따베니에

마지막회 상영 시간이 언제입니까?

Chcel/-a by som dve sedadlá vedľa seba.
흐쩰/ -라 비 쏨 드베 쎄다들라 베들랴 쎄바

같이 붙어있는 좌석으로 2장 부탁합니다.

Má film titulky?
마 필름 띠뚤끼

영화에 자막이 나옵니까?

Je dabovaný do slovenčiny.
예 다보바니 도 슬로벤취니

슬로바키아말로 더빙이 되어 있습니다.

Bolo to strašné.
볼로 또 스뜨라슈네

형편없었어요.

Bolo to nudné.
볼로 또 누드네

지루했어요.

Bolo to plné násilia.
볼로 또 쁠네 나씰리아

너무 폭력적인 영화였어요.

Kam môžem ísť na operné predstavenie?
깜 뭐쥄 이즈드 나 오뻬르네 쁘레쯔따베니에

오페라를 관람하려면 어디로 가야 합니까?

Operné predstavenia ponúka Slovenské národné divadlo.
오뻬르네 쁘레쯔따베니아 뽀누까 슬로벤스께 나로드네 지바들로

국립극장에서 오페라 공연을 합니다.

Dnes večer hrajú Bohému od Pucciniho.
드네스 베췌르 흐라유 보헤무 오뜨 뿌취니호

오늘 저녁에 푸치니의 라보헴을 공연합니다.

Pôjdeš so mnou na operu / balet?
뽀이제슈 쏘 므노우 나 오페루/ 발렛

저와 같이 오페라/발레 공연 보러 가시겠습니까?

S radosťou, ďakujem za pozvanie.
즈 라도스쪼우 쟈꾸옘 자 뽀즈바니에

기꺼이 가겠습니다. 초대해 주셔서 감사합니다.

대중교통 이용시

교통편을 물을 때

Prepáčte, kde je autobusová zastávka?
쁘레빠츄쩨 그제 예 아우또부쏘바 자스따우까

실례합니다. 버스 정류장이 어디에 있습니까?

Ide tento autobus do mesta?
이제 뗀또 아우또부스 도 메스따

이 버스가 시내로 갑니까?

Aká električka ide na vlakovú stanicu?
아까 엘렉뜨리츄까 이제 나 블락꼬부 스따니쭈

몇 번 트램이 기차역으로 갑니까?

Na ktorej strane stojí električka smerom do mesta?
나 끄또레 스뜨라녜 스또이 엘렉뜨리츄까 스메롬 도 메스따

시내로 가려면 어느 쪽에서 트램을 타야 합니까?

Môžete na ňu nastúpiť na tejto strane cesty.
뭐줴쩨 나 뉴 나스뚜삐즈 나 떼이또 스따라녜 쩨스띠

여기서 타시면 됩니다.

Nastúpte na električku číslo 5 na opačnej strane cesty.
나스뚭쩨 나 엘렉뜨리츄꾸 취슬로 뻿 나 오빠츄네이 스뜨라녜 쩨스띠

길 건너에서 5번을 타세요.

Kde môžem kúpiť lístky na autobus / električku?
그제 뭐쥄 꾸삐즈 리스뜨끼 나 아우또부스/ 엘렉뜨리츄꾸

버스/트램 표를 어디에서 살 수 있을까요?

Môžete si ich kúpiť v automate na zastávke
뭐줴쩨 씨 이흐 꾸삐즈 브 아우또마쩨 나 자스따우께
alebo zaplatiť esemeskou.
알레보 자쁠라찌즈 에쎄메스꼬우

정류장 매표기에서 사거나
문자로 지불할 수 있습니다.

Prepáčte, je toto sedadlo voľné?
쁘레빠츄쩨 예 또또 쎄다들로 볼네

실례지만 이 자리가 비어있습니까?

Áno, nech sa páči.
아노 녜흐 싸 빠취

네, 앉으세요.

Povedzte mi, prosím, keď budeme blízko
뽀베쯔쩨 미 쁘로씸 께즈 부제메 블리스꼬
Slovenského národného divadla.
슬로벤스께호 나로드네호 지바들라

슬로바키아 국립극장에 가까워지면
좀 알려 주십시오.

택시

Ste voľný/-á?
스쩨 볼니/ 나

타도 될까요? (서 있는 택시에 가서)

Môžem poprosiť taxík na Hlavnú stanicu?
뭐쥄 뽀쁘로씨쯔 딱식 나 흘라브누 스따니쭈

중앙역 가는 택시를 부탁할 수 있을까요?

Odvezte ma, prosím, k hotelu Carlton.
오드베스쩨 마 쁘로씸 그 호텔루 까르똔

칼튼 호텔까지 부탁합니다.

Ako je ďaleko do centra mesta?
아꼬 예 쟐레꼬 도 쩬뜨라 메스따

시내까지는 얼마나 걸립니까?

Mohli by ste, prosím, otvoriť kufor auta?
모흘리 비 스쩨 쁘로씸 오뜨보리쯔 꾸포르 아우따

트렁크를 열어 주시겠습니까?

Zastavte tu, prosím.
자스따우쩨 뚜 쁘로씸

여기에서 내려주세요.

Už sme tu, pane / pani.
우쥬 즈메 뚜 빠녜/ 빠니

다 왔습니다. 손님

Koľko platím?
꼴꼬 쁠라찜

요금이 얼마입니까?

Môžem dostať doklad o zaplatení?
뭐쥄 도스따즈 도끌랏 오 자쁠라쩨니

영수증을 받을 수 있을까요?

Zavolali by ste mi, prosím, taxík?
자볼랄리 비 스쩨 미 쁘로씸 딱식

택시를 불러 주시겠습니까?

기차

Chcel/-a by som spiatočný / jednosmerný lístok do Brna.
흐쩰/ -라 비 쏨 스삐아또츄니/ 예드노스메르니 리스똑 도 브르나

브르노행 왕복/편도 기차표를 예매하고 싶습니다.

Rýchlik alebo IC?
리흘릭 알레보 이쩨

급행 원하세요 아니면 IC(Intercity)를 원하세요?

Prvú alebo druhú triedu?
쁘르부 알레보 드루후 뜨리에두

일등석 원하세요? 아니면 이등석을 원하세요?

Druhú triedu, prosím.
드루후 뜨리에두 쁘로씸

이등석 부탁합니다.

Koľko stojí lístok?
꼴꼬 스또이 리스똑

푯값이 얼마입니까?

Môžem platiť platobnou kartou?
뭐쳄 빨라찌쯔 빨라또브노우 까르또우

신용카드로 지불해도 될까요?

Akceptujeme len Visa a MasterCard.
악쩹뚜예메 렌 비자 아 마스떼르까르뜨

네, 비자와 마스터카드를 받습니다.

Z ktorého nástupišťa odchádza vlak?
스 그또레호 나스뚜삐슈쨔 오뜨하자 블락

몇 번 플랫폼에서 기차가 출발합니까?

Vlak príde na piate nástupište.
블락 쁘리제 나 삐아떼 나스뚜삐슈쩨

5번 플랫폼으로 옵니다.

쇼핑하기

Môžem vám pomôcť?
뭐쳄 밤 뽀모쯔뜨

무엇을 도와 드릴까요?

Hľadám nejaký sveter pre seba.
흘랴담 녜야끼 스베떼르 쁘레 쎄바

제가 입을 스웨터를 찾고 있습니다.

Aká je vaša veľkosť?
아까 예 바샤 벨꼬스쯔

사이즈가 어떻게 되세요?

Je to L.
예 또 엘꼬/엘

라지 사이즈입니다.

Môžem si to vyskúšať?
뭐쳄 씨 또 비스꾸샤쯔

입어 봐도 됩니까?

Kde sú skúšobné kabínky?
그제 쑤 스꾸쇼브네 까빙끼

탈의실이 어디에 있습니까?

Sú na treťom poschodí.
쑤 나 뜨레쫌 뽀스호지

3층으로 가시면 됩니다.

Je mi to malé.
예 미 또 말레

제게 작습니다.

Máte menšiu veľkosť?
마쩨 멘쉬우 벨꼬스쯔

더 작은 사이즈가 있습니까?

Akú farbu by ste chceli?
아꾸 파르부 비 스쩨 흐쩰리

특별히 찾는 색상이 있습니까?

Mám rád / rada žiarivé farby.
맘 랏/ 라다 쥐아리베 파르비

밝은 색이 좋습니다.

Myslím, že je to príliš drahé.
미슬림 줴 예 또 쁘릴리쥬 드라헤

너무 비싼 것 같습니다.

Mohli by ste mi dať zľavu? 모흘리 비 스쩨 미 다즈 즐랴부	좀 깎아 주실 수 있습니까?
Keď kúpim viac vecí, môžem dostať zľavu? 께쯔 꾸뻠 비아즈 베찌 뭐쥄 도스따즈 즐랴부	물건을 많이 사면 할인을 받을 수 있습니까?
Keď platím v hotovosti, môžem dostať zľavu? 께쯔 쁠라찜 브 호또보스찌 뭐쥄 도스따즈 즐랴부	만약 현금으로 사면 할인이 됩니까?
Ceny nezjednávame. Sú vopred stanovené. 쩨니 녜즈예드나바메 쑤 보쁘레뜨 스따노베네	우리는 할인하지 않습니다. 정찰제입니다.
Koľko je to spolu? 꼴꼬 예 또 스뽈루	총 얼마입니까?
Ako by ste chceli platiť? 아꼬 비 스쩨 흐쩰리 쁠라찌쯔	무엇으로 계산하시겠습니까?
Zaplatím kreditnou kartou. 자쁠라찜 끄레디뜨노우 까르또우	신용카드로 계산하겠습니다.
Zaplatím platobnou kartou. 자쁠라찜 쁠라또브노우 까르또우	현금카드로 계산하겠습니다.
Mohli by ste to zabaliť? 모흘리 비 스쩨 또 자발리쯔	포장해 주시겠습니까?
Zabaľte ich osobitne, prosím. 자발쩨 이흐 오쏘비뜨녜 쁘로씸	따로따로 포장 부탁합니다.
Účet, prosím. 우췟 쁘로씸	영수증 부탁합니다.
Mohli by ste mi toto preplatiť, prosím? 모흘리 비 스쩨 미 또또 쁘레쁠라찌쯔 쁘로씸	이것을 환불해 주시겠습니까?
Mohol / mohla by som to vymeniť za niečo iné? 모홀/ 모흘라 비 쏨 또 비메니즈 자 니에쵸 이네	다른 것으로 교환할 수 있습니까?

의류종류

kabát 코트	blúzka 블라우스	podprsenka 브래지어
bunda 재킷	šaty 원피스	šál 목도리
smoking 턱시도	nohavice 바지	pančuchy 스타킹
sako 정장 상의	sukňa 치마	rukavice 장갑
pulóver 스웨터	legíny 쫄바지	opasok 벨트
rolák 터틀넥 스웨터	džínsy, rifle 청바지	klobúk 보자
košeľa 와이셔츠	nočná košeľa 잠옷	čiapka 챙 모자
tričko 티셔츠	spodná bielizeň 속옷	vreckovka 손수건

악세서리

náhrdelník 목걸이	zlato 금	rubín 루비
retiazka s príveskom 펜던트 달린 체인 목걸이	striebro 은	ametyst 자수정
prsteň 반지	titán 타이타늄	drahokam 보석
náramok 팔찌	diamant 다이아몬드	polodrahokam 준보석
brošňa 브로치	perla 진주	jantár 호박
náušnice 귀걸이	zafír 사파이어	koral 산호
retiazka na nohu 발찌	smaragd 에메랄드	náramkové hodinky 손목시계

화장품

čistiaci krém 클렌징크림	púder 분	vatový tampón 화장 솜
pleťová voda 스킨	rúž 립스틱	telové mlieko 바디로션
pleťové mlieko 로션	očná linka 아이라이너	sprchovací gél 바디워시
pleťový krém 크림	ceruzka na obočie 아이펜슬	mastná pleť 지성피부
parfum 향수	očné tiene 아이섀도	suchá pleť 건성피부
make up / mejkap 화장	maskara 마스카라	citlivá pleť 민감성피부

주방용품

umývačka riadu 식기세척기	hrniec 냄비	lyžica 숟가락
mikrovlnka 전자레인지	panvica 프라이팬	lyžička 작은 숟가락(디저트용)
chladnička 냉장고	plech 쿠키 판	vidlička 포크
hriankovač 토스트기	nôž 칼	paličky 젓가락
kanvica 주전자	váľok 룰러	pohár 컵
rúra 오븐	naberačka na polievku 국자	hrnček 머그잔
mixér 믹서기	naberačka na ryžu 주걱	šálka 커피컵
ryžovar 밥솥	obracačka 뒤집기	hygenické rukavice 일회용 장갑
wok 튀김냄비(웍)	tanier 접시	špongia 수세미
termoska 보온병	polievková misa 수프 그릇	alobal 은박지

기타 집안에 필요한 물건

mydlo 비누	šampón 샴푸	holiaci strojček 자동 면도기
zubná pasta 치약	kondicionér 린스	kôš na odpadky 쓰레기통
zubná kefka 칫솔	vložka 생리대	prací prášok 세탁세제
toaletný papier 화장지	žiletka 면도기	vatové tyčinky 면봉

식료품

jahody 딸기	dyňa 수박	reďkovka 무
citrón 레몬	čerešne 체리	mrkva 당근
mango 망고	pomaranč 오렌지	uhorka 오이
banán 바나나	ananás 파인애플	čínska kapusta 배추
gaštany 밤	hrozno 포도	hríby 버섯
broskyňa 복숭아	baklažán 가지	zázvor 생강
jablko 사과	zemiaky 감자	petržlen 파슬리
marhuľa 살구	cesnak 마늘	zelená paprika 피망

slivka 자두	cibuľa 양파	brokolica 브로콜리
granátové jablko 석류	sladké zemiaky 고구마	karfiol 컬리플라워
čučoriedky 블루베리	kapusta 양배추	fazuľové klíčky 콩나물
grep 자몽	špenát 시금치	kukurica 옥수수

Prosím si kilo jabĺk.
쁘로씸 씨 낄로 야블끄
사과 1킬로그램 주세요.

Vyberte mi, prosím, 10 zrelých broskýň.
비베르쩨 미 쁘로씸 제씨앗 즈렐리흐 브로스끤
익은 걸로 복숭아 10개 골라 주세요.

Jednu dyňu, prosím.
예드누 디뉴 쁘로씸
수박 한 통 주세요.

Jeden ananás, prosím.
예덴 아나나스 쁘로씸
파인애플 한 통 주세요.

Jeden trs banánov, prosím.
예덴 뜨르즈 바나노우 쁘로씸
바나나 한 다발 주세요.

Prosím si dve hlávky brokolice.
쁘로씸 씨 드베 흘라우끼 브로꼴리쩨
브로콜리 두 묶음 주세요.

소고기 부위와 종류

roštenka 등심	sviečková 안심	rebrá 갈비	zadné 우둔
chvost 꼬리	hovädzia noha 우족	kotleta 티본	mleté mäso 간 고기

양념과 소스

cukor 설탕	oregano 오레가노	červená paprika 고추가루
soľ 소금	bobkový list 월계수 잎	droždie 이스트
čierne korenie 후추	sezamový olej 참기름	horčica 겨자
olej 기름	sójová omáčka 간장	ocot 식초
škorica 계피	sójová pasta 된장	kečup 케첩
rozmarín 로즈마리	štipľavá papriková pasta 고추장	tabasco 타바스코

레스토랑에서

Chcel/-a by som urobiť rezerváciu na dnes večer. 흐쩰/ -라 비 쏨 우로비즈 레제르바찌우 나 드녜스 베췌르	오늘 저녁 좌석을 예약하고 싶습니다.
Pre koľko ľudí, pane? 쁘레 꼴꼬 류지 빠녜	몇 분이십니까?
Pre päť ľudí, prosím. 쁘레 뻿 류지 쁘로씸	다섯 명입니다.
Chcel/-a by som stôl pri okne v nefajčiarskej časti. 흐쩰/ -라 비 쏨 스뙬 쁘리 오끄녜 브 녜파이취아르스께이 촤스찌	금연석 창가 쪽 좌석을 주세요.
Fajčiarsku časť, prosím. 파이취아르스꾸 촤스쯔 쁘로씸	흡연석을 주세요.
Počkajte na usadenie, prosím. 뽀츄까이쩨 나 우싸제니에 쁘로씸	안내해 드릴 테니 잠시만 기다려 주세요.
Čo si prosíte? 쵸 씨 쁘로씨쩨	주문하시겠습니까?
Objednáme si neskôr. 오브예드나메 씨 녜스꿔르	조금 있다 주문하겠습니다.
Utreli by ste nám, prosím, stôl? 우뜨렐리 비 스쩨 남 쁘로씸 스뙬	테이블을 닦아 주시겠습니까?
Spadla mi vidlička. Mohli by ste mi priniesť druhú? 스빠들라 미 비들리츄까 모흘리 비 스쩨 미 쁘리니에즈드 드루후	포크를 떨어뜨렸습니다. 다른 것을 가져다 주시겠어요?
Čo odporúčate? 쵸 오뜨뽀루촤쩨	어떤 음식을 추천하십니까?
Akú máte špecialitu dňa / mesiaca? 아꾸 마쩨 슈뻬찌알리뚜 드냐/ 메씨아짜	오늘/이번 달 특별메뉴가 무엇입니까?
Mám rád / rada pikantné jedlo. 맘 랏/ 라다 삐깐뜨네 예들로	나는 매운 음식을 좋아합니다.
Som hladný/-á. 쏨 흘라드니/ 나	나는 배가 고파요.
Som najedený/-á. 쏨 나예제니/ 나	나는 배가 불러요.
Toto jedlo vyzerá chutne. 또또 예들로 비제라 후뜨녜	이 음식이 맛있어 보이군요.

Chcel/-a by som predniesť prípitok. 흐쩰/ -라 비 쏨 쁘레드니에스쯔 쁘리삐똑	제가 건배를 제안하고자 합니다
Na zdravie! 나 즈드라비에	건배!
Chcel/-a by som si objednať steak. 흐쩰/ -라 비 쏨 씨 오브예드나쯔 스떼이끄	스테이크를 하겠습니다.
Dobre prepečený, prosím. 도브레 쁘레뻬췌니 쁘로씸	바짝 익혀 주세요.
Mohli by ste mi, prosím, doliať kolu? 모흘리 비 스쩨 미 쁘로씸 돌리아쯔 꼴루	제 콜라를 리필해 주시겠습니까?
Mohli by sme dostať servítky, prosím? 모흘리 비 즈메 도스따쯔 쎄르비뜨끼 쁘로씸	냅킨 좀 주시겠어요?
Ďakujem za pozvanie. 쟈꾸옘 자 뽀즈바니에	초대해 주셔서 감사합니다.

음식이름

predjedlá 전채음식

šunka s chrenom 호올스 래디쉬를 곁들인 햄	zeleninový šalát 야채 샐러드	obložená misa (saláma, syr, zelenina) 살라미, 치즈, 야채 접시
hrianka s nátierkou 버터 등을 바른 토스트	syrová roláda 치즈롤	kuracia pečienka na cibuľke 양파를 곁들인 닭간

polievky 수프

slepačí vývar s rezancami 닭고기 수프	cesnaková polievka 양파 수프	zeleninová polievka 야채 수프
paradajková polievka 토마토 수프	fazuľová polievka 콩 수프	kapustnica 양배추 수프

hlavné jedlá 주요리

vyprážaný rezeň so zemiakmi 감자를 곁들인 돈가스	pečené kura s ryžou 밥을 곁들인 구운 닭요리	pečené mäso s knedľou a kapustou 덤플링과 양배추를 곁들인 구운 고기 요리
segedínsky guláš 매운 헝가리식 굴라쉬	zemiakové placky 감자전	pstruh na masle 버터에 구운 송어

bryndzové halušky 브린조베 할루슈끼	biftek 비프 스테이크	parené buchty 찐 덤플링류

dezerty 디저트

palacinky s čokoládou 초콜릿 팬케이크	zmrzlinový pohár 아이스크림 컵	jablkový koláč 애플파이
puding 푸딩	orechový závin 호도파이	ovocný pohár 과일 컵
štrúdľa 슈트루델	tiramisu 티라미수	čokoládová torta 초콜릿 케이크

nápoje 음료

pivo 맥주	nealko 비주류	čaj 차
- Zlatý bažant, Šariš, Steiger 즐라띠 바죤, 샤리슈, 슈따이게르	- džús, kola 주스, 콜라	- zelený, čierny, ovocný 녹차, 홍차, 과일 차
káva 커피	**mliečny kokteil 우유 칵테일**	**alkohol 주류**
espresso 에스프레소 dvojité espresso (=doppio) 더블 에스프레소(=도삐오) lungo 룽고 커피(작은 아메리카노) americano 아메리카노 kapučíno 카푸치노		- slivovica, víno, vodka 슬리보비짜, 포도주, 보드카

은행에서

Chcel/-a by som si otvoriť účet. 계좌를 개설하고 싶습니다.
호젤/ -라 비 쏨 씨 오뜨보리즈 우췟

O aký druh účtu máte záujem? 어떤 계좌를 원하십니까?
오 아끼 드루흐 우츄뚜 마쩨 자우옘

Chcel/-a by som si otvoriť bežný účet. 보통예금 계좌를 개설하고 싶습니다.
호젤/ -라 비 쏨 씨 오뜨보리즈 베쥬니 우췟

Chcel/-a by som si vložiť peniaze. 입금을 하고 싶습니다.
호젤/ -라 비 쏨 씨 블로쥐쯔 뻬니아제

Chcel/-a by som si vybrať 1000 eur. 천 유로를 인출하고 싶습니다.
호젤/ -라 비 쏨 씨 비브라쯔 찌씨즈 에우르

Chcel/-a by som poslať peniaze na tento účet.
호첼/ -라 비 쏨 뽀슬라쯔 뻬니아제 나 뗀또 우쳇

이 계좌로 돈을 송금하고 싶습니다.

Aký je poplatok za bankový transfer?
아끼 예 뽀쁠라똑 자 방꼬비 뜨란스페르

송금수수료가 어떻게 됩니까?

Chcel/-a by som zmeniť 200 eur na české koruny.
호첼/ -라 비 쏨 즈메니즈 드베스또 에우르 나 췌스께 꼬루니

2백 유로를 체코 코로나로 환전하고 싶습니다.

Je tam nejaký poplatok?
예 땀 녜야끼 뽀쁠라똑

환전수수료가 있습니까?

Ako by ste to chceli zmeniť?
아꼬 비 스쩨 또 흐첼리 즈메니쯔

어떻게 바꿔 드릴까요?

Chcel/-a by som desať 500-eurových bankoviek
호첼/ -라 비 쏨 제쌋 뻿스또 에우로비흐 방꼬비엑
a ostatné podľa vášho uváženia.
아 오스따뜨네 뽀들랴 바쥬호 우바줴니아

500유로화 10장과 나머지는 알아서 주세요.

우체국에서

Chcel/-a by som poslať tento list do Kórey.
호첼/ -라 비 쏨 뽀슬라쯔 뗀또 리즈드 도 꼬레이

이 편지를 한국으로 보내고 싶습니다.

Chcel/-a by som poslať tento balík do Kórey.
호첼/ -라 비 쏨 뽀슬라쯔 뗀또 발릭 도 꼬레이

이 소포를 한국으로 보내고 싶습니다.

Letecky, prosím.
레쩨쯔끼 쁘로씸

항공으로 부탁합니다.

Kedy to bude doručené?
께디 또 부제 도루췌네

언제 도착할까요?

Jeden až dva týždne.
예덴 아쥬 드바 띠쥬드녜

일주일에서 이주일 정도 걸립니다

Chcel/-a by som to poslať doporučene.
호첼/ -라 비 쏨 또 뽀슬라즈 도뽀루췌녜

이 서류를 등기로 보내고 싶습니다.

Odvážili by ste tento balík, prosím?
오드바쥘리 비 스쩨 뗀또 발릭 쁘로씸

이 소포의 무게를 달아 보시겠습니까?

Chcel/-a by som nejaké známky na pohľadnice.
호첼/ -라 비 쏨 녜야께 즈남끼 나 뽀흘랴드니쩨

엽서에 부칠 우표 부탁합니다.

Koľko by ste chceli?
꼴꼬 비 스쩨 흐첼리

몇 장을 원하십니까?

Desať známok, prosím.
제쌋 즈나목 쁘로씸
10장 부탁합니다.

미장원에서

Chcel/-a by som sa dať ostrihať.
흐쩰/ -라 비 쏨 싸 다즈 오스뜨리하쯔
머리를 자르고 싶습니다.

Aký strih by ste chceli?
아끼 스뜨리흐 비 스쩨 흐쩰리
어떤 스타일로 해드릴까요?

Len skrátiť, prosím.
렌 스끄라찌쯔 쁘로씸
지금 상태에서 다듬기만 해주세요.

Skrátiť na bokoch a vzadu ostrihať.
스끄라찌즈 나 보꼬흐 아 브자두 오스뜨리하쯔
옆은 다듬고 뒤는 잘라 주세요.

Ostrihajte ma, prosím, nakrátko.
오스뜨리하이쩨 마 쁘로씸 나끄라뜨꼬
머리를 짧게 잘라 주세요.

Umyte mi, prosím, vlasy.
우미쩨 미 쁘로씸 블라시
머리 좀 감겨 주세요.

Chcel/-a by som účes po plecia.
흐쩰/ -라 비 쏨 우췌스 뽀 쁠레찌아
어깨 길이만큼 잘라 주세요.

Mohli by ste mi umyť a vyfúkať vlasy, prosím?
모흘리 비 스쩨 미 우미즈 아 비푸까즈 블라시 쁠로씸
샴푸와 드라이를 해주세요.

Chcel/-a by som si zafarbiť vlasy.
흐쩰/ -라 비 쏨 씨 자파르비즈 블라씨
머리 염색을 하고 싶습니다.

세탁소에서

Chcel/-a by som si dať chemicky vyčistiť tieto nohavice.
흐쩰/ -라 비 쏨 씨 다쯔 헤미쯔끼 비취스찌즈 띠에또 노하비쩨
이 바지를 드라이클리닝 하고 싶습니다.

Mohli by ste odstrániť tento fľak na košeli?
모흘리 비 스쩨 오뜨스뜨라니쯔 뗀또 플랴 나 꼬쉘리
이 셔츠에 있는 얼룩을 제거해 주세요.

Chcel/-a by som skrátiť tieto nohavice.
흐쩰/ -라 비 쏨 스끄라찌쯔 띠에또 노하비쩨
바지 단을 줄여주세요.

Rukávy sú príliš dlhé. Mohli by ste ich skrátiť, prosím?
루까비 쑤 쁘릴리쥬 들헤 모흘리 비 스쩨 이흐 스끄라찌쯔 쁘로씸
소매가 너무 긴 데, 좀 줄여 주시겠습니까?

Na saku chýbajú gombíky. Prišite ich, prosím.
나 싸꾸 히바유 곰빅끼 쁘리쉬쩨 이흐 쁘로씸

재킷에 단추가 떨어졌는데 좀 달아 주세요.

Tieto nohavice sú roztrhnuté. Mohli by ste ich, prosím, zašiť?
띠에또 노하비쩨 쑤 로스뜨르흐누떼 모흘리 비 스쩨 이흐 쁘로씸 자쉬쯔

바지가 찢어졌는데 수선을 해주시겠습니까?

Kedy si ich môžem prísť vyzdvihnúť?
께디 씨 이흐 뭐젬 쁘리이즈드 비즈드비흐누쯔

언제 찾아갈 수 있습니까?

Koľko platím?
꼴꼬 쁠라찜

얼마입니까?

병원에서

진료

Budúci týždeň som objednaný/-á na konzultáciu u pána doktora Kováča.
부두찌 띠쥬젠 쏨 오브예드나니/ 나 나 꼰줄따찌우 우 빠나 독또라 꼬바촤

다음 주에 코바취 선생님께 진료 예약이 되어 있습니다.

Chcel/-a by som sa objednať po tretej hodine.
흐첼/ -라 비 쏨 싸 오브예드나쯔 뽀 뜨레쩨이 호지네

오후 3시 이후로 예약하고 싶습니다.

Objednali by ste ma na hociktorý deň okrem piatku, prosím?
오브예드날리 비 스쩨 마 나 호찌끄또리 젠 오끄렘 삐아뜨꾸 쁘로씸

금요일을 제외한 평일 오후로 해주겠습니까?

Idem na pravidelnú prehliadku.
이젬 나 쁘라비젤누 쁘레흘리아뜨꾸

정기 검진입니다.

Aké sú vaše zdravotné ťažkosti?
아께 쑤 바쉐 즈드라보뜨네 쨔슈꼬스찌

어디가 아프십니까?

Aké máte symptómy?
아께 마쩨 씸쁘또미

증상이 어떻습니까?

Bolí vás aj niekde inde?
볼리 바즈 아이 니에그제 인제

그 밖에 또 아픈 곳이 있습니까?

Máte nejaké chronické ochorenie?
마쩨 네야께 흐로니쯔께 오호레니에

지병이 있으십니까?

Mali ste v minulosti nejaké vážne ochorenie?
말리 스쩨 브 미눌로스찌 네야께 바쥬네 오호레니에

과거에 심한 질병을 앓으신 적이 있습니까?

Boli ste v minulosti hospitalizovaný/-á? 과거에 입원한 적이 있습니까?
볼리 스쩨 브 미눌로스찌 호스삐딸리조바니/ 나

Ste na niečo alergický/-a? 알레르기가 있으십니까?
스쩨 나 니에쵸 알레르기쯔끼/까

Beriete nejaké lieky? 정기적으로 복용하는 약이 있습니까?
베리에쩨 녜야께 리에끼

Kedy sa vaše problémy začali? 언제부터 아프셨습니까?
께디 싸 바쉐 쁘로블레미 자촬리

일반적인 증상

Obávam sa, že som prechladol/-la. 감기에 걸렸습니다.
오바밤 싸 줴 쏨 쁘레흘라돌/쁘레흘라들라

Veľmi ma bolí hlava. 두통이 심합니다.
벨미 마 볼리 흘라바

Mám nádchu. 감기가 들었습니다
맘 나뜨후

Bolí ma hrdlo. 목이 아픕니다.
볼리 마 흐르들로

Neustále kýcham. 재채기가 계속 납니다.
녜우스딸레 끼함

Mám triašky. 오한이 납니다.
맘 뜨리아슈끼

Bolí ma celé telo. 몸살이 났습니다.
볼리 마 쩰레 쩰로

Mám vysokú teplotu. 열이 심합니다.
맘 비쏘꾸 쩨쁠로뚜

Bolí ma žalúdok. 배가 아픕니다.
볼리 마 좔루독

Mám podráždený žalúdok. 배탈이 났습니다.
맘 뽀드라쥬제니 좔루독

Mám hnačku. 설사를 합니다.
맘 흐나츄꾸

Vracal/-a som. 구토를 합니다.
브라짤/-라 쏨

Cítim ťažobu na hrudi.
찌찜 쨔죠부 나 흐루지

가슴이 답답합니다.

Zle sa mi dýcha.
즐레 싸 미 디하

숨이 찹니다.

Mám pichľavú bolesť v kolene.
맘 삐흘랴부 볼레스쯔 프 꼴레녜

무릎에 날카로운 통증이 있습니다.

Svrbia ma oči.
스브르비아 마 오취

눈이 가렵습니다.

Horšie vidím.
호르쉬에 비짐

시력이 나빠지고 있는 것 같습니다.

Šmykol / šmykla som sa a vyvrtol / vyvrtla som si členok.
슈미꼴/ 슈미끌라 쏨 싸 아 비브르똘/ 비브르뜰라 쏨 씨 출레녹

미끄러져서 발목을 삐었습니다.

Mám vyskočenú platničku.
맘 비스꼬췌누 쁠라드니츄꾸

디스크가 있다.

Zlomil/-a som si nohu.
즐로밀/ -라 쏨 씨 노후

발이 부러졌습니다.

Mám veľkú svalovicu.
맘 벨꾸 스발로비쭈

근육통이 심합니다.

Mám opuchnutú nohu.
맘 오뿌흐누뚜 노후

다리가 부었습니다.

Mám stuhnuté svaly na krku.
맘 스뚜흐누떼 스발리 나 끄릌꾸

목 근육이 당깁니다.

Porezal/-a som si prst.
뽀레잘/ -라 쏨 씨 쁘르스뜨

손가락을 베었습니다.

Popálil/-a som si ruku horúcou vodou.
뽀빨릴/ -라 쏨 씨 루꾸 호루쪼우 보도우

끓는 물에 손을 데었습니다.

Spálil/-a som sa na slnku.
스빨릴/ -라 쏨 싸 나 슬릉꾸

햇볕으로 화상을 입었습니다.

Rana je zapálená.
라나 예 자빨레나

상처에 염증이 생겼습니다.

Vykĺbil/-a som si ľavé rameno.
비끌빌/ -라 쏨 씨 랴베 라메노

왼쪽 팔이 탈구되었습니다.

의료와 질환에 관련된 단어

코로나 관련 용어

슬로바키아어	한국어 / 영어
koronavírus (꼬로나비루스)	코로나바이러스 / coronavirus
infekcia (인펙찌아)	감염 / infection
zápal pľúc (자빨 쀨류쯔)	폐렴 / pheumonia
príznaky (쁘리즈나끼)	증상 / symptoms
karanténa (까란떼나)	격리 / quarantine
respirátor (레스삐라또르) / rúško (루슈꼬)	마스크 / mask
dezinfekcia (데즈인펙찌아)	소독제 / sanitizer
dezinfekčný gél na ruky (데즈인펙츄니 겔 나 루끼)	손 소독제 / hand sanitizer

검사관련 용어

odber krvi (오드베르 끄르비)	혈액검사 / blood test
röntgen / RTG (뤤뜨겐/에르떼게)	엑스레이 / x-ray
ultrazvuk / sonografia (울뜨라즈북/쏘노그라피아)	초음파 / sonography
magnetická rezonancia / MR / MRI (마그네띠쯔까 레조난찌아)	MRI
počítačová tomografia / CT / cétečko (뽀취따쵸바 또모그라피아/쩨떼/쩨떼츄꼬)	CT
mamografia (마모그라피아)	맘모그램 / mamogram
endoskopia (엔도스꼬피아)	내시경 / endoscopy
echokardiografia / EKG (에호까르디오그라피아)	심초음파 / EKG

증상에 관련된 용어

strata chuti do jedla (스뜨라따 후찌 도 예들라)	식욕이 없음 / loss of appetite
strata hmotnosti (스뜨라따 흐모뜨노스찌)	체중감소 / weight loss
problémy s prehĺtaním (쁘로블레미 스 쁘레흘따님)	연하장애 / problem swallowing

zlé trávenie (즐레 뜨라베니에)	소화불량 / indigestion
pálenie záhy (빨레니에 자히)	속 쓰림 / heartburn
nevoľnosť (녜볼노스쯔)	오심 / nausea
vracanie (브라짜니에)	구토 / throw-up
chronické bolesti brucha (흐로니쯔께 볼레스찌 브루하)	습관성 복통 / chronic abdominal pain
zmena stolice (즈메나 스똘리제)	배변의 변화 / change of bowel movement
hnačka (흐나츄까)	설사 / diarrhea
zápcha (자프하)	변비 / constipation
krv v stolici (크르브 프 스똘리찌)	혈변 / blood in stool
krv v moči (끄르우 브 모취)	혈뇨 / blood in urine
dýchavica (디하비짜)	숨 차오름 / shortness of breath
bolesť na hrudníku (볼레스쯔 나 흐루드니꾸)	가슴통증 / chest pain
bolesti nôh pri chôdzi (볼레스찌 눠흐 쁘리 훠지)	보행 시 다리통증 / foot pain while walking
pocit chladných nôh (뽀찟 흘라드니흐 눠흐)	발이 차가움 / feeling cold legs
časté močenie v noci (촤스떼 모췌니에 브 노찌)	취침 중 빈뇨 / frequent urination at night
slabý prúd moču (슬라비 뿌르뜨 모츄)	약한 소변줄기/ weak urine flow
bolesť pri močení (볼레스쯔 쁘리 모췌니)	소변 시 통증 / pain while urinating
migréna (미그레니아)	편두통 / migraine headaches
časté bolesti hlavy (촤스떼 볼레스찌 흘라비)	습관성 두통 / frequent headaches
kŕče (끄르췌)	경련 / convulsions
epilepsia (에필렙씨아)	발작 / epilepsy, seizures
svalové kŕče (스발로베 끄르췌)	담(근육 뭉침) / muscle spams
bolesť chrbta (볼레스쯔 흐릅따)	허리 통증 / back pain
závrat (자브랏)	어지러움 / dizziness
krvácanie z nosa (끄르바짜니에 즈 노싸)	코피 / nose bleed
kašeľ (까쉘)	기침 / cough
horúčka (호루츄까)	열 / fever

bolesť hrdla (볼레스쯔 흐르들라)	목 통증 / pain in neck
chronická únava (흐로니쯔까 우나바)	만성 피로 / chronic fatigue
poruchy pamäti (뽀루히 빠메찌)	기억 감소 / memory failure

질환명

nádcha (나뜨하)	감기 / cold
chrípka (흐리쁘까)	독감 / flu
ušná infekcia (우슈나 인펙찌아)	귀 염증 / ear infection
zápal mandlí (자빨 만들리)	편도선염 / tonsillitis
zápal stredného ucha (자빨 스뜨레드네호 우하)	중이염 / acute otitis media
zápal spojiviek (자빨 스포이비엑)	결막염 / conjunctivitis
keratitída / zápal očnej rohovky (께라띠띠다)	각막염 / keratitis
zápaly prínosových dutín (자빨 쁘리노소비흐 두찐)	비강 염증 / sinus infection
kožné vyrážky (꼬줴네 비라슈끼)	피부 발진 / skin rashes
ekzém (에끄젬)	습진 / eczema
gastritída (가스뜨리띠다)	위염 / gastritis
vred žalúdka (브렛 좔루뜨까)	위궤양 / stomach ulcer
žalúdočné kŕče (좔루도츄네 끄르췌)	위경련 / stomach cramps
vred dvanástorníka (브렛 드바나스또르니까)	십이지장 궤양 / duodenum ulcer
žltačka (줄따츄까)	황달 / jaundice
hepatitída (헤파띠띠다)	간염 / hepatitis
laktózová intolerancia (락또조바 인똘레란찌아)	락토스 결핍증 / lactose intolerance
divertikulóza (디베르띠꿀로자)	게실증 / diverticulosis
Crohnova choroba (끄로흐노바 호로바)	크론병 / Crohn' s disease
ulcerózna kolitída (울쩨로즈나 꼴리띠다)	궤양성 대장염 / ulcerative colitis
zápal slepého čreva (자빨 슬레뻬호 츄레바)	충수염 / appendicitis
hernia (헤르니아)	헤르니아/탈장 / hernia

senná nádcha (쎈나 나뜨하)	꽃가루병 / hay fever
hemoroidy (헤로모이디)	치질 / hemorrhoids
zápal pľúc (자빨 쁠류쯔)	폐렴 / phuemonia
bronchitída (브론히띠따)	기관지염 / bronchitis
astma (아스뜨마)	천식 / astma
tuberkulóza (뚜베르꿀로자)	폐결핵 / tuberculosis
záškrt (지슈끄릇)	크룹(호흡기 질환) / croup
hlboká žilová trombóza (흘보까 쥘로바 뜨롬보자)	심부정맥 혈전증 / DVT
pľúcna embólia (쁠류쯔나 엠볼리아)	폐색전증 / pulmonary embolism
kŕčová žila (끄르쵸바 쥘라)	하지정맥류 / varicose veins
infarkt (인팍뜨)	심장마비, 심부전 / heart failure
ischemická choroba srdca (이스헤미쯔까 호로바 스르짜)	허혈성 심질환 / ischemic heart disease
vysoký krvný tlak (비소끼 끄르브니 뜰락)	고혈압 / high blood pressure
mŕtvica (므르뜨비짜)	뇌졸증 / stroke
šelest na srdci (쉘레스쯔 나 스릇찌)	심잡음 / herat murmur
cukrovka (쭈그로우까)	당뇨 / diabetes
zvýšený cholesterol (즈비쉐니 홀레스떼롤)	콜레스테롤 상승 / elevated cholesterol
ochorenie štítnej žľazy (오호레니에 슈찌뜨네이 쥴랴지)	갑상선 질환 / thyroid disease
anémia (아네미아)	빈혈 / amenia
choroba prostaty (호로바 쁘로스따띠)	전립선/ prostate disease
zápal močových ciest (자빨 모초비흐 찌에스뜨)	요도감염 / urinary tract infection
močová inkontinencia (모초바 인꼰띠넨찌아)	요실금 / urinary incontinence
obličkové kamene (오블리츄꼬베 까메네)	신장결석 / kidney stones
pohlavne prenosné choroby (뽀흘라브녜 쁘레노스네 호로비)	성병 / sexually transmitted disease
tras rúk (뜨라스 루끄)	수전증 / shaking hands
osteoporóza (오스떼오뽀로자)	골다공증 / osteoporosis
artritída (아르뜨리띠다)	관절염 / arthrisis

reuma (레우마)	류마티스 관절염 / rheumatism
zlomenina kosti (즐로메니나 꼬스찌)	골절 / bone fracture
dna (드나)	통풍 / gout
pásový opar (빠소비 오빠르)	대상포진 / shingles
depresia (데쁘레씨아)	우울증 / depression
schizofrénia (스히조프레니아)	정신분열(조현병) / schizophrenia
bipolárna porucha (비뽈라르나 뽀루하)	조울증 / bipolar disorder
nádor (나도르)	종양 / tumor
rakovina (라꼬비나)	암 / cancer
rakovina žalúdka (라꼬비나 좔루뜨까)	위암 / stomach cancer
rakovina hrubého čreva (라꼬비나 흐루베호 츄레바)	대장암 / colon cancer
rakovina pečene (라꼬비나 뻬췌녜)	간암 / liver cancer
rakovina prsníka (라꼬비나 쁘르스닉까)	유방암 / breast cancer
rakovina krčka maternice (라꼬비나 끄르츄까 마쩨르니쩨)	자궁경부암 / cervical cancer
rakovina obličiek (라꼬비나 오블리취엑)	신장암 / kidney cancer
rakovina pľúc (라꼬비나 뿔류쯔)	폐암 / lung cancer
rakovina žlčníka (라꼬비나 줄츄닉까)	담낭암 / gallbladder cancer
rakovina pankreasu (라꼬비나 빵끄레아쑤)	췌장암 / pancreatic cancer
lymfóm (림폼)	림프종 / lymphoma
leukémia (레우께미아)	백혈병 / leukemia

치과

Bolí ma zub.
볼리 마 줍

이가 아픕니다.

Cítim prenikavú bolesť, keď pijem niečo studené.
찌찜 쁘레니까부 볼레스쯔 께쯔 삐옘 니에쵸 스뚜데네

차가운 것을 마시면 이빨이 시립니다.

Bolí ma zub múdrosti.
볼리 마 줍 무드로스찌

사랑니가 아픕니다.

Kvôli bolesti zubov nemôžem poriadne žuť.
끄뷜리 볼레스찌 주보우 네뭐줼 뽀리아드녜 쥬쯔

치통 때문에 음식을 잘 씹을 수 없습니다.

Vypadla mi plomba.
비빠들라 미 쁠롬바

충치에 채운 필링이 떨어졌습니다.

Mám uvoľnený zub.
맘 우볼녜니 줍

이빨이 흔들립니다.

Chcel/-a by som odstrániť zubný kameň.
흐쩰/ -라 비 쏨 오뜨스뜨라니즈 주브니 까멘

치아 스케일링을 하고 싶습니다.

Bolia ma ďasná.
볼리아 마 쟈스나

잇몸이 아픕니다.

Krvácajú mi ďasná.
끄르바짜유 미 쟈스나

잇몸에서 피가 납니다.

약국에서

Máte niečo proti bolesti hlavy?
마쩨 니에쵸 쁘로찌 볼레스찌 흘라비

두통약이 있습니까?

Dajte mi niečo proti bolesti, prosím.
다이쩨 미 니에쵸 쁘로찌 볼레스찌 쁘로씸

진통제 부탁합니다.

Chcel/-a by som niečo na trávenie.
흐쩰/ -라 비 쏨 니에쵸 나 뜨라베니에

소화제를 부탁합니다.

Máte nejaké dobré lieky proti prechladnutiu?
마쩨 녜야께 도브레 리에끼 쁘로찌 쁘레흘라드누찌우

감기에 좋은 약이 있을까요?

Mám tu predpis.
맘 뚜 쁘렛삐스

처방전 여기 있습니다.

Aké je dávkovanie?
아께 예 다우꼬바니에

어떻게 먹어야 합니까?

Trikrát denne po jedle.
뜨리끄랏 젠녜 뽀 예들레

식후 매일 3번 복용하세요.

Má to nejaké vedľajšie účinky?
마 또 녜야께 베들랴이쉬에 우칭끼

부작용이 있나요?

약

detský púder 땀띠약	antibiotiká 항생제	lieky proti nádche 감기약
krém proti svrbeniu 가려운데 바르는 연고	dezinfekčný roztok 소독용 알코올	tabletka na spanie 수면제
lieh 과산화수소	absorpčný tampón 탈지면	čípok 좌약
klystír 관장약	nosné kvapky (nosný sprej) 비염/코막힘 제거제(스프레이)	lekárnička 상비약
krém proti plesni 무좀약	krém (masť) 연고	bórová voda 붕산

카센터에서

Autoservis
아우또쎄르비스

카센터

Moje auto neštartuje.
모예 아우또 네슈따르뚜예

시동이 안 걸립니다.

Motor má zvláštny zvuk.
모또르 마 즈블라슈뜨니 즈북

엔진에서 이상한 소리가 납니다.

Autobatéria je vybitá.
아우또바떼리아 예 비비따

차 배터리가 나갔어요.

Mám defekt.
맘 데펙뜨

타이어가 펑크 났어요.

Nafúkali by ste mi, prosím, pneumatiky?
나푸깔리 비 스쩨 미 쁘로씸 쁘네우마띠끼

타이어에 공기를 좀 넣어 주시겠습니까?

Koľko to asi bude stáť?
꼴꼬 또 아씨 부제 스따쯔

견적이 얼마나 될까요?

Akú má auto poruchu?
아꾸 마 아우또 뽀루후

차가 어디에 이상이 있습니까?

Motor je prehriaty.
모또르 예 쁘레흐리아띠

엔진이 과열되었습니다.

Vaše brzdy sú v zlom stave. 브레이크 상태가 아주 나쁩니다.
바쉐 브르즈디 쑤 브 즐롬 스따베

Nesvieti mi pravé predné stretávacie svetlo. 우측 앞 방향등이 켜지지 않습니다.
녜스비에찌 미 쁘라베 쁘레드네 스뜨레따바찌에 스베뜰로

Svieti mi kontrolka dobíjania baterky. 배터리 충전 표시등이 켜졌다.
스비에찌 미 꼰드롤까 도비야니아 바떼르끼

자동차 용어

bočné zrkadlá 사이드 미러	prístrojová doska 계기판	pneumatika 타이어
ručná brzda 사이드 브레이크	navigačný systém 네비게이션	plyn 엑셀러레이터
mechanická prevodovka 수동변속	automatická prevodovka 자동변속	ovládač na sťahovanie okien 파워윈도우 버튼
nemrznúca zmes 부동액	spätné zrkadlo 백미러	chladič 냉각수
stierač 와이퍼	spojka 클러치	smerové svetlá 깜빡이등
palivová nádrž 연료통	volant 핸들	výfuk 배기가스 출구

주유소에서

Máme málo benzínu. 연료가 떨어져 갑니다.
마메 말로 벤지누

Je niekde nablízku benzínová pumpa? 근처에 주유소가 있습니까?
예 니에그제 나블리스꾸 벤지노바 뿜빠

Natankujte mi, prosím, plnú nádrž. 가득 채워주세요.
나땅꾸이쩨 미 쁘로씸 쁠누 나드르슈

Natankujte mi do nádrže benzín za 50 eur. 50유로 어치 채워주세요.
나땅꾸이쩨 미 도 나드르줴 벤진 자 뺏제씨앗 에우르

Chcete si dať umyť auto? 세차를 하시겠습니까?
흐쩨쩨 씨 다즈 우미즈 아우또

교통법규 위반

Odtiahli mi auto. 제 차가 견인되어 갔습니다.
오뜨찌아흘리 미 아우또

Ak vás prichytia jazdiť pod vplyvom alkoholu, 악 바스 쁘리히찌아 야즈지쯔 뽀뜨 프쁠리봄 알꼬홀루 odoberú vám vodičský preukaz. 오도베루 밤 보쥐츄스끼 쁘레우까스	음주운전을 하면 운전면허가 취소 됩니다.
Pane, prešli ste na červenú. 빠녜, 쁘레슐리 스쩨 나 췌르베누	선생님, 빨간 신호등에서 정지하지 않으셨습니다.
Nezastavili ste na stopke. 녜자스따빌리 스쩨 나 스또쁘께	정지 사인에서 멈추지 않으셨습니다.
Ukážte mi váš občiansky preukaz, 우까슈쩨 미 바쥬 옵취안스끼 쁘레우까스 vodičský preukaz a technický preukaz. 보쥐츄스끼 쁘레우까즈 아 떼흐니쯔끼 쁘레우까스	신분증과 운전면허증 그리고 자동차 소유증 부탁합니다.
Urobil/-a som nejaký priestupok? 우로빌/ -라 쏨 녜야끼 쁘리에스뚜뽁	제가 잘못 한 게 있습니까?
Prekročili ste povolenú rýchlosť. 쁘레끄로췰리 스쩨 뽀볼레누 리흘로스쯔	속도위반을 하셨습니다.
Neboli ste pripútaný/-á. 녜볼리 스쩨 쁘리뿌따니/ 나	안전벨트를 착용하지 않으셨습니다.
Urobil/-a som chybu. Nemohli by ste mi to tentoraz 우로빌/ -라 쏨 히부 녜모흘리 비 스쩨 미 또 뗀또라스 odpustiť? 오뜨뿌스찌쯔	제가 실수를 했습니다. 이번에만 봐주실 수 없습니까?

주택임대

Hľadám dvojizbový byt v centre mesta. 흘랴담 드보이이즈보비 빗 프 쩬뜨레 메스따	시내에 방 2개짜리 아파트를 찾고 있습니다.
Na ktorom je poschodí? 나 끄또롬 예 뽀스호지	몇 층에 있습니까?
Je odtiaľ dobré spojenie do centra? 예 오뜨찌알 도브레 스뽀예니에 도 쩬뜨라	여기서 시내까지 교통편이 좋습니까?
Má garáž? 마 가라슈	차고는 있습니까?
Chcem byt v bezpečnej oblasti. 흐쩸 빗 브 베스뻬츄네이 오블라스찌	안전한 곳에 위치한 아파트를 원합니다.
Koľko je nájomné? 꼴꼬 예 나욤네	임대료가 얼마인가요?

Chcel/-a by som podpísať zmluvu na jeden rok.
흐젤/ -라 비 쏨 뽀뜨삐싸즈 즈믈루부 나 예덴 록

1년 계약을 하고 싶습니다.

Aká je záloha?
아까 예 잘로하

보증금이 얼마입니까?

Môžem dostať zľavu, ak podpíšem zmluvu na jeden rok?
뭐젬 도스따즈 즐랴부 악 뽀뜨삐쉠 즈물루부 나 예덴 록

1년 계약을 하면 할인을 받을 수 있습니까?

Koľko sa platí za energie?
꼴꼬 싸 쁠라찌 자 에네르기에

관리비는 어떻게 됩니까?

Energie sú účtované osobitne.
에네르기에 쑤 우츄또바네 오쏘비뜨네

관리비는 따로입니다.

Mohli by ste mi tento dom ukázať?
모흘리 비 스쩨 미 뗀또 돔 우까자쯔

집을 볼 수 있을까요?

전화하기

Dobrý deň, je tam pán Kováč?
도브리 젠 예 땀 빤 꼬바츄

여보세요, 코바츄씨 계십니까?

Kto volá?
끄또 볼라

누구신가요?

Môžem sa spýtať, kto volá?
뭐젬 싸 스삐따쯔 끄또 볼라

누구신지 여쭤 봐도 될까요?

Hansu Kim z Kórey.
한수 김 스 꼬레이

한국에서 온 김민수입니다.

Počkajte chvíľu, prosím.
뽀츄까이쩨 흐빌류 쁘로씸

잠시만 기다리세요.

Neskladajte.
녜스끌라다이쩨

수화기를 놓지 마세요.

Dám vám ho k telefónu.
담 밤 호 끄 뗄레포누

바꿔드릴게요.

Prepojím vás.
쁘레포임 바스

연결해 드리겠습니다.

Práve telefonuje.
쁘라베 뗄레포누예

지금 통화 중입니다.

Obávam sa, že máte zlé číslo.
오바밤 싸 줴 마쩨 즐레 취슬로

전화번호가 잘못된 것 같습니다.

Teraz nemôžem hovoriť.
떼라즈 네뭐쳄 호보리쯔

지금 전화 받기가 곤란합니다.

Mohli by ste zavolať o 10 minút?
모흘리 비 스쩨 자볼라즈 오 제쌋 미누뜨

10분 후에 다시 전화해 주시겠습니까?

Momentálne nie je prítomný.
모멘딸네 니에 예 쁘리똠니

지금 여기 안 계십니다.

Kedy by sa mal vrátiť?
께디 비 싸 말 브라찌쯔

언제 돌아오시나요?

Každú chvíľu.
까쥬두 흐빌류

금방 돌아오실 겁니다.

Chcete mu nechať odkaz?
흐쩨쩨 무 네하즈 오뜨까스

메시지를 남기시겠어요?

Povedali by ste mu, aby mi zavolal na môj mobil, prosím?
뽀베달리 비 스쩨 무 아비 미 자볼랄 나 뭐이 모빌 쁘로씸

돌아오시면 제 핸드폰으로 전화 부탁한다고 전해주세요.

Aké je vaše číslo na mobil?
아께 예 바쉐 취슬로 나 모빌

핸드폰 번호가 어떻게 되세요?

Nepočujem vás dobre.
녜뽀츄옘 바즈 도브레

말이 잘 안 들립니다.

Mám niečo s telefónom.
맘 니예쵸 스 뗄레포놈

제 전화기에 문제가 있어요.

Zavolám vám z iného telefónu.
자볼람 밤 즈 이네호 뗄레포누

다른 전화기로 다시 걸겠습니다.

Aká je telefónna predvoľba na Slovensko?
아까 예 뗄레폰나 쁘레드볼바 나 슬로벤스꼬

슬로바키아 국가번호가 어떻게 됩니까?

Chcel/-a by som telefonovať na účet volaného do Kórey.
흐쩰/ -라 비 쏨 뗄레포노바즈 나 우췟 볼라네호 도 꼬레이

콜렉트콜로 한국에 전화하고 싶습니다.

스포츠에 대해

경기

Kedy sa zápas začína?
께디 싸 자빠즈 자취나

경기가 몇 시에 시작합니까?

Komu fandíte?
꼬무 판지쩨

어느 팀을 응원하십니까?

Aký bol výsledok?
아끼 볼 비슬레독

경기 결과가 어떻게 되었습니까?

Vyhrali sme 3 : 2.
비흐랄리 즈메 뜨리 드바

우리 팀이 3대 2로 승리했어요.

Zápas sa skončil nerozhodne.
자빠스 싸 스꼰췰 녜로즈호드녜

무승부를 했어요.

Po nerozhodnom výsledku bolo predĺženie.
뽀 녜로즈호드놈 비슬레뜨꾸 볼로 쁘레들쥐니에

그 경기는 연장전에 들어갔어요

Náš tím vyhral majstrovstvá už tri roky po sebe.
나슈 띰 비흐랄 마이스뜨로우스뜨바 우슈 뜨리 로끼 뽀 쎄베

우리 팀이 3연속 우승을 차지했어요.

하키

Rád / rada pozerám hokej.
랏/ 라다 뽀제람 호께이

나는 하키 관람하는 것을 좋아합니다.

Ktorý hokejový tím je najznámejší na Slovensku?
끄또리 호께요비 띰 예 나이즈나메이쉬 나 슬로벤스꾸

슬로바키아에서 가장 유명한 하키팀이 어떤 팀입니까?

Máte nejakých slovenských hokejistov v NHL?
마쩨 녜야끼흐 슬로벤스끼흐 호께이스또우 브 엔 하 엘

미국 NHL에서 뛰는 슬로바키아 출신 하키 선수가 있습니까?

Samozrejme.
싸모즈레이메

네, 물론입니다.

골프

Rád / rada by som si zahral/-a jedno kolo dnes poobede.
랏/ 라다 비 쏨 씨 자흐랄/ -라 예드노 꼴로 드녜스 뽀오베제

오늘 오후에 골프를 치고 싶습니다.

Je v blízkosti deväťjamkové ihrisko?
예 브 블리스꼬스찌 제벳 얌꼬베 이흐리스꼬

근처에 나인 홀 골프장이 있습니까?

Hrali sme na 18 jamiek.
흘랄리 즈메 나 오쎔나즈드 야미엑

우린 18홀을 쳤습니다.

Potrebujete mať členstvo, aby ste mohli hrať.
뽀뜨레부예쩨 마쯔 춀렌스뜨보 아비 스쩨 모흘리 흐라쯔

그 곳에서 골프를 치려면 회원권이 필요합니다.

Koľko je zelený poplatok?
꼴꼬 예 젤레니 뽀쁠라똑

그린피가 얼마나 됩니까?

Ktoré golfové ihrisko je najlepšie na Slovensku?
끄또레 골포베 이흐리스꼬 예 나이레프쉬에 나 슬로벤스꾸
슬로바키아에서 가장 좋은 골프장이 어디에 있습니까?

Tieto dni sa učím hrať golf.
띠에또 드니 싸 우침 흐라즈 골프
저는 요즘 골프를 배우고 있습니다.

Hľadám golfového trénera.
흘랴담 골포베호 뜨레네라
골프 교사를 찾고 있습니다.

테니스

Ste dobrý/-a v tenise?
스쩨 도브리/ -라 프 떼니쎄
테니스 잘 치세요?

Potrebujem tenisového partnera, s ktorým môžem hrať.
뽀뜨레부옘 떼니소베호 빠르뜨네라 스 끄또림 뭐젬 흐라쯔
테니스를 같이 칠 파트너가 필요합니다.

Mohli by sme sa stretnúť na tenisovom kurte o tretej?
모흘리 비 즈메 싸 스뜨레뜨누즈 나 떼니쏘봄 꾸르쩨 오 뜨레쩨이
오후 3시에 테니스 코트에서 만날까요?

Je niekde v blízkosti krytá tenisová hala?
예 니에그제 브 블리스꼬스찌 끄리따 떼니쏘바 할라
근처에 실내 테니스장이 있습니까?

Zahráš si s nami?
자흐라슈 씨 스 나미
같이 게임 할래?

Kto podáva?
끄또 뽀다바
누가 서브할 차례지요?

Tvoj bekhend je výborný.
뜨보이 백핸드 예 비보르니
당신 백핸드는 정말 멋지군요!

스키

Lyžuješ sa?
리쥬예슈 싸
스키를 탈 줄 아니?

Nikdy som sa nelyžoval/-a.
니그디 쏨 싸 녜리죠발/ -라
스키를 타 본 적이 없어.

Rád / rada sa lyžuješ?
랏/ 라다 싸 리쥬예슈
스키를 타는 걸 좋아하니?

Áno, ale nie som veľmi dobrý/-á.
아노 알레 니에 쏨 벨미 도브리/라
응, 하지만 잘 타지 못해.

Radšej sa snouboardujem.
랏췌이 싸 스노우보르두옘
스노우보드 타는 것을 더 좋아해.

Môžem si požičať lyžiarsky výstroj? — 스키 장비를 빌릴 수 있을까요?
뭐쥄 씨 뽀쥐촤즈 리쥐아르스끼 비스뜨로이

Áno, môžete. — 네, 하실 수 있습니다.
아노 뭐줴쩨

수영

Vieš dobre plávať? — 수영 잘 하니?
비에쥬 도브레 쁠라바쯔

Nie, nikdy mi to nešlo. — 수영 잘 못해.
니에 니그디 미 또 녜슐로

Mal/-a by som použiť kúpaciu čiapku? — 수영모자를 써야 하나요?
말/ -라 비 쏨 뽀우쥐쯔 꾸빠찌우 취아쁘꾸

Pred plávaním by ste sa mali zahriať. — 수영하기 전에 준비운동을 해야 합니다.
쁘렛 쁠라바님 비 스쩨 싸 말리 자흐리아쯔

Voda je veľmi studená. — 물이 너무 차갑습니다.
보다 예 벨미 스뚜제나

Dávajte si pozor v úsekoch s hlbokou vodou. — 수심이 깊은 곳은 조심하세요.
다바이쩨 씨 뽀조르 브 우섹꼬흐 즈 흘보꼬우 보도우

비즈니스 슬로바키아어

외국 손님 공항 마중

Prepáčte, vy ste pravdepodobne pán Kováč, však?
뻐레빠츄쩨 비 스쩨 뻐라브제뽀도브녜 빤 꼬바츄 프샥
실례합니다. 꼬바츄씨 아니십니까?

Mali ste dobrý let?
말리 스쩨 도브리 렛
비행은 무난하셨나요?

Bol príjemný.
볼 쁘리옘니
네, 좋았습니다.

Dovoľte mi, aby som vám zobral tašku.
도볼쩨 미 아비 쏨 밤 조브랄 따슈꾸
제가 가방을 들겠습니다.

Nie, ďakujem, odnesiem si ju sám.
니에 쟈꾸옘 오드녜씨엠 씨 유 쌈
아닙니다. 제가 들 수 있습니다.

Sadnite si, prosím, na zadné sedadlo.
싸드니쩨 씨 쁘로씸 나 자드네 쎄다들로
차 뒷좌석에 앉으세요.

Môžem vám naložiť batožinu do kufra.
뭐젬 밤 날로쥐즈 바또쥐누 도 꾸프라
당신 짐을 트렁크에 넣겠습니다.

회사소개

Vitajte v našej spoločnosti.
비따이쩨 브 나쉐이 스뽈로츄노스찌
저희 회사에 오신 것을 환영합니다.

Dovoľte mi predstaviť vám niektorých zamestnancov
도볼쩨 미 쁘레쯔따비즈 밤 니에끄또리흐 자메스뜨난쵸우
našej spoločnosti.
나쉐이 스뽈로츄노스찌
저희 회사 직원들을 소개해 드리겠습니다.

On je zodpovedný za toto oddelenie.
온 예 조뜨뽀베드니 자 또또 오드젤레니예
이 분이 이 부서 담당자이십니다.

Premietneme vám 20-minútový film o našej spoločnosti.
쁘레미에뜨녜메 밤 드바짯 미누또비 필름 오 나쉐이 스뽈로츄노스찌
저희 회사에 대한 영상물을 20분간 보여드리겠습니다.

Tu je brožúra stručne opisujúca našu spoločnosť.
뚜 예 브로쥬라 스뜨루츄녜 오삐수유짜 나슈 스뽈로츄노스쯔
저희 회사를 간단히 소개하는 책자 입니다.

Kedy bola vaša spoločnosť založená?
께디 볼라 바샤 스뽈로츄노스쯔 잘로줴나
언제 회사가 창립되었나요?

Aká je finančná situácia vašej spoločnosti?
아까 예 피난츄나 씨뚜아찌아 바쉐이 스볼로츄노스찌

회사의 재정상태가 어떻습니까?

Aké sú vaše hlavné produkty?
아께 쑤 바쉐 흘라브네 쁘로둑띠

당신 회사의 주 생산품이 무엇입니까?

Vyrábame všetky druhy spotrebnej elektroniky.
비라바메 프쉐뜨끼 드루히 스뽀뜨레브네이 엘렉뜨로니끼

저희는 모든 종류의 가전제품을 생산합니다.

Ukážem vám závod.
우까젬 밤 자봇

공장을 보여 드리겠습니다.

회사방문

Uveďte návštevu.
우벳쩨 나프슈쩨부

(방문객을) 들어오게 하세요.

Prosím, choďte výťahom na jedenáste poschodie
쁘로씸 홋쩨 비짜홈 나 예데나스떼 뽀쓰호지에
a tam sa niekoho spýtajte.
아 땀 싸 니에꼬호 스삐따이쩨

엘리베이터를 타고 11층으로 가셔서 물어 보십시오.

Choďte hore schodmi na tretie poschodie.
홋쩨 호레 스호드미 나 뜨레찌에 뽀스호지에

계단으로 해서 3층으로 가십시오.

Máte dohodnutú schôdzku?
마쩨 도호드누뚜 스훠쯔꾸

약속하고 오셨나요?

Keď budete nablízku, zastavte sa u mňa.
께즈 부제쩨 나블리스꾸 자스따우쩨 싸 우 므냐

근처에 오시면 들르세요.

초대

Máte nejaké plány na tento víkend?
마쩨 녜야께 쁠라니 나 뗀또 비껜드

이번 주에 계획이 있으십니까?

Kedy by vám to najviac vyhovovalo?
께디 비 밤 또 나이비아즈 비호보발로

언제가 가장 좋으십니까?

Kde by sme sa mohli stretnúť?
그제 비 즈메 싸 모흘리 스뜨레뜨누쯔

어디에서 만나는 게 좋겠습니까?

Vyzdvihnem vás o šiestej hodine.
비즈드비흐녬 바즈 오 쉬에스떼이 호지녜

6시에 제가 픽업하겠습니다.

Rád / rada by som vás pozval/-a k nám domov.
랏/ 라다 비 쏨 바스 뽀즈발/ -라 그 남 도모우

저희 집으로 초대하고 싶습니다.

Príďte aj s manželkou a deťmi.
쁘릿쩨 아이 즈 만젤꼬우 아 제쯔미

부인과 아이들도 데리고 오세요.

Ďakujem za pozvanie.
쟈꾸옘 자 뽀즈바니에

초대해 주셔서 감사합니다.

Veľmi rád / rada prídem.
벨리 랏/ 라다 쁘리이젬

기쁘게 가겠습니다.

회사의 종류

akciová spoločnosť	주식회사	spoločnosť s ručením obmedzeným	유한책임회사
holdingová spoločnosť	지주회사	dcérska spoločnosť	종속회사,자회사
materská spoločnosť	모회사	sesterská spoločnosť	계열, 자매회사
skrachovaná firma	부도난 회사	spoločný podnik	합작회사
súkromný podnik	사기업	štátny podnik	국영기업
konglomerát	대기업		

직책와 부서

člen predstavenstva	임원단	predseda	회장
CEO / riaditeľ spoločnosti / generálny riaditeľ		최고경영자	
CFO / ekonomický riaditeľ		최고재무책임자	
prezident	사장	viceprezident	부사장
výkonný riaditeľ	상무	riaditeľ	이사
vedúci oddelenia	부장	zástupca vedúceho oddelenia	차장
manažér, šéf sekcie	과장	zástupca manažéra	대리
zamestnanec firmy	사원	asistent / asistentka	보조

부서명

oddelenie	부서	oddelenie marketingu	마케팅부
oddelenie nákupu	구매부	oddelenie výroby	생산부

oddelenie logistiky	물류부	oddelenie výskumu a vývoja	연구개발부
personálne oddelenie	인사부	ekonomické oddelenie	회계부

공장에서

Tento závod je druhý najväčší na Slovensku.
뗀또 자보드 예 드루히 나이베취 나 슬로벤스꾸
이 사업장은 슬로바키아에서 두 번째로 큰 사업장입니다.

1200 zamestnancov tu pracuje na 2 zmeny.
찌씨즈드베스또 자메스뜨난쪼우 뚜 쁘라쑤예 나 드베 즈메니
이 곳에서는 1200명이 2교대로 근무하고 있습니다.

35 % výrobných liniek je automatizovaných.
뜨리짯뼷 뻬르쩬뜨 비로브니흐 리니엑 예 아우또마띠조바니흐
생산라인의 35%가 자동으로 가동되고 있습니다.

Tovary prechádzajú 10 procesmi.
또바리 쁘레하자유 제쌋 쁘로쩨스미
총 10가지 공정을 거쳐서 제품이 만들어집니다.

Nová technológia znížila výrobné náklady o tretinu.
노바 떼흐놀로기아 즈니쥘라 비로브네 나끌라디 오 뜨레찌누
신기술 덕분에 생산원가의 1/3을 절감하였습니다.

V tomto roku exportujeme naše produkty
프 똠또 로꾸 엑스뽀르뚜예메 나쉐 쁘로둑띠
do siedmich štátov.
도 씨에드미흐 슈따또우
저희 제품은 올해를 기준으로 7개국으로 수출되고 있습니다.

Výrobné zariadenia boli v prevádzke desať rokov.
비로브네 자리아졔니아 볼리 프 쁘레바쯔께 제쌋 로꼬우
제조시설은 가동된 지 10년 되었습니다.

Choďte na prehliadku závodu.
홋쩨 나 쁘레흘리아뜨꾸 자보두
공장을 둘러보세요.

Rád / rada by som vám ukázal/-a naše automatizované
랏/ 라다 비 쏨 밤 우까잘/ -라 나쉐 아우또마띠조바네
výrobné zariadenia.
비로브네 자리아졔니아
자동화 생산시설을 보여 드리겠습니다.

Automatická prevádzka tvorí 50 % výrobných liniek.
아우또마띠쯔까 쁘레바쯔까 뜨보리 뻬제씨앗 쁘로쩬뜨 비로브니흐 리니엑
생산라인의 절반이 자동으로 가동되고 있습니다.

생산부에서

Projekt je zameraný na zvýšenie produktivity.
쁘로엑뜨 예 자메라니 나 즈비쉐니에 쁘로둑띠비띠
본 프로젝트의 목적은 생산성 향상에 있습니다.

Radi by sme znížili produkciu nepodarkov 라지 비 즈메 즈니쥘리 쁘로둑찌우 녜뽀다르꼬우 na menej ako jedno percento. 나 메녜이 아꼬 예드노 뻬르쩬또	불량률을 1% 미만으로 줄이고자 합니다.
Hromadnú výrobu začneme od prvej polovice 흐로마드누 비로부 자츄녜메 오뜨 쁘리베이 뽈로비쩨 budúceho roku. 부두쩨호 로꾸	내년 상반기부터는 대량생산에 돌입하게 됩니다.
Pozeráte sa na harmonogram projektu. 뽀제라쩨 싸 나 하르모노그람 쁘로옉뚜	지금 보시는 것은 프로젝트 일정입니다.
Výsledky očakávame budúci rok, ak budeme 비슬레뜨끼 오촤까바메 부두찌 록 악 부제메 pokračovať podľa plánu. 뽀끄라쵸바쯔 뽀들랴 쁠라누	예정대로 진행될 경우, 내년에는 성과가 나타날 것으로 예상합니다.
Náš produkt má výbornú životnosť. 나슈 쁘로둑뜨 마 비보르누 쥐보뜨노스쯔	저희 제품은 내구성이 뛰어납니다.
Do našich produktov používame značkové náhradné diely. 도 나쉬흐 쁘로둑또우 뽀우쥐바메 즈나츄꼬베 나흐라드네 지엘리	저희 제품은 브랜드 부품을 사용합니다.
Od našich zákazníkov sme získali pozitívnu odozvu. 오드 나쉬흐 자까즈닉꼬우 즈메 지스깔리 뽀지띠브누 오도즈부	고객의 반응이 아주 좋습니다.
Naša spoločnosť poskytuje kvalitný záručný servis. 나샤 스뽈로츄노스쯔 뽀스끼뚜예 끄발리뜨니 자루츄니 쎄르비스	우리 회사는 품질 높은 애프터 서비스를 제공합니다.

마케팅부에서

Dúfam, že návšteva bude pre vás príjemná a obohacujúca. 두팜 줴 나프슈쩨바 부제 쁘레 바스 쁘리엠나 아 오보하쭈유짜	즐겁고 유익한 방문이 되시기 바랍니다.
Mám na starosti marketing nových produktov. 맘 나 스따로스찌 마르께띵 노비흐 쁘로둑또우	저는 신제품의 마케팅을 담당하고 있습니다.
Rád / rada by som hovoril/-a o novom informačnom 랏/ 라다 비 쏨 호보릴/ -라 오 노봄 인포르마츄놈 systéme. 씨스떼메	새로운 정보시스템에 대해서 말씀드리고자 합니다.
Ak máte otázky, nech sa páči, neváhajte ma prerušiť. 악 마쩨 오따스끼 녜흐 싸 빠취 녜바하이쩨 마 쁘레루쉬쯔	질문이 있으시면 언제라도 주저하지 마시고 말씀해 주세요.
Rád / rada by som začal/-a cieľmi tohto projektu. 랏/ 라다 비 쏨 자촬/ -라 찌엘미 또흐또 쁘로옉뚜	첫 번째로 프로젝트의 목적에 관해 설명해 드리겠습니다.

Rád / rada by som hovoril/-a o propagácii zavedenia nového produktu.
랏/ 라다 비 쏨 호보릴/ 라 오 쁘로빠가찌 자베졔니아 노베호 쁘로둑뚜

신제품 출시 이벤트에 대해 논의했으면 합니다.

Nestíhame termín.
녜스찌하메 떼르민

계획보다 늦어지고 있습니다.

Musíme používať agresívne marketingové stratégie.
무씨메 뽀우쥐바즈 아그레씨브네 마르께띵고베 스뜨라떼기에

공격적인 마케팅을 펼쳐야 합니다.

Mohli by ste mi dať výsledky marketingového prieskumu na stôl do konca pracovného času?
모흘리 비 스쩨 미 다즈 비슬레뜨끼 마르께띵고베호 쁘리에스꾸무 나 스뛸 도 꼰짜 쁘라쪼브네호 촤쑤

오늘 근무 시간 종료 때까지 제 책상에 세일즈 조사 결과를 가져다 주시겠습니까?

Tieto produkty sa predávajú po eure za kus.
띠에또 쁘로둑띠 싸 쁘레다바유 뽀 에우레 자 꾸스

이 물건은 한 개에 1유로에 판매되고 있습니다.

거래에 대한 표현

Je to blízke tomu, čo chceme.
예 또 블리스께 또무 쵸 흐쩨메

원하는 가격대에 접근했습니다.

Nemám právomoc rozhodnúť.
녜맘 쁘라보모즈 로즈호드누쯔

제게는 결정권이 없습니다.

Poďme k veci.
뽀즈메 그 베찌

그럼, 본격적으로 얘기해 봅시다.

Za koľko to chcete predať?
자 꼴꼬 또 흐쩨쩨 쁘레다쯔

얼마에 판매를 원하십니까?

Čo by ste povedali na 30 eur za jeden kus?
쵸 비 스쩨 뽀베달리 나 뜨리짯 에우르 자 예덴 꾸스

개당 30달러면 어떨까요?

Je to drahšie, ako sme očakávali.
예 또 드라흐쉬에 아꼬 즈메 오촤까발리

생각보다 비싸군요.

Vedeli by ste ešte trochu zľaviť?
베젤리 비 스쩨 에슈쩨 뜨로후 즐랴비쯔

조금 더 가격을 내려 주실 수 없을까요?

Môj šéf trval na cene, ktorú som vám ponúkol / ponúkla na poslednom stretnutí.
뭐이 쉐프 뜨르발 나 쩨녜 끄또루 쏨 밤 뽀누꼴/ 뽀누꿀라 나 뽀슬레드놈 스뜨레뜨누찌

저희 사장님은 저번 회의에서 제가 제시했던 가격을 고수하셨습니다.

Máme priestor na ďalšie vyjednávanie?
마메 쁘리에스또르 나 쟐쉬에 비예드나바니에

절충의 여지가 있습니까?

To záleží na tom, koľko kúpite na konci tohto roka.
또 잘레쥐 나 똠 꼴꼬 꾸삐쩨 나 꼰찌 또흐또 로까

올 연말까지의 구매량에 따라 달라질 수 있습니다.

회의

Aký je program porady / mítingu?
아끼 예 쁘로그람 뽀라디/ 미띵구

회의 내용이 무엇입니까?

Kto vedie popoludňajšiu poradu?
끄또 베지에 뽀뽈루드냐이쉬우 뽀라두

오후 회의를 누가 주재합니까?

Prejdime k veci.
쁘레이지메 그 베찌

본론으로 들어갑시다.

Nemeňte tému rozhovoru. / Neodbočujte.
네멘쩨 떼무 로즈호보루/ 녜오드보츄이쩨

대화의 주제를 바꾸지 마십시오.

Aký je ďalší bod porady?
아끼 예 쟐쉬 봇 뽀라디

회의 다음 안건이 무엇입니까?

Kto je ďalší na rade?
끄또 예 쟐쉬 나 라졔

누구 차례입니까?

Máte nejaký iný návrh?
마쩨 녜야끼 이니 나브르흐

다른 제안이 있으십니까?

Ideme o tom hlasovať.
이제메 오 똠 흘라소바쯔

투표를 합시다.

Tí, ktorí ste za, zdvihnite ruku.
띠 끄또리 스쩨 자 즈드비흐니쩨 루꾸

찬성하시는 분은 손을 들어 주세요.

Je niekto proti?
예 니예끄또 쁘로찌

반대하시는 분 계십니까?

Poďme ďalej.
뽀즈메 쟐레이

계속 진행합시다.

보고서에 관한 표현

Mám plné zuby online porád.
맘 쁠네 주비 온라인 뽀랏

온라인 회의가 정말 신물 납니다.

Tento rok som napísal/-a okolo 200 správ.
뗀또 록 쏨 나삐쌀/ -라 오꼴로 드베스또 스쁘라우

올해 보고서만 200개 작성했습니다.

Písanie správ neznášam.
삐싸니에 스쁘라우 녜즈나샴

보고서 쓰는 게 정말 싫습니다.

Rád / rada by som pripravil/-a prezentáciu obchodných výsledkov za druhý štvrťrok.
랏/ 라다 비 쏨 쁘리쁘라빌/ -라 쁘레젠따찌우 오프호드니흐 비슬레뜨꼬우 자 드루히 슈뜨브릇록

지난 2/4분기 판매 보고서 프레젠테이션을 준비하고자 합니다.

Mohli by ste predĺžiť termín na odovzdanie analýzy?
모흘리 비 스쩨 쁘레들쥐쯔 떼르민 나 오도브즈다니에 아날리지

보고서 기한을 연장해 주시겠습니까?

Mohli by ste skontrolovať prvú verziu projektu?
모흘리 비 스쩨 스꼰뜨롤로바쯔 쁘르부 베르지우 프로엑뚜

프로젝트 초안을 검토해 주시겠습니까?

Dokončili ste obchodnú analýzu?
도꼰칠리 스쩨 오프호드누 아날리주

세일즈 보고서 마쳤습니까?

Mohli by ste mi predĺžiť termín?
모흘리 비 스쩨 미 쁘레들쥐쯔 떼르민

기한을 연장해 주시겠습니까?

Začnem ihneď.
자추넴 이흐녜쯔

즉시 시작하겠습니다.

Ako pokračujete s vašou správou?
아꼬 뽀끄라츄예쩨 즈 바쇼우 스쁘라보우

보고서는 어떻게 되어가고 있습니까?

Povedal/-a by som, že som na 40 % hotový/-á.
뽀베달/ -라 비 쏨 줴 쏨 나 슈띠리짯 뻬르젠뜨 호또비/-바

이제 40% 정도 끝냈다고 할 수 있습니다.

Nemyslím si to. Potrebujem aspoň o dva dni viac.
녜미슬림 씨 또 뽀뜨레부옘 아스뽄 오 드바 드니 비아쯔

그렇게는 안될 것 같은데요.
적어도 이틀은 더 필요합니다.

Dám vám dvadsaťštyri hodín, aby ste to dokončili.
담 밤 드바짯슈띠리 호진 아비 스쩨 또 도꼰칠리

24시간 드릴 테니 끝내 주세요.

고용, 승진과 해고

Navýšili sme počet zamestnancov.
나비쉴리 즈메 뽀췟 자메스뜨난쪼우

직원 채용을 늘렸습니다.

Prijali sme dvoch nových zamestnancov.
쁘리얄리 즈메 드보흐 노비흐 자메스뜨난쪼우

새 직원을 두 명 더 채용했습니다.

Očakával/-a som, že tento rok budem povýšený/-á.
오촤까발/ -라 쏨 줴 뗀도 록 부젬 뽀비쉐니/ -나

금년에 승진하게 될 거라 기대했습니다

Obávam sa, že by som mohol / mohla byť prepustený/-á.
오바밤 싸 줴 비 쏨 모홀/ 모흘라 비쯔 쁘레뿌스쩨니/ -나

해고 당하지 않을까 걱정됩니다.

Obávam sa, že dostanem výpoveď.
오바밤 싸 줴 도스따넴 비뽀베쯔

해고당하는 건 아닌지 모르겠어요.

To sa nestane.
또 싸 녜스따녜

그런 일은 없을 겁니다.

Ste kandidát/-ka najvhodnejší/-šia na povýšenie.
쓰쩨 깐디닷/ -뜨까 나이브호드녜이쉬/-아 나 뽀비쉐니에

당신은 승진 0순위입니다.

Čas na platové vyjednávanie sa blíži.
촤스 나 쁠라또베 비예드나바니에 싸 블리쥐

연봉협상 시즌이 다 되어갑니다.

Požiadal/-a o zvýšenie platu.
뽀쥐아달/ -라 오 즈비쉐니에 쁠라뚜

그는 봉급 인상을 요구했습니다.

Mám nízky plat.
맘 니스끼 쁠랏

월급이 적습니다.

Požiadal/-a som o prestup na iné oddelenie.
뽀쥐아달/ -라 쏨 오 쁘레스뚭 나 이네 오드젤레니에

다른 부서로 이전을 요청했습니다.

Požiadal/-a som o predčasný dôchodok.
뽀쥐아달/ -라 쏨 오 쁘렛촤스니 둬호독

명예퇴직을 신청했습니다.

Dostal/-a som ponuku na lepšiu prácu.
도스딸/ -라 쏨 뽀누꾸 나 레프쉬우 쁘라쭈

더 나은 직장에 스카우트 제의를 받았습니다.

사무실에서의 대화

동료들간에

Nedáme si priniesť jedlo do kancelárie?
녜다메 씨 쁘리니에즈드 예들로 도 깐쩰라리에

점심을 배달시켜 먹을까요?

Dnes som si doniesol / doniesla obed z domu.
드녜스 쏨 씨 도니에쏠/ 도니에슬라 오벳 즈 도무

저는 오늘 점심을 싸왔어요.

Mám prestávku.
맘 쁘레스따우꾸

쉬는 중입니다.

Nepôjdete so mnou na kávu?
녜뿨이제쩨 쏘 므노우 나 까부

커피 같이 드시겠습니까?

Vráťme sa do práce.
브랏즈메 싸 도 쁘라쩨

그만 일하러 들어갑시다

Rád / rada by som si vzal/-a na zajtra dovolenku.
랏/ 라다 비 쏨 씨 브잘/ -라 나 자이뜨라 도볼렌꾸

내일 하루 쉬고 싶은데요.

Mám veľa nedokončenej práce.
맘 벨랴 녜도꼰췌네이 쁘라쩨

밀린 일이 많아요

Musíte dodržať stanovený termín / deadline.
무씨쩨 도드르좌쯔 스따노베니 떼르민/ 데드라인

마감 시간에 맞춰야 합니다.

Na dnes už končím.
나 드녜스 우슈 꼰칌

오늘은 그만 하겠습니다.

Dnes musím mať znova nadčas.
드녜스 무씸 마즈 즈노바 낫촤스

오늘 또 야근을 해야 합니다.

Myslím, že on / ona je naozaj workoholik / workoholička.
미슬림 줴 온/ 오나 예 나오자이 월꼬홀릭/ 월꼬홀리츄까

그 사람은 일 중독자 같아요.

상사가 할 수 있는 표현

Mohli by ste pre mňa niečo vybaviť?
모흘리 비 스쩨 쁘레 므냐 니에쵸 비바비쯔

일 좀 부탁해도 될까요?

Mohli by ste tieto dokumenty prepísať do elektronickej formy?
모흘리 비 스쩨 띠에또 도꾸멘디 쁘레삐싸즈 도 엘렉뜨로니쯔께이 포르미

이 서류 좀 타이핑해 주겠어요?

Mohli by ste to uploadovať do cloudu?
모흘리 비 스쩨 또 압로도바즈 도 클라우두

이것 클루우드로 업로드 좀 해주겠어요?

Naskenujte mi to.
나스께누이쩨 미 또

이거 스캔 좀 해줘요.

Prepošlite mi to mailom.
쁘레뽀슐리쩨 미 또 메일롬

그거 메일로 보내줘요.

Chcem, aby ste to dokončili dozajtra.
흐쪰 아비 스쩨 또 도꼰췰리 도자이뜨라

내일까지 그 일을 끝내주기를 바라요.

Mohli by ste mi dať ešte desať minút?
모흘리 비 스쩨 미 다즈 에슈쩨 제싸 미눗

10분만 더 주시겠습니까?

Keď budem mať čas, urobím to.
게즈 부젬 마쯔 촤스 우로빔 또

시간이 나는 대로 하겠습니다.

O tú záležitosť sa postaráte vy.
오 뚜 잘레쥐또스쯔 싸 뽀스따라쩨 비

그 일은 당신이 맡으세요.

Ste spokojný s mojou prácou?
스쩨 스뽀꼬이니 즈 모요우 쁘라쪼우

제 일이 마음에 드십니까?

Oznámte mi, prosím, čím skôr, či áno alebo nie.
오즈남쩨 미 쁘로씸 췸 스꿔르 취 아노 알레보 니에

가능 여부를 가능하면 빨리 알려 주세요.

일이 많을 때

Najprv sa venujte najsúrnejším veciam. 나이쁘르우 싸 베누이쩨 나이수르녜이쉼 베찌암	급한 용무부터 처리하세요.
Práca sa mi kopí na stole. 쁘라짜 싸 미 꼬삐 나 스똘레	일이 책상에 산더미 같군요.
Dajme si na chvíľu prestávku. / Spravme si prestávku. 다이메 씨 나 흐빌류 쁘레스따우꾸/ 스쁘라브메 씨 쁘레스따우꾸	잠깐 쉽시다.
Bohužiaľ, sme tlačení časom. 보후쥐야 즈메 뜰라췌니 촤쏨	우리는 시간이 너무 촉박합니다.

불만의 표시

Naozaj sa mi nepáči jeho správanie. 나오자이 싸 미 네빠취 예호 스쁘라바니에.	그의 행동이 정말 마음에 들지 않습니다.
Takíto ľudia ma rozčuľujú. 따끼또 류지아 마 로스츌류유	저런 사람들이 날 화나게 합니다.
Zbláznim sa z vás. 즈블라즈님 싸 즈 바스	당신이 날 정말 화나게 하는군요.
Toto je najmenej uspokojivé. 또또 예 나이메녜이 우스뽀꼬이베	기대에 한참 못 미칩니다.
Na čo sa sťažujete? 나 쵸 싸 스짜쥬예쩨	무엇에 대해 불평을 하십니까?
Bez oznámenia ste zobrali deň voľna. 베즈 오즈나메니아 스쩨 조브랄리 젠 볼냐	당신은 통보도 없이 휴가를 냈습니다.

컴퓨터 관련 표현

Môj počítač nechce naštartovať. 뭐이 뽀취따츄 녜흐쩨 나슈따르또바쯔 Nejde mi spustiť počítač. 녜이제 미 스뿌스찌쯔 뽀취따츄	내 컴퓨터는 부팅이 안됩니다.
Musím reštartovať počítač. 무씸 레슈따르또바쯔 뽀취따츄	컴퓨터를 재부팅 해야 합니다.
Mrzne mi notebook. 므르즈녜 미 노뜨북	노트북이 먹통이 됐습니다.

Mám zavírený harddisk.
맘 자비레니 하드디스끄

하드 디스크가 인식이 안 됩니다.

Obávam sa, že mám v počítači vírus.
오바밤 싸 줴 맘 프 뽀취따취 비루스

내 컴퓨터가 바이러스에 감염된 것 같습니다.

Nefunguje mi internet. / Nejde mi internet.
녜풍구예 미 인떼르넷 / 녜이제 미 인떼르넷

인터넷이 안 됩니다.

Na mojom počítači nie je nainštalovaný Office.
나 모욤 뽀취따취 니에 예 나인슈딸로바니 오피쓰

내 컴퓨터에 오피스가 깔려 있지 않습니다.

Urobte z dokumentu powerpointovú prezentáciu.
우롭쩨 즈 도꾸멘뚜 빠뭬르뽀인또부 쁘레젠따찌우

이 문서를 파워포인트로 만드세요.

Stiahnite si tieto dáta do svojho počítača.
스찌아흐니쩨 씨 띠에또 다따 도 스보이호 뽀취따촤

이 자료를 본인 컴퓨터에 넣어 주세요.

Podklady sú v cloude.
뽀뜨끌라디 쑤 프 끌라우제

클라우드에 자료가 있습니다.

Nakopírujte / dajte mi to na kľúč alebo na externý disk.
나꼬삐루이쩨/ 다이쩨 미 또 나 끌류츄 알레보 나 엑스떼르니 디스끄

USB나 외장하드에 복사해 놓으세요.

Aký je názov toho súboru?
아끼 예 나조우 또호 쑤보루

파일 이름이 어떻게 되나요?

Pod akým názvom je ten súbor uložený?
뽀드 아낌 나즈봄 예 뗀 쑤보르 울로줴니

파일 이름을 뭐라고 지정하셨죠?

Na ktorý USB kľúč ste to uložili?
나 끄또리 우에스베 끌류츄 스쩨 또 울로쥘리

어느 USB에 저장해 두셨죠?

Všetky dáta zmizli.
프쉐뜨끼 다따 즈미즐리

데이터가 다 없어졌어요.

Stratil/-a som všetko, keď dnes ráno vypadla elektrina.
스뜨라찔/ -라 쏨 프쉐뜨꼬 께즈 드녜스 라노 비빠들라 엘렉뜨리나

오늘 오전에 정전이 되는 바람에 모든 자료를 다 잃어버렸어요.

Vyznáte sa v operačných systémoch?
비즈나쩨 싸 보 오뻬라츄니흐 씨스떼모흐

운영시스템을 잘 아세요?

사무실 기기 사용

Oskenujte mi tieto podklady a pošlite mi ich mailom.
오스께누이쩨 미 띠에또 뽀뜨끌라디 아 뽀슐리쩨 미 이흐 메일롬

이 문서를 스캔해서 내게 메일로 보내 주세요.

Kopírka sa pokazila.
꼬삐르까 싸 뽀까질라

복사기가 고장 났습니다.

V kopírke nie je papier.
프 꼬삐르께 니에 예 빠삐에르

복사기에 종이가 없습니다.

Už ste urobili kópie podkladov?
우슈 스쩨 우로빌리 꼬삐에 뽀뜨끌라도우

자료복사는 다 하셨습니까?

Chcel/-a by som urobiť tri kópie týchto dokumentov.
흐쩰/ -라 비 쏨 우로비쯔 뜨리 꼬비에 띠흐또 도꾸멘또우

이 서류를 3부 복사하고 싶습니다.

Okopírujte to obojstranne, prosím.
오꼬비루이쩨 또 오보이스뜨라녜 쁘로씸

양면으로 복사를 해 주세요.

Ktorým smerom mám dať papier dovnútra?
끄도림 스메롬 맘 다쯔 빠삐에르 도브누뜨라

종이를 어떤 식으로 넣어야 하죠?

Po použití kopírky dajte nastavenia do pôvodného stavu.
뽀 뽀우쥐찌 꼬삐르끼 다이쩨 나스따베니아 도 뿨보드네호 스따부

복사기를 사용한 후에는 원래대로 맞춰 놓으세요.

Mohli by ste túto stranu zmenšiť na 80 percent?
모흘리 비 스쩨 뚜도 스뜨라누 즈멘쉬즈 나 오쎔제씨앗 뻬르쩬뜨

이 페이지를 80%로 축소해 주세요.

Papier je zaseknutý.
빠삐에르 예 자쎄끄누띠

종이가 걸렸습니다.

Mohli by ste, prosím, zopnúť tieto papiere?
모흘리 비 스쩨 쁘로씸 조쁘누쯔 띠에또 빠삐에레

이 서류들을 클립으로 묶어 주세요.

Nie je to v súlade s autorskými právami.
니에 예 또 프 쑤라제 즈 아우또르스끼미 쁘라바미

그건 저작권법에 위배됩니다.

Môžete to podpísať elektronicky.
뭐줴쩨 또 뽀뜨삐쌋 엘렉뜨로니쯔끼

전자서명을 하셔도 됩니다.

전화표현

Môžem hovoriť s pánom Kováčom / s pani Kováčovou?
뭐쥄 호보리쯔 스 빠놈 꼬바촘/ 스 빠니 꼬바쵸보우

제가 꼬바츄씨/꼬바츄 여사와 전화할 수 있을까요?

Dobrý deň. Hovorím s pánom Kováčom / s pani Kováčovou?
도브리 젠 호보림 스 빠놈 꼬바촘/ 스 빠니 꼬바쵸보우

안녕하세요. 꼬바츄씨/꼬바츄 여 사이신가요?

Áno, pri telefóne.
아노 쁘리 뗄레포녜

네, 전화 바꿨습니다./네, 맞습니다.

Nie, to máte asi nesprávne číslo.
니에 또 마쩨 아씨 녜스쁘라브네 취슬로

아닙니다. 번호가 잘못된 것 같습니다.

Voláte správne, ale kolega / kolegyňa tu práve nie je. Momentálne má dovolenku.
볼라쩨 스쁘라브녜 알레 꼴레가/ 꼴리기냐 뚜 쁘라베 니에 예 모멘딸녜 마 도볼렌꾸
번호는 맞는데 동료가 지금 없습니다. 휴가 중입니다.

Okamih, prosím.
오까미흐 쁘로씸
잠시만 기다려 주세요.

Skúste mu / jej zavolať na mobil.
스꾸스쩨 무/ 예이 자볼랏 나 모빌
핸드폰으로 그에게/그녀에게 연락해 보십시오.

Napíšte mu / jej radšej mail.
나삐슈쩨 무/ 예이 랏췌이 메일
메일로 그에게/그녀에게 연락해 보십시오.

Neskladajte, prosím.
녜스끌라다이쩨 쁘로씸
수화기 놓지 마세요

Môžem mu / jej nechať odkaz?
뭐젬 무/ 예이 녜하즈 오뜨까스
제가 그에게/그녀에게 메시지 남길 수 있을까요?

Nerozumiem. Môžete to zopakovať?
녜로주미엠 뭐줴쩨 또 조빠꼬바쯔
무슨 말인지 이해를 못 했습니다. 다시 말씀해 주시겠습니까?

Nepočujem vás dobre.
녜뽀츄옘 바즈 도브레
잘 안 들립니다.

Mám tu zlý / slabý signál.
맘 뚜 즐리/ 슬라비 씨그날
여기 신호가 안 좋습니다.

Nemám mobilné dáta. Zavolám vám, keď budem na wifi.
녜맘 모빌네 다따. 자볼람 밤 께즈 부젬 나 비피
데이터가 없어서 와이파이 되는 곳에서 전화하겠습니다.

Prerušilo nás.
쁘레루쉴로 나스
전화 중 끊어졌습니다.

Môžem sa spýtať, v akej veci voláte?
뭐젬 싸 스삐따즈 브 야께이 베찌 볼라쩨
무슨 일로 전화하셨는지 물어봐도 될까요?

Môžem vám zavolať cez Zoom / Teams / Skype?
뭐젬 밤 자볼라쯔 쩨즈 주움/ 띰스/ 스까입
줌/팀스/스카입으로 연락드려도 될까요?

Pošlite mi link do Zoomu / do Teams.
뽀슐리쩨 미 링끄 도 주우무/ 도 띰쓰
줌/팀스 링크를 내게 보내 주세요.

구직

Môžete mi povedať, či máte voľné miesto sekretárky?
뭐줴쩨 미 뽀베다쯔 취 마쩨 볼네 미에스또 쎄끄레따르끼
비서 자리가 공석인지 말씀해 주시겠습니까?

Je táto ponuka ešte aktuálna?
예 따또 뽀누까 에슈쩨 악뚜알나

이 오퍼(제안)가 아직 유효합니까?

Pošlite nám motivačný list a životopis v slovenčine
뽀슐리쩨 남 모띠바츄니 리스뜨 아 쥐보또삐스 프 슬로벤취녜
aj angličtine.
아이 앙글리츄찌네

우리에게 슬로바키아어와 영어로 자기소개서와 이력서를 보내 주십시오.

Prvé kolo pohovoru prebehne online.
쁘리베 꼴로 뽀호보루 쁘레베흐녜 온라인

첫 번째 인터뷰가 온라인으로 진행될 것입니다.

Mám záujem o pozíciu manažéra výroby,
맘 자우옘 오 뽀지찌우 마나줴라 비로비
ktorú máte zverejnenú na webstránke.
끄또루 마쩨 즈베레이녜누 나 뷉스뜨랑께

웹사이트에 공개된 생산 매니저 자리에 관심이 있습니다.

Môžete vyplniť túto žiadosť?
뭐줴쩨 비쁠니쯔 뚜또 쥐아도스쯔

이 신청서에 기입해 주시겠습니까?

Môžete prísť na pohovor v utorok o 11:00?
뭐줴쩨 쁘리스즈 나 뽀호보르 브 우또록 오 예데나스떼이

화요일 오전 11시 인터뷰에 오실 수 있습니까?

인터뷰

Aký druh práce robíte?
아끼 드루흐 쁘라쩨 로비쩨

어떤 분야의 일에 종사하십니까?

Momentálne som nezamestnaný/-á.
모멘딸녜 쏨 녜자메스뜨나니/ -나

지금은 실업자입니다.

Čo vás viedlo k tomu, že ste si vybrali našu spoločnosť?
쵸 바즈 비에들로 끄 또무 줴 스쩨 씨 비블랄리 나슈 스뽈로츄노스쯔

왜 저희 회사를 택하셨습니까?

Môžem sa spýtať, prečo ste odišli z predchádzajúcej
뭐죔 싸 스삐따쯔 쁘레쵸 스쩨 오디쉴리 스 쁘레하자유쩨이
firmy?
피르미

왜 이전 회사를 떠나셨는지 여쭤봐도 되겠습니까?

Prečo sa považujete za kvalifikovaného/-ú
쁘레쵸 싸 뽀바쥬예쩨 자 끄발리피꼬바네호/끄발리피꼬바누
pre tento typ práce?
쁘레 뗀또 띱 쁘라쩨

왜 당신이 이 자리에 적합하다고 생각하십니까?

Ako ste sa dozvedeli o našej spoločnosti?
아꼬 스쩨 싸 도즈베젤리 오 나쉐이 스뽈로츄노스찌

저희 회사에 대해서 어떻게 알게 되셨습니까?

Ak by vás zamestnala naša spoločnosť, na ktorom oddelení by ste radi pracovali?
악 비 바즈 자메스뜨날라 나샤 스뽈로츄노스쯔 나 끄또롬 오드젤레니 비 스쩨 라지 쁘라쪼발리

우리 회사에 고용된다면 어느 부서에서 일하고 싶으십니까?

Aký očakávate plat?
아끼 오촤까바쩨 쁠랏

보수를 얼마나 기대하십니까?

Podľa vášho životopisu predpokladám, že vaša angličtina je veľmi dobrá.
뽀들랴 바슈호 쥐보또삐수 쁘렛뽀끌라담 줴 바샤 앙글리츄찌나 예 벨미 도브라

자기소개서를 읽어보니 영어 실력이 좋으시군요.

Čo považujete za najdôležitejšiu vec v živote?
쵸 뽀바쥬예쩨 자 나이둴레쥐쩨이쉬우 베즈 브 쥐보쩨

삶에서 가장 중요한 것이 무엇이라 생각하십니까?

Aký základný princíp uplatňujete vo svojom živote?
아끼 자끌라드니 쁘린찝 우쁠라뜨뉴예쩨 보 스보욤 쥐보쩨

인생관이 무엇입니까?

Čo považujete za dôležité vo svojej práci?
쵸 뽀바쥬예쩨 자 둴레쥐떼 보 스보웨이 쁘라지

당신의 일에 중요한 것이 무엇이라고 생각하십니까?

Čo si myslíte, že je najdôležitejšie pre vaše šťastie?
쵸 씨 미슬리쩨 줴 예 나이둴레쥐쩨이쉬에 쁘레 바쉐 슈쨔스찌에

당신의 행복에 가장 중요한 것은 무엇이라고 생각하십니까?

Môžem sa opýtať, kde sa vidíte o päť rokov?
뭐쥄 싸 오삐따즈 그제 싸 비지쩨 오 뻿 로꼬우

5년 뒤에 자신을 상상해 보시겠습니까?

Máte už nejaké skúsenosti s touto prácou?
마쩨 우쥬 녜야께 스꾸쎄노스찌 스 또우또 쁘라쪼우

이 일에 경험이 있으십니까?

Aké sú vaše doterajšie skúsenosti s touto prácou?
아께 쑤 바쉐 도떼라이쉬에 스꾸쎄노스찌 스 또우또 쁘라조우

이 일과 관련된 과거 경험들이 있으십니까?

Aká je vaša motivácia pracovať v našej spoločnosti?
아까 예 바샤 모띠바찌아 쁘라쪼바즈 브 나쉐이 스뽈로츄노스찌

우리 회사에서 일하고자 하는 동기가 무엇입니까?

K životopisu ste nepriložili certifikáty a referencie.
그 쥐보또삐수 스쩨 녜쁘리로쥘리 쩨르띠피까띠 아 레페렌찌에

이력서에 경력 확인서와 추천서가 첨부되지 않았습니다.

Viete nám dať nejaké kontakty kvôli referenciám?
비에쩨 남 다즈 녜야께 꼰딱띠 끄뷜리 레페렌찌암

추천서 관련된 연락처를 주실 수 있으실까요?

Ak úspešne absolvujete tento pohovor, stretneme sa v druhom kole.
악 우스페슈녜 암쏠부예쩨 뗀또 뽀호보르 스뜨레뜨녜메 싸 브 드루홈 꼴레

성공적으로 이 인터뷰를 마치면 두 번째 인터뷰에서 만날 것입니다.

Ďakujeme, že ste prejavili záujem a že ste si našli čas prísť. 쟈꾸옘 줴 쓰쩨 쁘레야빌리 자우옘 아 줴 스쩨 씨 나슐리 촤스 쁘리스쯔	관심 가져 주시고 와 주셔서 감사합니다.
Týmto sme skončili naše interview. 띰도 즈메 스꼰췰리 나쉐 인떼르뷰	인터뷰가 다 끝났습니다.
Budeme vás kontaktovať. 부제메 바스 꼰딱또바쯔	연락 드리겠습니다
Oceňujem vašu úprimnosť. 오쩨뉴옘 바슈 우쁘림노스쯔	솔직히 말씀해 주셔서 감사합니다.
V priebehu niekoľkých dní sa od nás dozviete definitívne áno alebo nie. 프 쁘리에베후 니에꼴끼흐 드니 싸 오드 나즈 도즈비에쩨 데 피니띠브녜 아노 알레보 니에	조만간 최종결정을 들으실 수 있을 것입니다.
Keď pôjdete von, pošlite ďalšieho uchádzača. 께즈 뿨이제쩨 본 뽀슐리쩨 쟐쉬에호 우하자촤	나가실 때 다음 사람을 보내주세요.

슬로바키아 기본 정보

슬로바키아 핵심 개황

- 면적: 4만 9천 평방킬로미터, 중부유럽 5개국(체코, 헝가리, 오스트리아, 폴란드, 우크라이나)과 국경을 마주하고 있으며 지리적으로 유럽의 중심에 위치한다. 중부 슬로바키아 끄렘니쯔께 바녜Kremnické Bane 마을의 성 세례자 요한 성당 앞 위치가 지리적으로 유럽의 중심 경도 위도(북위 48°44'38'' 동경 18°54'48'')로 알려져 있다.
- 슬로바키아의 공식 언어는 슬로바키아어이다. 슬라브권 언어 중에는 체코어와 가장 유사하며 슬라브어의 에스페란토로 불리는데, 그 이유는 이 언어가 슬라브 언어권 민족들 간에 상호 이해가 가장 쉬운 언어로 여겨지기 때문이다. 슬로바키아어는 미국, 캐나다, 체코에 사는 2백만 이민자들의 언어이기도 하다.
- 슬로바키아는 발음의 유사성 때문에 자주 슬로베니아와 혼동되는 경우가 있는데 두 나라는 국기의 색깔도 비슷하다. 하지만 슬로베니아는 해안을 소유한 국가이며, 슬로바키아는 내륙 국가이다.
- 전체 인구수는 577만 명(2023. 9. 28일 현재 Worldometer 기준)이다. 슬로바키아인이 인구의 대다수(약 84%)를 차지하며, 약 7.8%를 차지하는 헝가리인들이 최다 소수민족이다.
- 138개의 도시가 있으며 2천9백여 개의 마을로 이루어져 있다.
- 슬로바키아 내 가장 큰 도시는 브라찌슬라바이다. 브라찌슬라바는 세계에서 유일하게 두 개의 나라(오스트리아와 헝가리)와 국경을 접하고 있는 수도이다. 오스트리아의 수도 비엔나까지는 78킬로미터, 비엔나 국제공항 슈베하트Schwechat와는 47킬로미터 떨어져 있다. 비엔나와 브라찌슬라바는 지구상의 국가 중 가장 가까운 2개의 수도이다.
- 1919년 민족 부흥 운동가들의 영향으로 수도는 브라찌슬라바로 개명되었는데, 이전에는 독일어로 프레스부르크Pressburg, 헝가리어로 포종Pozsony으로 불렸었다. 브라찌슬라바의 뜻은 '형제들에게 영광을'이란 뜻이다.
- 슬로바키아의 국가 공식 명칭은 슬로바키아 공화국Slovenská republika이며 의회 민주주의 국가로 총리와 대통령이 있다.
- 1993년 1월 1일 구 체코슬로바키아에서 분리되어 신생 독립국가가 되었다. 2004년 5월 1일 유럽연합EU에 가입했으며, 2009년부터 유로Euro를 화폐로 쓰고 있다.
- 국가의 40% 이상이 산이다. 슬로바키아에는 7천 개가 넘는 동굴, 폭포, 호수를 가진 9개의 국립공원이 있으며 동유럽의 알프스라 불리는 카르파티아의 일부인 따뜨라Tatry 산맥의 최고봉인 게를라호프 산Gerlachovský štít이 슬로바키아에 위치한다. 따뜨라 산맥은 폴란드와 슬로바키아를 나누는 자연 국경의 역할을 한다. 슬로바키아 내 1만 3천 킬로미터가 넘는 하이킹 트레일이 있으며 이 트레일들은 대부분 자원봉사자에 의해 관리되고 있다.
- 전국적으로 다양한 광천수가 풍부하며 이 중 많은 광천수가 의료 혹은 온천 목적(예: Piešťany, Rajecké Teplice)으로 이용되고 있는데, 해마다 수천 명의 해외 관광객이 치료와 휴양을 위해 방문하고 있다.
- 슬로바키아에는 과거 166개의 성과 궁이 존재했다. 현재는 14개의 성과 2개의 궁, 그리고 96개의 성과 궁의 유적지가 있다. 유네스코 세계문화유산에는 2개의 자연유산, 6개의 문화유산, 9개의 무형 문화유산이 등록되어 있다.

슬로바키아의 역사

6세기 무렵 지금의 슬로바키아 땅에 슬라브 민족이 이주해서 정착했다. 9세기에는 현재 체코의 모라비아 땅과 서슬로바키아 지역에 대(大)모라비아 왕국(833~907)이 건립되었다. 대모라비아 왕국의 두 번째 통치자 라스찌슬라우 Rastislav(820~870)의 요청으로 비잔틴 제국 미하엘 3세는 찌릴 Cyril(826~869)과 메토디우스 Metod(815~885)를 선교사로 파견했으며, 그들은 슬라브족에게 기독교를 포교하기 위해 고대 슬라브어 문자를 만들어 성경과 전례서를 번역하였다. 교황은 고대 슬라브어를 교회 전례 언어로 사용하는 것을 허용했다. 대모라비아 제국이 멸망한 후 슬로바키아는 헝가리의 지배를 받게 되어 슬로바키아인들은 피지배층으로서 천 년이란 긴 역사를 헝가리인들과 공유하게 된다. 당시 헝가리 국가는 인종적으로 문화적으로 단일하지 않았으며 인구의 상당수가 슬로바키아인으로 구성되었다. 슬로바키아 지역이 헝가리 국가에 편입되었을 때 이미 이 지역에는 나름대로 발전된 조직과 행정체계가 존재했다. 또한 헝가리보다 먼저 가톨릭으로 개종한 슬로바키아인들은 초기 헝가리 국가 형성에 중요한 역할을 했던 것으로 알려져 있다. 헝가리 국토의 1/3을 차지했던 슬로바키아는 헝가리 국가 체제 내에서 서서히 자신의 독립을 잃게 되었다고 믿어진다. 슬로바키아는 농경이 주요 산업이었지만 중세 때는 광산의 개발로 지역발전이 활성화되었으며, 16~18세기에 브라찌슬라바는 3백여 년간 헝가리의 수도 역할을 했다. 1918년 슬라브 형제라는 공동체 의식에 근거해 체코와 결합, 체코슬로바키아라는 국명으로 독립했다. 그러나 제2차 세계대전의 종결과 함께 1945년 이 지역은 소비에트 연방의 위성국가로 편입되었으며, 1989년 벨벳혁명 때까지 사회주의 국가로 존속했다. 이후 체코슬로바키아는 와해되고 슬로바키아는 1993년 1월 1일 신생 독립 국가로 탄생하게 되었다.

슬로바키아 언어

천 년간 헝가리의 지배를 받았던 슬로바키아인에게 언어는 자신들의 민족정체성 형성에 있어 가장 중요한 구성요소였다. 유럽에서 라틴어는 중세부터 근세 시기까지 수 세기 동안 문어(文語)로 사용되었고 유럽의 대학에서 교육의 언어로 사용되었다. 라틴어를 매개로 유럽에서 지식인들이 여러 곳으로 이동할 수 있었다. 그러나 라틴어는 오로지 지식인층과 성직자들의 언어였을 뿐, 일반 대중에게는 매우 어렵고 이해될 수 없었다. 라틴어의 이와 같은 지배적 위치는 종교 개혁을 통해 무너지기 시작했고 개신 교회들은 지역 언어를 사용하기 시작했다. 성문화된 슬로바키아 문어를 갖지 못했던 슬로바키아의 개신교도들은 체코 문어를 종교 예식을 위한 언어로 사용하였다. 슬로바키아어를 성문화하려는 최초의 노력은 18세기 말 슬로바키아 가톨릭 신부 안똔 베르놀락 Anton Bernolák(1762~1813)에 의해 시도되었다. 서부 슬로바키아 방언에 기초를 둔 이 언어는 많은 문학 작가와 시인들에 의해 사용되었으나 개신 교도들에게는 수용되지 않았다. 이후 19세기 슬로바키아인들의 분리와 독립이라는 사상을 주창한 개신교 목사 류도빗 슈뚜르 Ľudovít Štúr(1815~1856)에 의해 다시 한번 슬로바키아어의 성문화가 시도되었다. 슈뚜르는 1843년 중부 슬로바키아 방언을 기초로 슬로바키아어를 성문화했으며, 이 언어는 이후 민족을 통일시키는 언어로 19세기와 20세기 슬로바키아 민족 부흥의 유용하고 성공적인 도구가 되었다.

1968년 인간의 얼굴을 한 사회주의와 1989년 벨벳혁명

1948년 정식으로 공산화가 된 체코슬로바키아에는 이후 줄곧 박해, 검열, 거짓 프로파간다가 사회 전반에 걸쳐 팽배해 있었다. 그러나 1960년대에 들어 유럽 전체에 변화의 물결이 일어나면서 체코슬로바키아에도 정치, 사회, 문화적 변화가 시작되었다. 1967년 말부터 1969년 8월까지의 시기를 '프라하의 봄'이라 불렀는데, 이 시기는 공산 체제 아래서 정치 시스템의 개혁에 대한 논의가 유일하게 가능했던 때였다. '프라하의 봄'을 주도했던 중심인물은 슬로바키아인 알렉산데르 둡체크 Alexander Dubček(1921~1992)로 당시 체코슬로바키아 최고 서기장이었다. 그는 인간의 얼굴을 한 사회주의를 대변했다. 하지만 1969년 8월 20~21일간의 밤에 시작된 소련의 군사 침략으로 인해 모든 개혁에 대한 계획은 무산되었고 소련은 이른바 정상화normalizácia에 착수했다. 전체주의, 비자유, 검열의 시대로 회귀했으며 소련 군대는 전반적 상황을 모니터링하기 위해 주둔했다.

이후 사회적 변화는 1980년대 다시 일어나기 시작했으며 본격적인 변화의 해는 1989년이었다. 1989년 11월 벨벳혁명으로 체코슬로바키아에서는 공산 체제가 무너졌으며 당시 체코에서는 OF(Občianske fórum: 시민포럼)가, 슬로바키아에서는 VPN(Verejnosť proti násiliu: 폭력에 반대하는 민중)이 항거를 조직했다. 당시 체코 OF의 수장은 이후 민주 체코슬로바키아의 대통령으로 선출된 바츨라프 하벨Václav Havel이었으며 슬로바키아의 VPN은 신생 독립국 슬로바키아에서 문화부 장관을 역임한 밀란 끄냐슈꼬Milan Kňažko, 얀 부다이Ján Budaj 등 다수 인물이 이끌었다.

출처: Adela Ismail Gabríková and others (2022) *Krížom-krážom. Slovenčina B2* (Bratislava: Univerzita Komenského v Bratislave), p. 130.

슬로바키아 국가(國歌)

따뜨라 산맥 위로 번개가 친다

Nad Tatrou sa blýska,	따뜨라 산맥 위로 번개가 친다.
hromy divo bijú.	천둥 소리가 크게 울린다.
Nad Tatrou sa blýska,	따뜨라 산맥 위로 번개가 친다.
hromy divo bijú,	천둥 소리가 크게 울린다.
zastavme ich, bratia,	형제들이여, 그들을 막자.
veď sa ony stratia,	그들이 사라지고
Slováci ožijú.	슬로바키아 민족이 부활할 것이다.
To Slovensko naše	우리 슬로바키아는
posiaľ tvrdo spalo,	여태껏 깊이 잠들었노라.
ale blesky hromu	천둥 번개가
vzbudzujú ho k tomu,	우리를 깨우러
aby sa prebralo.	대지를 흔드는구나.

슬로바키아 국가는 19세기 민족 부흥 운동에 기원한다. 천 년간 비(非)슬라브족인 헝가리인의 지배를 받은 슬로바키아 민족에게 독립은 간절한 염원이었다. 1844년 23세였던 얀꼬 마뚜슈까 Janko Matúška가 작사했고 곡은 민요인 꼬빨라 스뚜지엔꾸 Kopala studienku에서 가져왔다. 얀꼬 마뚜슈까의 작사 첫 소절은 1918년 독립한 신생 체코슬로바키아 국가의 후반부가 되어 체코 국가 <나의 조국은 어디에>와 함께 공식적인 국가로 불리게 되었다. 1993년 슬로바키아가 신생국으로 독립하면서 두 번째 소절이 첨가되어 슬로바키아 공화국의 공식 국가가 되었다.

슬로바키아 국경일과 공휴일

- 1월 1일: 슬로바키아 공화국 건국일
  (1993년 1월 1일 건국을 기념하기 위한 국경일)
- 1월 6일: 주님 공현 대축일
  (동방의 세 박사가 아기 예수님을 경배하러 간 것을 기념)
- 4월 7일: 성 금요일
  (부활 대축일 전 금요일로 예수 그리스도의 죽음을 기념하는 날)
- 4월 10일: 부활 팔부 축제 내 월요일
  (부활 대축일 일요일 다음 월요일로 공휴일)
- 5월 1일: 노동절
  (국내에서는 근로자의 날로 알려져 있음)
- 5월 8일: 파시즘 대항 승리 축일
  (독일의 항복으로 제2차 세계대전 종전을 기리는 날)
- 7월 5일: 성 찌릴과 메토디우스 대축일
  (고대 슬라브어를 창시하고 슬라브인들에게 천주교를 전파한 두 성인을 기리기 위한 축일로 국경일).
- 8월 29일: 슬로바키아 민족 봉기 축일
  (1944년 슬로바키아를 침략한 독일 점령군에게 항거한 날을 기념하는 국경일)
- 9월 1일: 제헌절(국경일)
- 9월 15일: 칠고(일곱가지 고통)의 성모 대축일
  (슬로바키아 수호 성인인 칠고의 성모마리아를 기리는 축일)
- 11월 1일: 모든 성인 대축일
- 11월 17일: 자유와 민주주의를 위한 투쟁의 날
  (1989년 11월 17일 슬로바키아 벨벳혁명을 기념하기 위해 지정된 국경일)
- 12월 24일: 크리스마스 이브
- 12월 25일: 성탄 대축일 첫 날
- 12월 26일: 성탄 대축일 둘째 날

슬로바키아 유네스코 세계문화유산

출처: Barbora Rusňáková, "NAJkrajšie UNESCO pamiatky: Tieto unikáty nájdete iba na Slovensku!" FoxoBoxo: https://www.foxoboxo.sk/blog/najkrajsie-unesco-pamiatky-tieto-unikaty-najdete-iba-na-slovensku (검색일: 2023.10.01)

자연유산

1. 슬로바키아 & 아그텔레크 카르스트 동굴군
   Jaskyne Slovenského krasu a Aggteleckého krasu

   이 지역에는 현재까지 확인된 712개의 동굴이 있으며 동굴이 밀집된 지역은 전형적인 온대 카르스트 지형으로 이루어져 있다. 이 동굴들은 열대와 빙하 기후가 결합한 매우 희귀한 사례를 보여주기 때문에 수천만 년에 걸친 지질학적 역사를 연구하는데 좋은 자료가 된다.

2. 카르파티아와 유럽 원시 너도밤나무 숲
   Bukové pralesy

   슬로바키아, 우크라이나, 독일의 세 국가 영토에 걸쳐 있는 자연유산이며 빙하기 이후 현재까지 진행 중인 육상 생태계의 회복과 발전 과정을 보여 주는 중요한 사례이다.

문화유산 6곳

1. 반스까 슈찌아브니짜 역사적 타운과 주변 기술 기념물(Banská Štiavnica a technické pamiatky okolia, 1993년 등재)
2. 레보촤, 스피슈 성과 그 주변 기념물(Levoča, Spišský hrad a pamiatky okolia, 1993년 등재, 2009년 확대)
3. 블꼴리녜쯔 민속건축 보존지구(Rezervácia ľudovej architektúry Vlkolínec, 1993년 등재)
4. 바르제요우 도시 역사 중심지(Historické jadro mesta Bardejov, 2000년 등재)
5. 슬로바키아 카르파티아 산맥의 목조교회(Drevené chrámy v slovenskej časti Karpatského oblúka, 2008년 등재)
6. 로마제국 국경방어선 다뉴브 리메스 서부 구역(Hranice Rímskej ríše – Dunajský Limes – spoločná lokalita s Nemeckom a Rakúskom, 2021년 등재) 다뉴브 리메스는 로마제국의 국경 가운데 거의 600킬로미터 거리에 달하는 다뉴브 국경방어선 전체를 아우르는 유산으로 지중해를 둘러싼 로마제국의 광범한 국경의 일부였다.

무형 문화유산 8개

1. 푸야라와 그 음악(Fujara – hudobný nástroj a jeho hudba, 2005, 2008년 등재): 푸야라는 손가락 구멍이 3개인 1.6~2.2미터에 달하는 매우 긴 관악기로 전통적으로 슬로바키아의 양치기들이 연주했던 악기였다.
2. 쩨르호바 전통음악
   (Terchovská muzika, 2013년 등재)
3. 백파이프 문화 (Gajdošská kultúra, 2015년 등재)
4. 슬로바키아와 체코의 인형극
   (Bábkarstvo na Slovensku a v Čechách, 2016년 등재)
5. 호레흐로니에의 다성부 가창 음악
   (Horehronský viachlasný spev, 2017년 등재)
6. 모드로뜰라츄 염색공예 (Modrotlač, 2018년 등재)
7. 와이어 공예와 예술 (Drotárstvo, 2019년 등재)
8. 매사냥-살아있는 인류 유산
   (Sokoliarstvo – živé dedičstvo ľudstva, 2021년 등재)
9. 리피잔 말들의 사육과 연계된 전통
   (Tradície spojené s chovom koní plemena lipican, 2022년 등재)

출처: 유네스코 한국위원회, 유네스코와 유산: https://heritage.unesco.or.kr (검색일: 2023.09.30)

슬로바키아 대표 음식

까뿌스니짜 수프 *kapustnica*

양배추 수프는 전통적인 슬로바키아의 걸쭉한 수프로 발효된 양배추로 준비한다. 부드러운 할루슈끼, 크림 및 으깬 감자를 넣기도 한다. 크리스마스 이브 수프에는 고기를 넣지 않지만 일반적으로 훈제 소시지를 넣어 요리하며 김치찌개와도 유사한 맛이 난다.

우또뻬네쯔 *utopenec*
(pickled vinegar sausage)

차가운 요리로, 술집에서 맥주 안주로 보통 제공된다. 새콤달콤하게 양파를 넣어 절인 소시지 음식이며 소시지는 껍질을 벗겨 작은 조각으로 자르고 양파를 썰어 넣는다. 물, 식초, 소금, 설탕 및 후추를 넣어 끓여 1~2주 정도 절인 후 빵과 함께 먹는 음식이다.

브린조베 할루슈끼 *bryndzové halušky*
(dumplings with sheep cheese)

슬로바키아의 대표적인 전통 음식이다. 밀가루와 감자녹말을 섞어 반죽을 만든 후 수제비처럼 잘게 뜯어 끓는 물에 익혀 체에 건진다. 익힌 반죽에 양 치즈, 베이컨 혹은 돼지기름 튀김을 섞어 볶은 음식이다.

까푸스또베 스뜨라파츄끼 *kapustové strapačky*
(dumplings with cabbage & bacon)

할루슈끼처럼 잘게 뜯어 익힌 반죽을 절인 양배추, 혹은 베이컨과 같이 볶아내어 만든 슬로바키아의 전통 음식이다.

브린조베 삐로히 *bryndzové pirohy*
(pirogi with sheep cheese)

중동부 유럽에 널리 퍼져 있는 만두류 음식으로 밀가루와 감자녹말을 섞어 만두피를 만든 다음 만두 속 재료로 안에 잼, 뜨바로흐(신맛이 있고 신선한 생치즈의 종류), 브린자(양 치즈) 등을 넣은 뒤 쪄낸다.

비쁘라좌니 씨르 *vyprážaný syr*
(fried cheese)

슬로바키아와 체코 음식으로 1.5센티미터 정도의 에이담 혹은 에멘탈 치즈에 밀가루, 달걀, 빵가루로 옷을 입혀 튀겨낸 음식이다. 따따르나 마요네즈 소스를 곁들여 먹으며 사이드로 감자요리를 먹는다.

록쉐 *lokše*
(Slovak potato pancakes)

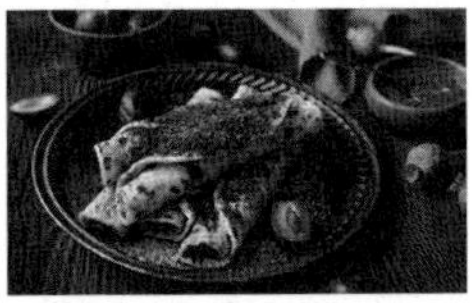

삶은 감자를 갈아 밀가루와 소금을 넣고 섞어서 만든 슬로바키아 전통 팬케이크 요리이다. 슬로바키아에서는 팬케이크에 거위 기름을 칠해 먹는 것이 가장 전통적인 방법이며 안에 신 양배추절임과 간 고기를 넣어 먹기도 한다. 체코 모라비아 지역에서는 잼을 넣어 만든 달콤한 록쉐를 더 선호한다.

제미아꼬베 빨라쯔끼 *zemiakové placky*
(fresh potato pancakes)

감자를 잘게 간 후 밀가루, 달걀, 마늘을 섞어 후추, 소금, 마요란까로 간을 맞춘 다음 기름에 지져 먹는 음식이다. 반죽에 베이컨을 잘게 썰어 넣기도 한다. 우리의 감자전과 비슷하다.

제미아꼬베 굴끼 *zemiakové guľky*
(potato dumplings with meat)

감자를 잘라 찐 다음 크림과 버터를 넣어 섞으면서 으깬 후 차갑게 식힌다. 그런 다음 작은 공 모양으로 만들고, 달걀을 으깨어 넣은 밀가루와 빵가루에 묻힌 후 기름에 튀겨낸다. 혹은 작은 공 모양의 반죽을 만들 때 그 안에 훈제 간 고기 등을 넣은 후 튀기기도 한다. 동그랑땡 감자요리로서 사우어크라우트를 곁들어 먹기도 한다.

슐란쩨 *šúľance*
(dumplings with poppy seeds or nuts & butter)

찐 감자를 스펠트 밀가루와 달걀노른자, 소금과 섞어 반죽을 만든 다음 새끼손가락 절반 크기로 잘라 끓는 물에 익혀 낸다. 익힌 반죽에 양귀비 씨앗 가루 혹은 견과류, 버터, 가루 설탕을 입혀 먹는다.

바레나 끄녜들랴 *varená knedľa*
(homemade dumpling)

동유럽과 독일권에서 고기와 곁들어 먹는 대표 사이드 디쉬로서 감자와 밀가루가 주재료이다.

세계사 속의 슬로바키아인

마쩨이 벨 (Matej Bel, 1684~1749)

헝가리 왕국의 통치 시기 슬로바키아인 목사, 교육자, 역사학자로서 18세기 유럽의 대표 학자 중 한 명이다. 신학, 언어, 과학, 의학 등 여러 분야에 업적을 남겼다. 그는 라틴어, 독일어, 헝가리어, 성서 체코어로 약 50권의 작품, 연구 및 기사를 남겼으며, 그의 작품에서 당시 헝가리 왕국의 지배를 받던 슬로바키아인의 삶의 방식과 특성을 찾을 수 있다.

류도빗 슈뚜르 (Ľudovít Štúr, 1815~1856)

슬로바키아 민족 부흥 운동을 주도했던 인물로 정치인, 목사, 철학자, 언어학자로 활동했으며, 슬로바키아 역사에서 중요한 인물 중의 한 명이다. 1844년 책 「슬로바키아 방언과 방언으로 글 쓰기의 필요성」을 출판해 슬로바키아어를 독립된 언어로 인정하고 성문화의 당위성을 주장했다. 그리고 1846년에는 중부 슬로바키아 방언을 기초로 한 문법책 「슬로바키아어 이론 Náuka reči slovenskej」을 출판했다. 이 책은 현대 슬로바키아 문어의 초석이 되었으며 현재 사용되고 있는 슬로바키아 문어는 슈뚜르의 성문법에서 기원한다. 안타깝게도 슈뚜르가 지휘한 일련의 민족 부흥 운동의 여러 시도는 헝가리 왕국의 반대와 탄압으로

자치와 독립의 결실을 보지 못하고 결국 좌절되었다. 이후 은신 중이던 1855년 사냥 중에 발생한 총기 사고로 1856년 1월 12일 사망했다.

요제프 무르가슈 (Jozef Murgaš, 1864~1929)

슬로바키아의 발명가, 건축가, 식물학자, 미술가이며 가톨릭 사제였다. 통신 역사의 혁명을 가져온 무선전신(wireless telegraphy) 발전에 크게 기여했다. 1896년 도미 후 펜실베니아 슬로바키아 교구 신부가 되었는데 실험실을 만들어 주로 무선전신 연구에 몰두했다. 1904년에는 「무선전신 장치와 무선전신으로 메시지를 전송하는 방법」이라는 두 개의 미국 특허를 받았고 1907~1916년 사이에 15개의 추가 특허를 등록했다. 1905년에는 루스벨트 대통령이 직접 무르가슈의 실험실을 방문하기도 했다. 1920년 슬로바키아로 돌아와 고등학교에서 전자기술을 가르쳤으나 이후 다시 도미한 뒤 1929년 미국에서 사망했다.

슈쩨판 바니츄
(슈테판 바니치/Štefan Banič, 1870~1941)

현대식 낙하산의 원형을 발명한 인물로서 슬로바키아 서부 출신이다. 광부로 일하기 위해 미국에 이민했으며 1912년 자신의 눈앞에서 비행기가 추락하는 상황을 목격한 뒤 6년 동안 낙하산의 프로토타입을 제작했다. 그의 연구 결과는 1914년 미국에서 특허 등록이 되었다. 1차 대전 후 그는 당시의 체코슬로바키아로 다시 귀화했다. 2020년 슬로바키아 정부는 바니츄를 기념하는 10유로 은화를 발행했다.

밀란 라스찌슬라우 슈쩨파닉
(Milan Rastislav Štefánik, 1880~1919)

슬로바키아 정치인, 학자, 파일럿, 천문학자로 제1차 세계대전 기간 체코슬로바키아 망명 정부 설립에 큰 공헌을 했으며, 1918년 체코슬로바키아 건국에 일조한 핵심 3인 중 한 명이었다. 슈쩨파닉은 체코슬로바키아 민족의회 부의장을 맡았고, 임시 정부와 신생 체코슬로바키아에서 국방부 장관을 역임했다. 불행히도 1919년 5월 4일 건국 후 첫 고국 방문을 위해 탑승한 비행기가 브라찌슬라바 북동쪽에서 추락해 38세의 젊은 나이로 사망했다. 브라찌슬라바 국제공항, 슬로바키아 국방 사관학교 등 많은 기관이 그의 이름을 따서 재 명명되었다. 2009년 5월 4일, 그의 사망 90주년을 기념하여 신 국립극장 맞은 편 에우로베아Eurovea 쇼핑몰 광장에 파일럿 복을 입은 슈쩨파닉 대형 청동상이 설치되었다.

얀 도쁘예라 (Ján Dopjera/John Dopyera, 1893~1988)

슬로바키아 출신으로 18세에 가족과 함께 도미했다. 발명가 겸 기업가였으며 현악기 제작자였다. 그는 공명 기타와 전자 기타의 초기 타입을 발명했으며, 형제들과 함께 도브로DOBRO라는 제조회사를 설립했다. 이후 도브로는 현재 깁슨 소유의 자회사 에피폰Epiphone이 제조하는 미국 공명 기타 브랜드가 된다. 도브로 공명 기타는 컨트리 음악의 장르인 블루그래스blue grass 음악의 발전에 지대한 기여를 했다. 슬로바키아 뜨르나바Trnava에 Dobro Hall of Fame이라는 기념박물관이 있다.

알렉산데르 둡체크 (Alexander Dubček, 1921~1992)

슬로바키아의 정치가, 외교관으로 1968년 구 체코슬로바키아 최고 서기장 직을 역임했다. 그는 '인간의 얼굴을 한 사회주의'를 주창하며 프라하의 봄을 주도한 인물이다. 구소련이 주도한 바르샤바 조약 군대의 침략으로 프라하의 봄은 무산되었고 둡체크는 당에서 추방되었다. 공직에서 축출되었을 뿐 아니라, 이후 20여 년을 가택 연금 상태로 브라찌슬라바 Mišíková 31에서 고립된 채 지내야 했다. 그는 1970~1985년 동안 최저연금을 받고 산림청 노동자로 근무했다. 예전 국내 언론에서는 두브체크로 알려져 있었다. 1989년 벨벳혁명 이후 연방의회 의장으로 복귀하였으나 불행히도 1992년 9월 1일 교통사고로 크게 다쳐 11월 7일 프라하 병원에서 사망했다. 유해는 브라찌슬라바 슬라비취이에 우돌리에Slávičie údolie 묘지에 안치되었다. 그는 1993년 독립 슬로바키아에서 가장 유력한 대통령 후보자였다.

루치아 포프 (Lucia Popp, 1939~1993)

20세기 TOP 10 오페라 가수에 줄곧 선정되는 슬로바키아 최고의 세계적 콜로라투라 프리마돈나였다. 슬로바키아 이름은 루찌아 뽀뽀바Lucia Poppová로 원래는 브라찌슬라바 대학에서 의학을 공부했었다. 하지만 2학기를 마치고 음악대학으로 전학한 후 음악인의 길을 걷기 시작했다. 1963년부터 오스트리아에서 활동하기 시작했으며 1966년 뉴욕의 메트로폴리탄 오페라에 데뷔했다. 모차르트와 바그너 그리고 리하르트 슈트라우스 곡을 해석하는 능력이 탁월했다. 54세에 뇌종양으로 타계했으며 브라찌슬라바에 안장되었다.

온드레이 네펠라 (Ondrej Nepela, 1951~1989)

브라찌슬라바 태생. 슬로바키아 피겨 스케이팅 선수로 체코슬로바키아 국가대표로 활동했다. 1972년 삿포로 올림픽에서 우승했고 세계 선수권 대회 연속 3연패 기록을 세웠다. 7세에 스케이트를 시작했으며 힐다 무드라Hilda Múdra 코치 밑에서 15년간 훈련을 받았다. 안타깝게도 38세의 젊은 나이에 에이즈로 사망했다. 네펠라는 20세기 슬로바키아 최고의 스포츠인으로 선정되었으며, 상은 네펠라의 전 코치였던 74세 힐다 무드라가 대리 수상했다. 브라찌슬라바 아이스 경기장은 네펠라의 이름을 따서 명명되었으며, 1993년부터 매해 네펠라를 기념하기 위해 국제 피겨스케이트 대회가 열리고 있다.

피터 사간 (Peter Sagan, 1990~)

슬로바키아 이름은 뻬떼르 싸간. 세계 최강의 천재 스프린터(단거리선수)로 주목받는 슬로바키아 사이클리스트이다. 2015~2017년 국제사이클연맹 월드 로드레이스 챔피언십에서 첫 3연패이자 최연소 3회 우승 기록을 세우며 단번에 월드 스타로 떠올랐다. 2023년 현재까지 세계 최고 권위의 로드 사이클대회인 투르 드 프랑스Tour de France에서 개인 통산 7번째 그린 저지를 획득하며 로드 사이클의 새 역사를 썼다. 17세 때 참여한 슬로바키아 컵 대회에서 새 자전거가 도착하지 않아 바구니가 달린 누나의 신문 배달용 자전거를 타고 우승한 유명한 일화가 있다. 한국에도 그의 많은 팬들이 존재한다.

슬로바키아 관광명소 10곳

1. 중동부 유럽의 알프스 따뜨라 산맥 Tatry

국토의 약 70%가 산악지대인 슬로바키아 동북부에 위치하며 폴란드 남부까지 뻗어 있는 산맥으로 하이 따뜨라와 로우 따뜨라로 나뉜다. 따뜨라는 카르파티아 산맥 중 가장 높은 산맥으로 중동부 유럽의 알프스라고 불리며, 산맥의 77.7%가 슬로바키아에 위치한다. 산맥의 가장 높은 봉우리는 슬로바키아에 위치한 게를라호프 산Gerlachovský štít으로 높이는 해발 2천6백 미터로 슬로바키아 구역에만 해발 2천 미터가 넘는 봉우리가 50개가 있다. 1992년 유네스코는 슬로바키아와 폴란드 따뜨라 국립공원을 세계 생물권 보전지역 네트워크(World Network of Bioshere Reserves)의 국가 간 생물권 보호 구역으로 공동 지정했다.

동부 슬로바키아 뽀쁘라드Poprad 역과 따뜨라 주요 마을 사이에는 전기 열차가 운행되며, 일부 구간에는 산악열차가 다닌다. 대표적인 정차역으로는 1) 스뜨릅스께 쁠레쏘Štrbské Pleso: 따뜨라에서 두 번째로 큰 호수와 스키장이 있으며, 끄리반Kriváň과 리시Rysy산 등의 정상으로 가는 등반로가 시작되는 곳이다. 2) 스따리 스모꼬베쯔Starý Smokovec: 해발 2천미터에 위치한 떼리호Téryho chata, 해발 1천9백 미터에 위치한 즈보이니쯔까Zbojnícka chata 등의 산악숙소들로 가는 하이킹 코스와 여러 등반로가 여기서 시작한다. 3) 따뜨란스까 롬니짜Tatranská Lomnica: 등산로와 하이킹 코스 외에 케이블카가 있어 해발 2천6백 미터의 롬니쯔끼 슈찟Lomnický štít까지 연결되어 있다. 정상에서 따뜨라 산맥의 절경을 볼 수 있는 곳이다. 따뜨라 산맥 주요 마을에는 오랜 전통을 자랑하는 최고급 호화 호텔과 리조트들이 즐비하며 연중 관광객들로 붐빈다. 자세한 정보는 www.tatry.sk를 참고하라.

2. 천해의 요새 뜨렌췬 성 Trenčiansky hrad

뜨렌췬은 오래전부터 지중해 지역과 발트해, 북유럽을 연결하는 고대 무역로의 역할을 한 도시였다. 이 도시의 바위산 위에 웅장하게 우뚝 서 있는 성이 뜨렌췬 성이다. 서기 179년 마르코만니 전쟁(Marcomannic Wars) 중 이 곳에서 게르만족을 물리친 로마 군인들은 성을 받치고 있는 바위 표면에 다음과 같은 승전문을 새겼다 - "황제와 글라우마리치오에 주둔하고 있는 제2군단 855명의 병사들의 승리를 기리며. M. V. 막시미아노스의 명령에 따라 만들다." 당시 로마 황제 마르쿠스 아우렐리우스는 브라찌슬라바 근교 로마도시 카르눈툼에 머물고 있었다. 영화 글레디에이터Gladiator에 나오는 막시무스 장군이 M. V. 막시미아노스로 알려져 있는데, 영화와는 다르게 실제로 막시미아노스 장군은 아우렐리우스와 후계자 코모두스의 총애를 받아 후일 원로원과 집정관 직을 역임했다고 한다.

10세기 초 대모라비아 왕국이 몰락한 이후 그 성터 자리에 11세기 뜨렌췬 성이 건립되었다. 이 지역은 당시 무역의 주요 중심지로 헝가리 북부지역과 슬로바키아 중부 광산도시, 보헤미아, 모라비아, 실레지아, 폴란드를 연결하는 주요 교차로의 역할을 했다.
영주 마뚜슈 착 뜨렌취안스끼Matúš Čák Trenčiansky/Máté Csák을 포함한 많은 왕들과 왕족, 귀족들이 소유하면서 이 성은 확장되고 증축되었으나, 안타깝게도 1790년 화재로 상당

부분 훼손되었다. 1905년 이 성의 마지막 소유주가 뜨렌췬 시에 성을 기증한 뒤, 20세기 대대적인 복원 작업을 거쳐 오늘의 모습을 갖게 되었다. 자세한 사항은 www.trencianskyhrad.sk를 참고하라.

3. 중동부 유럽의 디즈니 성 보이니쩨 Bojnický zámok

보이니쩨 성은 수려한 주변 자연환경과 동화 속의 성 같은 외관 덕분에 슬로바키아인들에게 사랑받는 성들 중 하나이다. 매년 15만 명 이상의 방문객들이 이곳을 다녀간다. 해마다 4월 말이나 5월 초에는 영혼과 유령 국제축제가 열리는데 국외에까지 알려진 매우 인기 높은 페스티벌이다. 이 성은 최초 12세기 목재 요새로 지어졌으며 13세기 석성으로 재건축되었으며, 이후 고딕양식을 거쳐 르네상스 양식으로 증축되었다. 이후 17세기 다시 한번 리모델링을 통해 바로크 성의 모습을 갖추게 되었다. 마지막으로 성을 소유한 백작 얀 빨피Ján Pálfi는 낭만적인 성을 구상했으며 유럽의 여러 성을 참고하여 1889~1920년에 걸쳐 뉴 고딕양식으로 재증축하였다. 하지만 백작이 갑작스럽게 후사 없이 요절하게 되면서 친척들 간에 소유권 분쟁이 생겼고, 1939년에는 기업가 바짜Baťa에게 성이 매각되었다. 그러나 바짜가 나치에게 협조했다는 죄목으로 그의 모든 재산이 국가에 몰수되면서 보이니쩨 성 역시 국가로 귀속되었다. 1950년 이후 현재까지 보이니쩨 성은 슬로바키아 국립 박물관의 일부로 사용되고 있다. 그러나 2007년 체코 법정에서 바짜의 과거 판결이 무효화 되면서 바짜의 후손들은 체코 정부에 거액의 배상과 재산 반환을 요청하고 나섰다. 슬로바키아 법정도 이후 같은 판결을 했는데, 바짜의 후손들은 보이니쩨 성에 대해서도 배상을 요구한 걸로 알려져 있다. 자세한 정보는 www.bojnicecastle.sk를 참고하라.

4. 드라큘라 성 오라바 Oravský hrad

이 성은 슬로바키아에서 가장 아름다운 성으로 유명하며, 오라바 강 옆 112미터의 바위 위에 우뚝 세워진 중세 시대의 성이다. 과거 요새와 지역 행정 중심의 역할을 했다. 헝가리 왕 벨라 4세Béla IV, 영주 마뚜슈 착 뜨렌취안스끼Matúš Čák Trenčiansky/Máté Csák, 헝가리 왕 마쩨이 꼬르빈Matej Korvín 등이 성의 소유주였다. 한때는 154개의 방을 가진 큰 성이었는데, 여러 양식으로 증축되어 오다가 불행히도 1800년 화재로 큰 피해를 입었다. 그러나 제2차 세계대전 이후 전반적인 복원작업을 거쳐 오늘의 모습을 갖추게 되었다. 독특한 주변 자연과 인상적인 성의 외관으로 인해 많은 슬로바키아와 유럽 영화의 로케 촬영지로 명성이 높다.

1922년 표현주의 영화의 거장인 독일 감독 프리드리히 빌헬름 무르나우Friedrich Wilhelm Murnau는 영화 역사상 최초의 장편 흡혈귀 영화를 제작했는데, 이는 브람 스토커Bram Stoker의 소설 드라큘라를 원작으로 한 무성영화였다. 이 기념비적인 영화의 촬영 장소가 바로 이 오라바 성이었다. 영화의 주인공 오를록Orlok 백작과 오라바 성의 이름은 신기하게도 첫 두 문자가 일치한다. 브람 스토커로부터 판권을 가져오지 못한 제작진은 드라큘라 이름을 쓰지 못하게 되고 대신 오를록 이라는 이름의 캐릭터를 구상하게 되었다. 그러나 영화 개봉 후 브람 스토커의 미망인에게 고소를 당해 패소했는데 당시 법원이 네거티브를 포함한 모든 필름을 회수해 불태우라는 명령을 내렸다. 다행히 미국을 비롯한 외국에 수출한 필름이 남아있어 현재도 이 전설적인 무성영화를 볼 수 있다. 오라바 성 내부에 이 영화를 기념하는 전시물이 있으며, 가끔 성에서 영화를 상영해 주기도 한다.
자세한 설명은 www.oravskemuzeum.sk를 참고하라.

5. 목발이 필요 없게 된다는 삐에슈짜니 온천 Piešťanské kúpele

슬로바키아에는 과거 한때 120개의 온천이 있었다. 현재는 20여 개의 온천만이 운영되고 있다. 가장 잘 알려진 온천으로는 삐에슈짜니Piešťany, 바르제요우Bardejov, 뚜르취안스께 쩨쁠리쩨Turčianske Teplice, 뜨렌취안스께 쩨쁠리쩨Trenčianske Teplice가 있으며 이들은 슬로바키아에서 가장 오래된 온천들이다. 12세기부터 온천수의 치료 효능에 대한 언급들이 문서에서 발견되었고, 15~16세기에는 첫 온천 시설들이 세워지기 시작했다. 18~19세기는 슬로바키아 온천의 황금 시기였다. 오스트리아 군주 마리아 테레지아는 1763년 오스트리아와 헝가리 왕국에 있는 모든 광천수의 조사와 분석을 명령했고 이 시기 온천 지역들은 유례없는 호황을 누렸다. 19세기 초 이미 슬로바키아에는 31개의 온천이 있었다.

바흐강 기슭에 위치한 삐에슈짜니 온천은 수도 브라찌슬라바에서 자동차로 한 시간 거리에 있으며, 온천의 역사는 200년이 넘는다. 슬로바키아 온천 중 가장 인지도가 높은 곳이다. 마리아 테레지아와 시시Sisi 황후를 포함한 합스부르크 왕족들, 베토벤 그리고 나폴레옹 장교들이 방문했던 곳이기도 하다. 삐에슈짜니는 특히 바흐강의 침전물과 미네랄 온천수가 만들어낸 메디컬 진흙으로 유명하다. 이 진흙을 이용한 치료

요법은 높은 항진균 효과와 함께 류마티스와 같은 운동계 질환, 신경질환 등에 효능이 있다고 예전부터 알려져 있다. 삐에슈쨔니 다리 입구 앞에 서 있는 「목발을 부러뜨리는 소년」상은 온천수의 효과를 극명하게 보여주고 있으며 1933년 이래 이 동상은 삐에슈쨔니 온천의 오랜 상징이 되었다.

6. 동화 속의 마을 취츠마니와 블꼴리네쯔

Čičmany & Vlkolínec

취츠마니는 인구 100명의 작은 슬로바키아 전통 마을로 흰색 페인트의 레이스 문양이 장식되어 있는 목조가옥들로 유명하다. 약 200년 전 주민들은 하얀 석회를 사용하여 손상된 목재를 보존하기 시작했으며, 짙은 색 목재에 다양한 민속 문양을 그리게 되었다. 그 패턴이 놀랍게 균일하고 다양한 소재의 문양이 들어가 있어 이 마을을 1977년부터 민속건축 보존기념지역으로 지정하게 되었다. 안타깝게도 화재로 일부가 전소되어 추후 복원되었는데, 115개의 건물 중 36개가 국립문화재로 지정되었다. 비록 유네스코 세계 문화유산은 아니지만(유네스코 세계 문화유산이라는 잘못된 정보가 인터넷에서 발견된다) 이 작은 마을의 독특한 민속 유산은 여전히 귀중한 슬로바키아 민속건축의 자산으로 그 가치가 매우 높다. 그리고 취츠마니 마을을 방문할 때, 15분 떨어진 라예쯔까 레스나 Rajecká Lesná 마을을 꼭 방문하여 나무로 만든 움직이는 구유를 감상하기를 추천한다. 단순히 예수 탄생을 보여주는 구유가 아닌 슬로바키아의 역사와 전통을 표현한 대작을 만날 수 있다. 마예스트로 요제프 뻬까라Jozef Pekara의 구유 작품의 크기는 무려 길이 8.5미터, 너비 2.5미터, 높이 3미터나 되며 제작 기간만 15년이 걸렸고, 등장 인물이 300명이 넘으며, 이 중 절반이 움직인다.

블꼴리네쯔는 중부 슬로바키아의 해발 718미터에 위치한 작은 전통 산악마을이다. 마을의 이름은 슬로바키아어로 늑대를 뜻하는 vlk에서 유래되었다. 통나무로 만든 45개의 목조 가옥들은 원형을 그대로 보존, 그 가치를 인정받아 1993년 유네스코 세계문화유산에 등재되었다. 이 마을에는 농부, 양치기와 나무꾼들이 주로 거주했는데, 가옥을 파스텔톤 유색 라임 코딩으로 페인트칠한 점이 매우 독특하다. 이 마을은 고립된 지형 덕분에 외부에 노출되지 않은 채 19세기 모습 그대로 보존될 수 있었다. 1770년에 세워진 교회 종탑과 1875년에 세워진, 마을의 유일한 석조건물인 성당도 그대로 남아 있다. 자세한 설명은 www.vlkolinec.sk를 참고하라.

7. 유네스코 문화유산 반쓰까 슈찌아브니쨔

Banská Štiavnica

반스까 슈찌아브니쨔는 주변 자연과 조화를 이루며 한 폭의 그림 같은 경관을 자랑하는 13세기에 설립된 슬로바키아에서 가장 오래된 광산 도시이다. 도시의 역사적 타운과 주변 기술 기념물은 중세 이래 발전해 온 광산 정착지의 발전을 보여주는 매우 가치 높은 사례로 1993년 유네스코 세계 문화유산에 등재되었다. 도시의 주요한 역사적 건물들은 대부분 16세기에 지어졌고 후기 고딕과 르네상스 건축양식이 주를 이룬다. 1762년에는 유럽에서 처음으로 광산 산림 아카데미가 설립되었는데, 이것은 이 도시가 광산 전문가들의 교육 센터였음을 보여주는 예이다. 반스까 슈찌아브니쨔 마을 사무소에 보관된 광산지도와 주요 갱 도면은 2007년 유네스코 세계 기록유산에 등재되었는데 17~20세기 초까지의 컬렉션으로 항목이 2만 개에 달한다. 이들 자료는 당시 헝가리 왕국에서 이루어졌던 광산채굴, 야금, 금속 주조에 관한 가장 권위 있는 기록유산이다. 유럽의 많은 학생들이 1764~1918년 사이 광산 산림 아카데미에서 공부했는데, 이는 슬로바키아 광산지도 제작법이 합스부르크 왕국과 해외의 광산지도 제작 발전에 큰 영향을 미쳤음을 시사한다. 반스까 슈찌아브니쨔는 13~18세기 사이 전 유럽에서 가장 많은 은을 채굴했던 곳이며, 금 채굴 또한 유럽에서 손에 꼽히는 광산 중 하나였다. 또한 18세기에는 구 헝가리 왕국에서 3번째로 큰 도시였다. 지금도 해 년마다 9월초 3일간 반스까 슈찌아브니쨔-살라만데르Banská Štiavnica-SALAMANDER 축제를 개최하는데, 800년이 넘는 광산 도시의 황금기를 축하하기 위해 거리 행진과 다양한 행사들이 도시 곳곳에서 개최된다. 해가 질 무렵 시작되는 거리 행진은 광산의 기원을 상징하는 나무 도마뱀을 손에 들고 있는 대표 양치기가 이끌고 이 양치기 뒤에는 광산에 사는 난쟁이들, 옛 의복을 입은 광부들, 랍비를 비롯한 상징적인 인물들이 뒤를 따른다. 자세한 사항은 www.banskastiavnica.sk를 참고하라.

8. 슬로바키아 제 2의 도시 꼬쉬쩨

Košice

꼬쉬쩨는 슬로바키아 동부의 메트로폴리스이며 슬로바키아에서 두 번째로 큰 도시이다. 중세 이후 발트해와 지중해를 잇는 무역의 교차로 역할을 해온 도시이며 다양한 민족, 종교, 문화가 모자이크처럼 공존했던 곳이다. 도시는 여러 기록을 보유하고 있다. 1369년 5월 7일 꼬쉬쩨는 헝가리 왕 루이 1세로부터 유럽에서 처음으로 왕실 문장을 수여받았다. 1995년 이후 매년 도시는 이날을 기념하는 행사를 연다. 그리고 해 년마다 10월 첫 일요일에 세계에서 두 번째로, 유럽에서는 가장 오래된 세계 마라톤대회인 국제평화 마라톤대회가 열린다. 첫 마라톤은 꼬쉬쩨에서 1924년에 열렸다. 도시의 역사 중심지는 슬로바키아에서 최고의 도시 문화재 보전지구이다. 꼬쉬쩨 도심에 있는 성 엘리자베스 대성당은 1508년 완공된 후 여러 차례 중축을 거쳐 완성되었다. 고딕 양식을 한 성당 중, 유럽에서 가장 동쪽에 위치한 성당이며 슬로바키아에서는 가장 규모가 큰 성당이다. 한 번에 5천 명이 미사를 드릴 수 있는 규모를 가지고 있으며 1474~1477년 완성된 중앙 제단은 슬로바키아 중세 고딕 예술의 최고 유물로 간주된다. 중부유럽에서 가장 오래된 직업 고등학교로 기계산업 고등학교가 1872년 꼬쉬쩨에 설립되었다. 도심에는 중부유럽에서 가장 큰 면적인 288 헥타르의 동물원과 슬로바키아에서 가장 큰 식물원이 있다. 또한 도시 외곽에는 1955~1956년 건설된 구 체코슬로바키아에서 유일한 어린이 헤리티지 기차 공원이 있어 옛 기차 타기 체험과 역사를 배울 수 있다. 꼬쉬쩨는 18세기 초까지 구 헝가리 왕국에서 두 번째로 큰 도시였으며, 지금은 슬로바키아 제2의 도시로 발전하고 있다.

9. 유네스코 문화유산 레보촤와 바르제요우 Levoča & Bardejov

두 도시 모두 유네스코 문화유산에 등재된 곳이다. 바르제요우 도시의 역사 중심지는 18세기 유대인 유적과 함께 2000년에 등재되었고, 레보촤는 1993년 등재된 스피슈성과 그 주변 기념물에 포함되어 2009년에 등재되었다. 두 도시 모두 동부 슬로바키아에 위치한다.

바르제요우 도시의 가장 핵심적 유적들은 고딕양식의 건물들로 둘러 쌓인 시청광장Radničné námestie, 슬로바키아에서 처음으로 르네상스 양식으로 건축된 시청사 그리고 고딕양식의 성 자일스 대성당Bazilika minor Sv. Egídia이다. 13세기 초에 설립된 성 자일스 대성당은 2000년 11월 23일 당시 교황이었던 성 요한 바오로 2세에 의해 소 바질리카로 승격되었다. 바르제요우는 유럽에서 가장 정교하고, 잘 보존된 요새 도시 중 하나이다. 또한 근교에 유서 깊은 바르제요우 온천이 해발 325미터에 자리 잡고 있으며 이 온천의 광천수는 유럽에서 유명한 메디컬 광천수이다. 자세한 설명은 www.bardejov.sk를 참고하라.

레보촤는 인구 만 4천5백 명의 작은 도시이지만, 슬로바키아의 유명 관광지 중 한 곳이다. 역사적 가치가 높은 구시가 광장에는 14세기에 지어진 성 야고보 대성당과 19세기 초 세워진 성당 종탑이 있다. 이 두 건축물이 도시의 가장 유명한 실루엣을 만든다. 대성당의 내부 인테리어는 특히 역사적 가치가 높아 중세 종교예술의 보고이다. 이 성당의 목조 제단은 높이가 약 19미터이며 초기 고딕양식으로는 세계에서 두 번째로 높은 제단이다. 1507~1517년 사이 레보촤 출신의 마예스트로 빠볼Majster Pavol이 제작했으며 제단 앞에 조각된 최후의 만찬 12사도 중 한 명의 얼굴에 자기 얼굴을 새겨 넣었다고 한다. 대성당 옆에는 1550년에 지어진 구시청사가 있는데 슬로바키아에 있는 최고 르네상스 건축물 중 하나다. 광장에는 과거 귀족과 상류층들의 가옥 50여 개가 보존되어 있다. 또한 레보촤는 슬로바키아 최고 순례지 중 한 곳으로 15세기부터 이 지역으로의 순례가 시작되었다. 도시 넘어 해발 781미터에 위치한 성모 마리아 언덕에서는 해 년마다 7월 초에 큰 성지 순례가 열린다. 이때 국내 외에서 수만 명의 순례자들이 경배하며 이 산에 오르며 성모 방문 대성당에서 감사미사를 드린다.

10. 유네스코 자연유산 도미짜 동굴 Domica

유네스코 세계 자연유산에 등재된 슬로바키아와 아그텔레크 카르스트 동굴군 Jaskyne Slovenského krasu a Aggteleckého krasu 중 하나로 슬로바키아에서 가장 큰 석회동굴이다. 1926년에 첫 발견되었고 길이는 5,358미터이며, 1932년 이후 일반인에게 동굴의 1315미터만 공개되었다. 1.4미터 길이의 배를 타고 동굴을 최대 한 시간 체험할 수 있으며, 유럽에는 몇 군데 없는 얼음 기둥을 볼 수 있다.

브라찌슬라바와 근교 관광명소 10곳

1. 국가 문화재 1호 브라찌슬라바 성 Bratislavský hrad

브라찌슬라바 성(城)은 슬로바키아 수도 브라찌슬라바의 대표적인 랜드마크로 이 도시에 입성할 때 반드시 볼 수밖에 없는 주요 건축물이다. 소(小)카르파티아Malé Karpaty 산맥의 우뚝 솟은 바위 위에 세워진 직사각형 모양의 독특한 이 성의 주변으로 다뉴브강이 흐른다. 성은 9세기 대모라비아 왕국 때부터 존재했는데 18세기까지 여러 번 다양한 건축양식으로 증축을 거쳤다. 하지만 오스트리아의 군주 마리아 테레지아의 후계자인 요제프 2세가 1780년 왕에 오르고 개혁을 시작하면서 브라찌슬라바의 행정 기관들을 모두 헝가리 부다로 옮겼다. 이 결정으로 브라찌슬라바 성에 거주했던 알베르트 폰 작센-테센Albert Kasimir von Sachsen-Teschen 공작이 성을 떠났고, 그 후 성은 빈 상태로 남게 되었다. 1783년 교육개혁으로 성은 신학대학 양성소의 일부가 되어 개축이 불가피했는데, 이때 귀중한 내부 장식들이 많이 훼손되었다. 18년간 신학대학의 일부였던 성은 이 시기 많은 슬로바키아의 지식인들을 배출했다. 하지만 불행히도 1802년 성의 사용권이 군대로 넘어가며 잔혹한 운명을 겪게 되었고 아름다운 로코코 건물은 군인들의 숙소로 전락했다. 설상가상 1809년 나폴레옹 군대에 의해 성이 힘없이 파괴되었고, 1811년 군인들의 부주의로 인한 화재로 건물들이 거의 전소되었다. 그 후 20세기 세계대전 동안 군사 목적으로 이용되다가 폐허 상태로 남아있던 성을 1956~1964년 사이 대대적인 복원 작업을 통해 옛 모습대로 재건축되었다. 한때는 체코슬로바키아 공산 정부에서 이 성을 완전히 없애는 것을 제안했으나 전문가들과 국민들의 강력한 반대로 무산되고 복원되었다 하니 다행한 일이 아닐 수 없다. 복원된 성에서 1968년 10월 30일 체코슬로바키아 연방 헌법이 서명되었다. 현재 브라찌슬라바 성 안에는 슬로바키아 국립 박물관이 있으며 슬로바키아의 보석과 역사에 대한 영구 전시와 다양한 상설 전시가 열린다. 1993년 1월 1일 독립한 신생 슬로바키아의 첫 대통령인 미할 꼬바츄Michal Kováč가 3월 브라찌슬라바 성에서 선서식을 거행했다. 성 옆에는 슬로바키아 의회가 자리하고 있다. 천 년의 영욕의 역사를 슬로바키아 민족과 같이 견뎌온 브라찌슬라바 성은 1961년 성이 갖는 중대한 역사적, 건축학적 의미를 인정받아 국가 문화재 1호로 선정되었다.

2. 왕관을 두른 성 마르띤 대성당과 미하엘 성문
Dóm sv. Martina & Michalská brána

성 마르띤 대성당 Dóm sv. Martina

브라찌슬라바 랜드마크, 성 마르띤 대성당은 1452년 이전 로마네스크 양식의 성당 자리에 봉헌되었다. 대성당의 가장 오래된 유물은 1410년에 지어진 세례당의 바닥이다. 이곳에서 1563년부터 1830년까지 마리아 테레지아를 비롯한 합스부르크 가문 11명의 헝가리 왕과 8명의 여왕이 대관식을 가졌다. 성당의 꼭대기에는 십자가가 아닌 왕관이 장식되어 있는데, 첫 번째 왕관은 군주 마리아 테레지아의 영명축일인 1765년 10월 15일에 성대하게 장착되었다. 이 왕관은 1760년 번개로 인해 파손된 십자가를 대체한 것이었다. 1833년 두 번째 번개로 성당 첨탑 끝과 왕관이 파손된 후 1846년에 우리가 오늘날 보는 왕관이 재장착되었는데, 몸체는 구리로 만들었으며, 겉은 도금되었다. 길이 135센티미터, 무게 160킬로그램의 대형 왕관 장식이다. 대성당 안 바로크 양식의 예배당에는 6세기의 성인 자비로운 성 요한St. John the Almoner의 시신이 안치되어 있다. 성당 제대 오른편에는 중부유럽 당대 최고의 조각가 중 한 명인 도너George Rafael Donner의 작품인 성 마르띤 동상이 서 있다. 동상은 말을 탄 성 마르띤이 거지에게 자기 겉옷을 칼로 절반 잘라서 주는 모습을 형상화 했다.

1995년 6월 30일, 교황 성 요한 바오로 2세가 성 마르띤 대성당을 방문했으며, 2008년에 새로운 브라찌슬라바 대교구가 설립된 후 이 성당은 메트로폴리탄 대성당이 되었다. 2000년 대(大)희년에는 이웃 5개국이 5개의 종 세트를 기증했는데, 이 종들은 이미 종탑에 걸려 있었던 1674년에 제작된 2,500 킬로그램 무게의 베데린Wederin 종과 아름다운 조화를 이룬다. 종탑의 높이는 85미터이며 2010년에는 파이프 4,500개, 레지스터 74개, 매뉴얼 4개, 페달 1개를 갖춘 새 오르간이 설치되었다. 현재 성전 복원 작업은 계속 진행 중이다.

출처: “The St. Martin’s Cathedral, Bratislava”: https://dom.fara.sk/en/ (검색일 : 2023.09.20)

미하엘 성문 Michalská brána

미하엘 성문은 브라찌슬라바 구시가에 있었던 중세 4개 성문 중에서 유일하게 보존된 성문이다. 14세기 초에 건축되었으며 원래는 성으로 들어가기 위한 개폐식 다리와 튼튼한 목재 성문이 있었다고 한다. 중세 때는 이 성 옆으로 성벽들이 있었고 도시 안으로는 4개의 성문을 통해서만 들어올 수 있었다. 이후 여러 건축양식을 거쳐 18세기 현 바로크 양식의 모습을 갖게 되었다. 현재 높이는 51미터이다. 미하엘이란 이름은 근처에 있었던 성 미하엘 성당 이름에서 가져온 것이라고 알려져 있으며 성당 앞에 있었던 성 미하엘 광장에서 이 성문을 통해 도시로 들어왔다고 한다. 1563~1839년 합스부르크 가문의 헝가리 왕과 왕비가 대관식을 마치고 미하엘 성문 앞에서 왕의 서약을 대주교에게 했다고 한다. 성문 안에는 역사적 무기들이 전시된 시립 박물관이 있다.

3. 제빈 성
hrad Devín

행정구역상 브라찌슬라바에 속한다. 중세 시기에 건축된 고풍스러운 제빈 성은 북쪽으로는 소카르파티아를, 남서쪽으로는 다뉴브강과 모라바강이 합류하는 풍경을 한 폭의 그림처럼 품고 있는 곳으로 슬로바키아의 주요 국가 문화재이다. 오래전부터 역사적 군사 요충지였던 이 성은 이미 로마 제국 군대의 요새로 사용되었고 이와 관련된 고고학적 유물들이 다수 발견되었다. 대모라비아 왕국 시대에도 제빈 성은 중요한 군사 문화적 중심지의 역할을 했다. 성 찌릴과 메토디우스를 초청했던 대모라비아 왕국의 군주 라스찌슬라우Rastislav는 제빈성에서 프랑크 군대와 맞서 싸웠다. 이후 조카인 스베또쁠룩Svätopluk에게 니뜨라Nitra 통치권을 주면서 사실상 대모라비아 왕국은 두 지역으로 나뉘어 통치되었다. 당시 이 두 지역 사이에 위치해 있던 제빈성은 대모라비아 왕국의 주요 요새의 역할을 맡았다. 이후 대모라비아 왕국이 멸망하면서 제빈 성도 함께 쇠퇴하게 되었으나, 중세를 거치면서 여러 군주들에 의해 군사 기지로 다시 건설되고 확장되어 갔다. 그러나 불행하게도 19세기 초 나폴레옹 군대의 공격을 받아 성이 크게 파괴되고 말았다. 폐허나 다름없게 전락한 성에 생명과 영광을 다시 불어넣은 이들은 바로 류도빗 슈뚜르를 비롯한 슬로바키아의 민족 부흥 운동가들이었다. 그들은 헝가리 왕국의 지배와 탄압에서 벗어나기 위해 대모라비아 왕국이 남긴 유산에 큰 의미를 부여하기 시작했고 제빈 성을 슬로바키아 민족의 상징적 중심지라고 주장했다. 1836년 4월 24일, 제빈 성에서 슈뚜르와 민족 부흥 운동가들은 민족과 민족의 소망을 위해 끝까지 애국할 것을 맹세했다. 현재 제빈 성에는 13~20세기의 고고학적 유적들과 역사에 대한 자료들이 영구 전시되고 있다. 브라찌슬라바에서 제빈 성으로는 버스가 운행하지만, 보트 투어를 해보는 것도 좋다. 강에서 바라보는 성의 모습 또한 절경이기 때문이다.

4. 4명의 오줌싸개 동상으로 장식된 막시밀리안 분수
Maximiliánova fontána 혹은 Rolandova fontána

롤란드 분수로 대중에게 더 알려진 브라찌슬라바 최초의 분수이다. 1563년 합스부르크가의 막시밀리안 2세는 브라찌슬라바에서 최초로 헝가리 왕으로서 대관식을 가졌는데 대관식 후 도시에 큰 화재가 발생했다. 이후 식수 공급과 화재 대비를 위해 왕은 분수 건립을 지시했고 1572년에 르네상스 양식의 분수가 광장에 설치되었다. 1794년 바로크 양식으로 복원할 때 4명의 오줌싸개 동상을 돌고래로 덮어 모형이 변형되었는데, 2019년에 오리지널 형태로 재복원하였다. '브뤼셀에는 한 명의 오줌싸개 동상이 있지만, 브라찌슬라바엔 무려 네 명이 있다'라는 말이 회자되고 있다. 이 분수를 둘러싼 많은 전설이 존재한다. 분수의 꼭대기에 서 있는 롤란드 기사가 매해 연말 자정이면 도시를 수호한 귀족들을 향해 구시청사 방향으로 절을 한다고 전해지며, 성금요일에는 걸어 내려와 본인의 칼을 꺼내 사방으로 휘두르며 브라찌슬라바를 보호하고 있음을 보여준다고 한다. 롤란드 기사는 시민들에게 브라찌슬라바의 수호성인으로 인식되고 있다.

5. 프레스부르크(브라찌슬라바의 구 독일어 지명) 협정이 사인 된 쁘리마찌알 궁 Primaciálny palác

1778~1781년 네오클래식 양식으로 건축된 건물로 18세기 에스테르곰Ostrihom 추기경 요제프 바탄Jozef Baťan의 지시로 건축되었으며 추기경 관저로 사용되었다. 현재는 브라찌슬라바 시장의 집무실이 있는 곳으로 건물의 일부는 시립갤러리 전시관으로 사용되고 있다. 쁘리마찌알 궁 내 미러(거울) 홀은 1805년 12월 26일 프랑스, 오스트리아, 러시아 3국의 평화협정이 체결된 곳이기도 하다. 당시 나폴레옹과 그의 군대는 지금의 체코 모라비아 남부 아우스테를리츠(Austerlitz, 체코명 Slavkov u Brna)에서 오스트리아-러시아 군대를 대파, 큰 승리를 거둔 후 이곳에서 평화협정에 서명했다. 건물 위를 보면 추기경의 휘장과 문장 그리고 모자로 장식된 동상이 중앙에 자리 잡고 있다.

6. 새 단장한 슬로바키아 국립 미술관
Slovenská národná galéria

브라찌슬라바에 있는 슬로바키아 국립 미술관은 1948년 설립되었다. 주로 현대 미술작품을 전시하는 곳으로 유물을 포함한 약 7만 점의 컬렉션을 보유하고 있으며, 이 중 다수가 국가문화재이다. 미술관 단지는 18세기 왕실의 군대를 위해 건축된 바로크 양식의 막사 건물, 1870년 건축된 에스테르하지 궁전 그리고 1970년대에 전시공관 확장을 위해 건설된 거대한 전면 교량 건축물과 행정건물로 구성되어 있다. 미술관 정면에 두드러지게 보이는 교량 건축물은 슬로바키아 현대 건축물 중 가장 논란이 많은 작품 중 하나이다. 2001년 안전상의 이유로 교량 건물 입장이 금지되기도 했으며, 많은 대중이 이 건축물의 철거를 요구하기도 했다. 그런데도 우여곡절 속에 원래의 형태를 유지한 채로 미술관 전체 수리가 진행되었고 2023년 3월, 22년 만에 성대하게 재개방하였다. 영구 전시관에서는 미꿀라슈 갈란다Mikuláš Galanda, 류도빗 풀라 Ľudovít Fulla, 마르띤 벤까Martin Benka, 양꼬 알렉시 Janko Alexy, 치쁘리안 마예르닉Cyprián Majerník 등의 19세기~20세기 슬로바키아 미술 거장들의 명작들을 감상할 수 있다.

7. 100년이 넘은 마켓, 스따라 뜨르쥬니짜
Stará tržnica

브라찌슬라바 구시가 SNP(슬로바키아 민족 봉기) 광장에 위치한 건축 유산이다. 두 건축가(Endre Makay와 Gyula Laubner)에 의해 건축되었으며 1910년 10월 31일 완공되었다. 당시 시장 용도로 건축되었고 1960년도에서 1982년도까지 텔레비전 스튜디오로 사용되었다. 1990년 브라찌슬라바 시가 다시 소유하게 된 이후 1999년 원래 모습으로 복원되었다. 현재는 매주 토요일 오전 9시에서 오후 3시 30분까지 파머스 마켓이 열리는데 1층은 식료품, 2층은 벼룩시장이다. 주중에는 다양한 전시나 문화행사가 열리며 연중 건물 밖 광장에 줄이은 푸드트럭에서 다양한 음식을 맛볼 수 있는 곳이기도 하다. 한때는 이곳에서 천 명이 넘는 상인들이 물건을 팔았다고 한다.

8. 아름답고 푸른 도나우(다뉴브)강을 볼 수 있는 갤러리 다뉴비아나와 미니 구겐하임 애칭으로 불리는 갤러리 네드발까
Danubiana & Galéria Nedbalka

갤러리 다뉴비아나 Danubiana

슬로바키아, 헝가리, 오스트리아 국경에 근접해 있으며 갑칙꼬보Gabčíkovo 댐 방향으로 돌출된 다뉴브강 작은 반도에 위치한 갤러리이다. 네덜란드 미술 수집가인 게랄드 뮤렌스테인Gerald Meulensteen과 슬로바키아인 빈센뜨 뽈락꼬비츄Vincent Polakovič에 의해 설립되었다. 2000년에 최초 오픈한 이 갤러리는 2001년 슬로바키아 정부에 기증되었고, 2014년 증축되어 현재의 모습으로 재개관하게 되었다. 이후 해외 국빈들을 비롯한 12만 명이 넘는 국내외 방문객들이 갤러리를 방문했으며 브라찌슬라바 10대 관광명소로 급부상했다.

갤러리 네드발까 Galéria Nedbalka

뉴욕 구겐하임을 오마주해 건축한 사립 현대미술 갤러리이다. 슬로바키아 보안 서비스 기업 ESET의 창업주인 빼떼르 빠슈꼬Peter Paško가 공동 설립했다. 명칭 네드발까는 갤러리가 위치한 거리 이름 네드발에서 유래한다. 전체 5층으로 이루어져 있으며 구시가에 자리 잡고 있다. 매우 가치 있는 슬로바키아 근현대 미술 컬렉션들을 볼 수 있는 곳으로 2층에는 조용하고 운치 있는 커피숍이 있다. 미술 애호가라면 꼭 가봐야 하는 곳이다.

9. 브라찌슬라바의 행복 전도사 쇼네 나찌와 SNS 성지 추밀
Schöner Náci & Čumil

쇼네 나찌 동상은 20세기 브라찌슬라바의 독특한 인물 중 한 명인 이그나쯔 라마르Ignác Lamár를 기념하기 위해 세워졌다. 그는 1897년 8월 12일 브라찌슬라바 빼뜨르좔까에서 광대의 아들로 태어났는데, 특별한 옷차림과 유난히 좋은 매너 덕분에 도시 거리에서 잊을 수 없는 인물이 되었다. 매우 가난하고 장애가 있었지만, 늘 말끔한 신사복과 흰색 장갑을 끼고 "당신의 손에 키스합니다"라는 멘트를 날리며 명랑하게 구시가를 활보했던 도시의 행복 전도사였다. 1967년 레흐니쩨 Lehnice에서 사망했으며, 2007년 그의 유해가 브라찌슬라바 온드레이 공동묘지의 기념 무덤으로 옮겨졌다. 실물 크기의 동상은 유라이 멜리슈Juraj Meliš의 작품이며, 브라찌슬라바 구시가지의 중앙 광장에 지금도 선한 웃음으로 방문객을 맞이한다.

추밀은 브라찌슬라바에서 가장 유명한 SNS성지이다. 빅또르 훌릭Viktor Hulík에 의해 1997년 청동으로 제작되었고, 다운타운 보행자 전용 거리의 새 단장을 기념하면서 설치되었다. 당시 3만 명의 시민이 기념식에 참여했으며, 추밀과 함께 다른 두 동상(나폴레옹 군인과 쇼네 나찌)도 거리에 설치되었다. 거리의 하수구 밖으로 상반신을 내밀고 있는 추밀의 모자를 만지면 행운이 온다는 소문에 동상을 찾은 많은 관광객이 자주 만져 모자 위가 유독 반들거리게 되었다. 호기심 많은 아저씨 추밀을 둘러싼 다양한 이야기들이 만들어졌다. 혹자는 제2차 세계대전 당시 폭격을 피해 배수로 안에 숨어있어야 했던 슬로바키아인을 묘사하고 있다고 설명하고 있고, 또 다른 이는 종교가 금지된 공산 시절 브라찌슬라바의 수호자였다고 설명한다. 심지어 미국의 <타임스-유니온> 신문은 추밀이 과거 슬로바키아를 침략한 군인 중 한 명이라고 보도하기도 했는데, 이에 대해 슬로바키아 언론은 반박 기사를 내기도 했다. 이렇듯 최근에 만들어진 이 동상은 많은 이들의 관심을 받으며 다양한 이야기를 만들어 냈고, 도시의 작은 상징이 되었다.

10. 헝가리 왕국 최초의 성모마리아 순례지 마리앙까
Marianka

슬로바키아에서 가장 오래된 성지 순례지로 브라찌슬라바 근교 말라쯔끼 지역의 소카르파티아 산맥 기슭에 위치한다. 구 헝가리 왕국에서 성모 마리아를 기리는 최초의 순례지였다. 한때는 오스트리아의 마리아첼과 폴란드의 쳉스토호바 만큼 유명했던 곳이었다. 신성로마제국의 황제 레오폴드 1세, 요제

프 1세, 오스트리아의 여성 군주 마리아 테레지아와 그의 아들 요제프 2세가 방문했던 곳이기도 하다. 병을 치유하는 기적의 성수로 가장 유명한 곳이다. 순례지에는 교황청에서 인가한 슬로바키아 내 15개 바질리카 중 한 곳인 성모마리아 탄생 대성당이 있다. 이 대성당 안에 배나무로 만든 길이 42센티미터의 작은 성모마리아 상이 특별한 경배를 받는데 이 성모 마리아 상이 발견된 곳에서 성수가 솟아 나왔다고 한다. 1377년 헝가리 왕 루이 1세가 성당의 건립을 명령했고 완공 후 직접 이 작은 성상을 제대에 바쳤다고 한다. 1661년부터 기록된 치유의 기적들은 1634~1730년 사이 한 기록서에만 140건이 언급되어 있다. 대성당 외에도 순례지에는 기적의 성수 우물이 있는 작은 예배당, 골고타 언덕으로 불리는 십자가의 길, 루르드 성모 동굴이 언덕을 따라 자리 잡고 있다.

브라찌슬라바와 세계의 음악가들

하이든 (Joseph Haydn, 1732~1809)

브라찌슬라바에서 30km 떨어진 오스트리아의 작은 마을 로흐라우(Rohrau)에서 태어난 하이든은 1761년 헝가리 귀족인 에스테르하지 후작 관현악단의 부악장에 취임했다. 이후 악장이 되어 1790년까지 30년을 후작 가문에서 일하게 되었다. 1784년까지 헝가리의 수도였던 브라찌슬라바에서 에스테르하지Ezterházy 궁(주소: Panská 13), 그라쌀고비츄Grasalkovič 궁(현 대통령궁, 주소: Radničná 1)과 에르도디Erdődy 궁(주소: Ventúrska 1)에서 콘서트를 열었다. 하이든은 1767년 2월 16일 자신의 희가극 라 칸테리나La Canterina를 대주교좌 여름 궁전(현 슬로바키아 정부 청사, 주소: Námestie slobody 1)에서 대중을 위해 초연했다.

모차르트 (Wolfgang Amadeus Mozart, 1756~1791)

1762년 6세의 모차르트가 브라찌슬라바에서 피아노를 연주했다고 알려져 있지만, 문서에 기록되어 있지는 않다. 아버지 레오폴드는 여러 번 브라찌슬라바를 방문했었다. 당시 모차르트의 라이벌로 알려진 안토니오 살리에르Antonio Salieri는 1808년 국왕의 대관식에 참석하기 위해 브라찌슬라바를 방문하여 쁘리마찌알궁Primaciálny palác 미러 홀에서 연주회를 열었다.

베토벤 (Ludwig van Beethoven, 1770~1827)

독일 출신의 작곡가로 1792년부터 타계할 때까지 비엔나에서 살았다. 베토벤은 비엔나와 가까운 브라찌슬라바를 자주 방문했으며 브라찌슬라바 태생 작곡가 훔멜과 각별한 관계를 맺었다. 베토벤의 칸타타 Opferlied, WoO 126은 브라찌슬라바에 헌정되었으며, 1822년 12월 23일 브라찌슬라바 시립극장에서 초연되었다. 브라찌슬라바에 거주한 크로아티아 출신 귀족의 딸 바베타Babetta Odeschalchi-Keglevič의 결혼을 계기로 피아노 협주곡 1번 C장조를 작곡했다. 그녀는 베토벤으로부터 개인 지도를 받았으며, 베토벤은 그녀를 위해 여러 개의 소나타를 작곡했고 케글레비치 keglevič 궁(주소: Panská 27)에서 연주하기도 했다. 또한 베토벤은 슬로바키아의 마을 돌나 끄루빠Dolná Krupá에 위치한 브룬스윅Brunswick 귀족의 자택에 머물며 유명한 월광 소나타를 작곡한 것으로 알려져 있다. 인터넷에 떠도는 베토벤의 「장엄미사곡 op. 123」이 브라찌슬라바 성 마르띤 대성당에서 초연되었다는 것은 잘못된 정보이다. 장엄미사곡이 처음으로 성 마르띤 대성당에서 연주된 해가 1835년이라는 정보가 와전된 것이다.

훔멜 (Johann Nepomuk Hummel, 1778~1837)

슬로바키아 태생의 오스트리아 피아니스트, 지휘자 겸 작곡자였으며 비엔나 고전파의 일원이었다. 피아노 교본을 써서 이름을 널리 알린 인물로 오스트리아 비엔나에서 모차르트에게 가르침을 받은 후 유럽 여러 곳에서 활동했던 피아노의 거장이다. 브라찌슬라바에 훔멜의 생가(주소: Klobučnícka 2)가 있으며 1937년 사망 100주년을 맞아 이곳에 훔멜 기념박물관이 건립되었다.

프란츠 리스트(Franz Liszt, 1811~1886)

헝가리 태생의 피아니스트이자 작곡가였다. 1820년 9세 때 브라찌슬라바 레오폴드 드 파울리Leopold de Pauli 궁인 현 구시가 대학 도서관 건물에서 성공적으로 콘서트를 열었으며 이후 자주 이곳을 방문하여 연주회를 했다. 사망하기 1년 전(1885년)까지 이 도시를 찾았는데, 리스트가 슬로바키아 혈통이라는 설도 있다.

스트라우스 2세 (Johann Strauss, 1825~1899)

'왈츠의 왕'이라고 불리는 오스트리아 출신 요한 스트라우스 2세는 여러 차례 브라찌슬라바를 방문했으며 1888년에는 브라찌슬라바 구시가 구 국립극장에서 자신의 오페레타 박쥐를 직접 지휘하였다.

브람스 (Johannes Brahms, 1833~1897)

독일 태생의 작곡가로 주로 오스트리아 비엔나에서 음악 활동을 했으며 브라찌슬라바의 유레낙Jurenákov palac 궁(주소: Vajanského nábreží 3) 에서 자주 콘서트를 가졌다.

기타 흥미로운 정보

토카이 와인 생산국 슬로바키아

슬로바키아의 모든 와이너리는 와인생산에 적합한 기후를 가진 남서쪽에 분산되어 있다. 국민 1인당 맥주 소비량이 와인 소비량보다 더 높지만, 슬로바키아에서 와인의 역사는 기원전 6~7세기, 기록의 역사는 기원후 9세기 초까지 거슬러 올라간다. 유럽의 군주들이 즐겨 마셨고 프랑스 루이 14세에 의해 '왕들의 와인'이라 불린 토카이 와인은 세계에서 단 두 국가, 즉 헝가리와 슬로바키아에서만 생산된다. 토카이 와인 생산은 13세기에 시작되었는데, 헝가리 왕국에 이민 온 이탈리아인들이 자신들이 가지고 온 포도종을 양조해 세계적으로 유명한 이 와인을 탄생시켰다. 1920년 구 헝가리 왕국은 영토의 2/3를 잃게 되는데, 이때 슬로바키아 동남부 토카이 와인 생산 농가 3 곳 말라 뜨르냐Malá Tŕňa, 슬로벤스께 노베 메스또Slovenské Nové Mesto, 비니츄끼Viničky가 체코슬로바키아의 독립과 함께 슬로바키아 영토에 편입되었다. 이 편입으로 인해 슬로바키아는 175헥타르의 작은 토카이 와인 생산지를 갖게 된 것이다. 이 세 마을 중 핵심 생산 농가는 말라 뜨르냐로, 슬로바키아 정부의 노력으로 토카이 와인 생산 지역이 현재 908헥타르 규모로 확장되었다. 1990년 이후 헝가리 정부는 토카이 브랜드의 독점권을 갖기 위해 슬로바키아를 상대로 유럽 사업재판소에 여러 번 제소했으나, 재판소는 이를 인정하지 않았다. 현재 토카이 와인의 10%가 슬로바키아에서 생산되고 있으며, 슬로바키아 상표를 붙인 토카이 와인이 수출되고 있다.

토카이 와인 이외에도 슬로바키아에는 오래된 전통 토속 와이너리들이 많이 존재한다. 해마다 슬로바키아산 와인들은 프랑스 비날리 국제전(Vinalies Internationales)을 비롯한 여러 와인대회에서 높은 랭킹을 기록하고 있다. 2010년에는 와이너리 므르바 스땅꼬Mrva&Stanko의 2009년산 카베르네 소비뇽 로제가 비날리 국제전에서 로제 와인 대상을 받았다. 슬로바키아 와인은 화이트 와인이 75% 정도를 차지하는데, 가장 흔한 화이트 와인 품종은 그뤼너 벨트리너, 웰치 리스링, 뮬러-투르가우이며 레드 와인 품종은 블라우프랑키쉬와 생로랑이다. 유명한 화이트 와인 토종 품종으로는 제빈Devín, 두나이Dunaj와 밀리아Milia가 있으며, 레드 와인 품종으로는 프랑꼬우까 모드라Frankovka modrá와 스빠또바브리네쯔께Svätovavrinecké가 가장 인기 있다.

앤디 워홀과 슬로바키아

수도 브라찌슬라바에서 북동쪽으로 6시간을 자동차로 가면 인구 6,500명의 작은 마을 메지라보르쩨Medzilaborce가 나온다. 이곳에 앤디 워홀 가족이 기증한 작품으로 1991년 개관한 앤디 워홀 현대미술관이 있다. 160점의 앤디 워홀의 스케치, 실크 스크린 작품, 소장품들 그리고 워홀 가족의 예술작품들이 전시되어 있고 현재는 보수 중에 있다. 팝아트의 선구자인 앤디 워홀의 성 Warhol은 슬라브 성인 Warhola를 미국식으로 바꾼 것이다. 부모님은 슬로바키아 출신이며 앤디 워홀이 태어나기 전 1914년에 도미했다. 슬로바키아 북동쪽에는 오랜 기간 루신Rusyn 이라는 우크라이나계 소수 민족이 살고 있었는데 앤디 워홀의 부모님은 바로 루신인들이었다. 그들은 그리스-가톨릭교회의 신자였고 앤디 워홀도 같은 종교를 믿었다. 워홀에게 슬로바키아 땅은 부모님이 태어난 곳이었을 뿐 다른 큰 의미를 두진 않았겠지만, 슬로바키아 지자체는 앤디 워홀의 레거시를 기념하고자 큰 노력을 기울이고 있다. 미술관의 웹 사이트(muzeumaw.sk)에 가보면 과거 전시되었던 앤디 워홀의 작품들을 일부 볼 수 있다.

로마유적지 카르눈툼Carnuntum과 게루라따Gerulata

카르눈툼은 브라찌슬라바에서 불과 15km 떨어진 오스트리아 최대 고고학 발굴지이며 로마 유적지이다. 기원후 1~ 4세기 동안 이곳에 로마 군대가 주둔하였는데, 전성기 때는 5만 명에 가까운 로마 군인들과 시민들이 거주했었다. 카르눈툼은 서기 50년부터 로마제국의 한 주(州)였던 파노니아Pannonia의 수도 역할을 했다. 황제 마르쿠스 아우렐리우스는 원정차 서기 172~175년 사이 3년간 카르눈툼에 거주하며 유명 철학서 명상록의 일부를 집필했다. 셉티미우스 세베루스는 서기 193년 파노니아의 집정관으로 있을 때 로마 군인들에 의해 황제로 선포되었다. 이후 카라칼라 황제가 카르눈툼을 최상위 단계인 콜로니아(정착 도시)로 승격시켰다. 하지만 서기 350년 카르눈툼은 큰 지진으로 심각한 피해를 보았고 374년 게르만족들의 침입으로 파괴되었다. 그 후 지금의 비엔나로 최고 군사 기지가 이동하게 되었다. 천년이 넘도록 묻힌 유적은 19세기가 되어서 발굴을 시작하게 되었고 발굴지에서 나온 유적들의 전시를 위해 1904년 카르눈툼 박물관이 건립되었다. 당시 오스트리아-헝가리 제국 황제 프란츠 요제프 1세가 개막식에 참석했다. 2011년 이탈리아 외부 지역에서는 처음으로 카르눈툼에서 글래디에이터 양성학교 유적지가 발견되었다. 15만 명을 수용할 수 있는 원형경기장과 검투사 묘지 유적 또한 주목할 만한 발굴이었다. 유적지에는 본래의 모습대로 복원된 건물들이 있는데 당시 로마인들의 발달한 기술과 문명을 엿볼 수 있다. 표 한 장으로 카르눈툼 유적과 카르눈툼 박물관을 모두 관람할 수 있으니 충분히 시간을 가지고 방문하는 것을 추천한다. 한국어 안내서도 배치되어 있다.

2021년 유네스코 세계문화유산에 로마제국 국경방어선 다뉴브 리메스 서부 구역이 등재되었을 때, 카르눈툼과 함께 수도 브라찌슬라바 루소우쩨Rusovce 마을의 로마유적 게루라따Gerulata도 포함되었다. 게루라따는 '브라찌슬라바의 작은 로마'로 불린다.

브라찌슬라바 생활 정보

대중교통 (트램, 버스, 트롤레이버스) 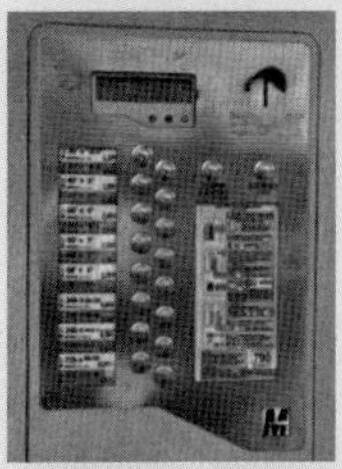  	• 자세한 정보는 imhd.sk에서 참조 (2023년 7월 1일 이후 적용 기준) • 종이 표 (정류장에 비치된 노란색의 매표기에서 구입): 매표기 앞에는 시간대별 금액이 명시되어 있는데, 예를 들어 브라찌슬라바 100+101 지역 내에서 30분 유효한 1회권은 1.10유로이다. 매표기에 시간별 금액이 나와 있다. 해당 표를 선택한 후 동전을(카드도 가능) 넣으면 종이 표가 출력되어 나온다. • SMS 표(슬로바키아에서 개통된 핸드폰으로만 구매 가능): 40분 유효 1회권(전화 1140), 70분 유효 1회권(전화 1100), 24시간 유효 1회권(전화 1124), 시간 내 환승 가능, 방전된 전화기는 표가 없는 것으로 간주한다. 표 구매 확인 문자를 받은 후 탑승해야 한다. základný는 일반 성인 요금, zľavený는 할인요금으로 할인요금 대상은 6~17세, 25세까지 학생, 63세 이상, 60세 이상 연금 수령자, 장애인 등이다. • 전자표(대중교통 안에 비치된 유효 기계에서 전자지갑으로 구매하거나 승차 전 IDS BK 앱을 통해 구매): 30분 유효 1회권은 0.97유로이다. 브라찌슬라바 내 대중교통에서는 신용카드로도 전자 표를 구매할 수 있는데 30분 유효 1회권은 1.20유로이다. • 여행 패스(travel pass, 일정 시간 내 무제한 탑승할 수 있는 표로 매표기 혹은 전자 표로 구매 가능): 구매한 종이 표는 24시간부터 최대 72시간 사용할 수 있으며, 전자표는 168시간까지 가능하다. 금액은 전자 표가 더 저렴하다. • 정기권(인터넷, 교통국 판매처, 기차 및 버스 역 등에서 구매 가능): 엘렉뜨리췐까električenka로 불리는 정기권으로 7일부터 1년까지 사용할 수 있다. 예를 들어 30일 정기권은 성인 36유로, 학생과 63세 이상의 할인 적용 대상자들은 18유로이다. • 브라찌슬라바에서 오스트리아 하인부르그 구간을 운행하는 버스 901번은 기사에게서 현금, 카드, 전자지갑으로 표 구매가 가능하다. 환승은 원칙적으로 불가하나 IDS BK 앱에서 구매했을 시에는 60분 내 환승을 허용한다. • 60x45x25센티미터 이상 크기의 짐이나 동물은 따로 표가 필요하며 할인권으로 사면 된다. 짐의 경우는 표 한 장에 3시간까지 유효하다. • 유효한 표가 없을 시 검사관에게 직접 혹은 10일 후까지 내면 80유로, 그 이후엔 110유로 벌금을 내야 한다. 짐이나 동물에 대한 벌금은 5유로이다. • 가족 단위로 브라찌슬라바를 여행하는 경우, 주말이나 공휴일에는 성인 1일권으로 최대 추가 성인 1명, 18세 이하 어린이 3명까지 동반 탑승할 수 있다.
브라찌슬라바에서 택시 이용하기	• 우버Uber와 볼트Bolt는 차량공유 서비스라고 하지만 슬로바키아에서 우버와 볼트는 택시와 비슷하다. 차량에 우버와 볼트 표시가 되어 있다. 앱으로 부르며 관광객들에게는 가장 편리하고 합리적 가격의 이동 수단이다. • Easy Taxi Bratislava: 가장 잘 알려진 택시회사로 전화 0918-555-555, 0907-440-440 번호로 호출한다. 구역에 따라 5유로~10유로까지 택시비가 다르게 부과된다. • 5유로 택시: 브라찌슬라바 내에서는 Devín, Vajnory, Devínska Nová Ves, Podunajské Biskupice지역을 제외하고는 모두 5유로이다. 전화는 0918-555-555이며 거리에서 승차해도 추가 요금은 없다. • Green Taxi Bratislava: 전화 0905-660-660, 02/16660, 0905-777- 366으로 호출한다. 구시가인 1구역 안에서는 5유로이지만 지역에 따라 금액이 다르다. • 공항, 기차역, 호텔 등 앞에서 기다리는 일부 개인택시는 요금이 일반택시보다 몇 배 비쌀 수 있어 운임을 꼭 확인하고 타야 한다.

비엔나 공항 연결 교통 // REGIOJET	• regiojet.sk, slovaklines.sk, flixbus.com 사이트, 버스터미널이나 승차 정류장 매표소 혹은 기사로부터 직접 표를 살 수 있다. 보통 편도 5~10유로이다. • 택시의 경우 공항행은 50~55유로, 공항에서 브라찌슬라바는 55~65유로 정도이다.
기차역	• 브라찌슬라바에 주 기차역은 두 곳이다. 한 곳은 중앙역Hlavná stanica이며 다른 곳은 뻬뜨르잘까Petržalka 역이다. 대부분의 기차는 중앙역에서 출발한다. 뻬뜨르잘까 기차역은 비엔나행 기차들이 주로 출발하며 오스트리아에서 일을 하는 슬로바키아인들이 주로 이용하는 기차역이다.
예술문화 공연장소	• 구 슬로바키아 국립극장historická budova SND: 1886년 신(新) 르네상스 양식으로 건축된 국가 문화재이며 대표 랜드마크 중 하나이다. 현재는 리모델링 중이다. • 신 슬로바키아 국립극장nová budova SND: 2007년에 개장한 국립극장으로 오페라, 발레, 연극 무대가 같이 있는 복합 예술공연장이다. • 노바 스쩨나Nová scéna: 1945년 슬로바키아에서 두 번째로 오래된 극장으로 주로 메인스트림 뮤지컬과 코미디 공연을 하는 곳이다. • 슬로바키아 필하모닉Slovenská filharmónia: 1949년 창단된 슬로바키아 최고의 심포니 오케스트라이다. 1773년 바로크 양식으로 건립된 레두따Reduta 건물에 콘서트홀이 있으며 한 해의 절반은 해외 초청 연주를 수행한다. • 슬로바키아 라디오 심포니 오케스트라Symfonický orchester Slovenského rozhlasu: 1929년에 창단된 슬로바키아에서 가장 오래된 심포니 오케스트라이다. 예전 명칭은 체코-슬로바키아 라디오 심포니 오케스트라였다. 지금까지 Opus, Supraphon, Naxos 등과 함께 8천 개가 넘는 연주 녹음을 수행했다.
문화공연 티켓구매	• 슬로바키아 국립극장과 오케스트라 공연은 웹사이트 snd.sk(국립극장), filharmonia.sk(필하모닉 사이트)에서 직접 구매하며 다른 문화공연 티켓들은 ticketportal.sk에서 구매 가능하다. 어린이, 학생, 교사 등의 할인표는 온라인상에서는 예매하기 어렵고 각 공연 장소의 티켓박스에서 구매해야 한다.
팁 문화	• 현금, 카드로 팁을 주는 것 모두 가능하지만, 북미처럼 일상화되어 있지 않다. 보통 금액이 15유로 이하이면, 라운도업을 해서(12.3유로 → 13유로) 주며 그 이상은 5% 정도 주면 된다. 하지만 고급 레스토랑에서는 10% 정도 줄 수도 있다.
응급번호	• 응급 호출 112, 엠블란스(구급) 155, 경찰 158, 도시 경찰 150
병원 UNIVERZITNÁ NEMOCNICA BRATISLAVA	• 브라찌슬라바 대표 대학병원 위치: 구시가 Mickiewiczova 13, 끄라마레Kramáre, Limbová 5, 소아병동 Limbová 1, 루쥐노우 Ružinovská 6, 뻬뜨르잘까 Antolská 11 • 대표 사설병원: Procare.sk, klinikamd.sk, hippokrates.sk 등과 같은 사설병원들이 있는데 이 중 멤버십에 가입해야 하는 병원들도 있다. 국립 대학병원에 비해 빠르게 외래 예약이 가능하며 시설이 매우 훌륭하다. • 치과: 도심에 한국 치과의사가 진료하는 클리닉이 있다. www.smileclinic.sk (주소: Tower 115, Pribinova 25)
약국	• 약국은 보통 오전 7시~오후 6시까지, 토요일은 오후 1시까지 영업한다. 최근엔 Dr. Max, Lekáreň Benu와 같은 프렌차이저 약국들이 늘어가고 있다. (QR코드) * 옆의 QR 마크에 들어가면, 브라찌슬라바 구역별로 당일 24시간 오픈하는 약국들 명단을 찾을 수 있다.

장보기	• 장을 보는 법은 한국과 같지만, 마트에 따라 야채와 채소는 손님이 무게를 재야 하는 경우가 있다. 그럴 경우 전자저울에서 가격표를 직접 부착해서 계산대로 가야 한다. 최근엔 셀프 계산대가 많이 늘고 있는데, 도움이 필요할 경우 주변에 있는 직원을 부르면 된다. • Billa, Lidl, Kraj, Terno, Kaufland, Metro 등의 프랜차이즈 마트에는 고객 카드를 만들어야 할인이 되는 품목들이 많다. 보통 고객 카드는 무료로 발급하는데 Metro의 경우는 소상공인들만 구매할 수 있다. • 오스트리아 국경도시 하인부르그Hainburg에 Billa Plus(구Merkur)란 큰 마켓이 있는데 브라찌슬라바 구시가에서 차로 15~20분 정도 떨어져 있다. 오스트리아 상품들이 주로 있어 슬로바키아인들과 외국인 거주자들이 많이 방문한다. 이곳 역시 고객 카드가 있어야 할인이 되는 품목들이 많고 앱에서 카드를 만들 수 있다. • 여러 재래시장이 있는데 가장 큰 시장은 브라찌슬라바 루쥐노우Ružinov 구역에 위치한 뜨르호비스꼬 밀레찌쵸바Trhovisko Miletičova이다. 월~토요일까지 영업하며 산지에서 직접 배송된 신선한 식재료들을 구입할 수 있다. 특별한 날에는 다양한 문화행사도 선보인다.
대형 쇼핑몰	• 2000년 이후 슬로바키아에 서구식 대형 쇼핑몰이 들어오기 시작했다. 현재는 브라찌슬라바에 가장 많은 쇼핑몰이 있다. 구시가 다뉴브강 강가에 건축된 에우로베아Eurovea는 8만 5천제곱미터, 320개 업장을 가진 슬로바키아 최대 랜드마크 상업 복합단지이다. 아래는 브라찌슬라바에 위치한 대표 쇼핑몰들이다. • 에우로베아Eurovea: 슬로바키아 최대 쇼핑몰 • 아비용Avion: 브라찌슬라바 공항 근처에 있는 쇼핑몰로 스웨덴 가구점 이케아(IKEA)가 쇼핑 구역에 있으며 근처에 혼바흐Hornbach 대형 가구점, 건축자재 매장 등이 자리 잡고 있다. • 아우빠르끄Aupark: 구시가 방향에서 다뉴브강 건너편에 있는 대형 쇼핑몰로 도시공원 옆에 건축되어 쇼핑과 산책을 같이 즐길 수 있다. • 보리 몰Bory Mall: 2014년에 오픈한 쇼핑몰로 브라찌슬라바 서북쪽에 자리 잡고 있으며 2015년에는 복합 영화관이 들어왔다.
영화관 이용하기	• 복합 쇼핑몰에 위치한 Cinema City와 Cinemax 같은 프랜차이즈 대형 극장들이 대세이지만 kino Mladosť, kino KLAP과 같은 노스탤지아 극장들이 여전히 존재한다. 성인 입장권은 8~10유로 정도이며 다양한 할인을 제공한다. 가족권은 만 12세 이하 아이들과 동반 시 적용된다. • 만화영화는 거의 90% 더빙을 하므로 영어 자막 만화영화를 보기 위해서는 비엔나 슈테판 대성당 부근 Artis International 극장을 방문해야 할 수도 있다.
은행 이용하기	• 규모상 가장 큰 은행 6개는 Slovenská sporiteľňa, VÚB, Tatra banka, Československá obchodná banka, UniCredit Bank, 365.bank이다. • 한국과 비교해 영업시간이 길며 일부 은행은 토요일에도 근무한다. 단 계좌개설 등의 업무는 한국과 비교해 시간이 더 소요되며 이체, 환전 등을 은행에서 직원을 통해서 하면 수수료가 보통 추가된다. 지폐를 동전으로 교환할 때도 일정액의 수수료를 요구한다.
수도에서 주차하기 REZIDENTSKÁ paas karta	• 2022년 초부터 도입된 새 주차시스템 PAAS가 수도 구역별로 확장 적용 중이며 paas.sk 사이트에 자세히 설명되어 있다. • 예를 들어 PAAS 적용 구역 내에 거주한다면, 그 거주 구역 안에서는 거주 주차 카드가 있어야 하고 비거주자는 주차비를 내야 한다. 단, 브라찌슬라바 거주자가 본인 구역이 아닌 다른 구역에 주차할 때는 1년에 10유로를 내면 하루 2시간 무료 주차를 할 수 있는 카드를 발급받을 수 있다. 2시간 이후엔 각 구역별로 지정된 주차비를 추가로 내야 한다. 또한 거주자는 방문객을 위해 무료 주차 카드를 1년에 100~200시간 받을 수 있다. • 브라찌슬라바 비거주자가 수도를 방문 시는 근처 쇼핑몰 주차장을 이용하는 것도 방법이다. 에우로베아 쇼핑몰의 경우 주중에는 3시간, 주말에는 5시간 무료이며, 이후는 시간당 3.50 유로(2023년 기준)이다.

출판사, 저자, 강사, 독자가 공존하기 위한 문예림 정책

평등한 기회와 공정한 정책으로

올바른 출판문화를 이끌도록 하겠습니다.

저 자

1 도서의 판매부수에 따라 인세를 정산하지 않습니다.

우리는 도서 판매여부와 관계없이 초판, 증쇄 발행 후 30일 이내 일괄 지급합니다. 보다 좋은 콘텐츠 연구에 집중해주십시오. 판매보고는 반기별로, 중쇄 계획은 인쇄 60일 전 안내합니다.

2 도서 계약은 매절로 진행하지 않습니다.

매절계약은 불합리한 계약방식입니다. 이러한 방식은 저자들의 집필 의욕을 저해시키며, 결국에는 생존력 짧은 도서로 전락하고 맙니다.

3 판매량을 기준으로 절판하지 않습니다.

판매량에 따라 지속 판매 여부를 결정하지 않으며 전문성, 영속성, 희소성을 기준으로 합니다.

강 사

1 동영상강의 콘텐츠 계약은 매절로 진행하지 않습니다.

우리는 강사님의 소중한 강의를 일괄 취득하는 행위는 하지 않으며, 반기별 판매보고 후 정산합니다.

2 유료 동영상강의 인세는 콘텐츠 순 매출액의 20%를 지급합니다.(자사 사이트 기준)

우리는 가르침의 의미를 소중히 알며, 강사와 공존을 위하여 업계 최고 조건으로 진행합니다.

3 판매량에 따라 동영상강의 서비스를 중단하지 않습니다.

판매량에 따라 서비스 제공 여부를 결정하지 않으며 지속가능한 의미가 있다면 유지합니다. 전문성, 영속성, 희소성을 기준으로 합니다.

독자 및 학습자

1 도서는 제작부수에 따라 정가를 정합니다.

적절한 정가는 저자가 지속적인 연구할 수 있는 기반이 되며, 이를 통해 독자와 학습자에게 전문성 있는 다양한 콘텐츠로 보답할 것입니다.

2 도서 관련 음원(MP3)은 회원가입 없이 무료제공됩니다.

원어민 음원은 어학학습에 반드시 필요한 부분으로 아무런 제약 없이 자유롭게 제공합니다. 회원가입을 하시면 보다 많은 서비스와 정보를 얻으실 수 있습니다.

3 모든 콘텐츠는 책을 기반으로 합니다.

우리의 모든 콘텐츠는 책에서부터 시작합니다. 필요한 언어를 보다 다양한 콘텐츠로 제공하도록 하겠습니다.